红色文化在思政课程中的
创新应用与实践

王晓明　陈梦天　李晓娟◎著

中国出版集团　｜全国百佳图书
中国民主法制出版社　｜出版单位

图书在版编目（CIP）数据

红色文化在思政课程中的创新应用与实践 / 王晓明，陈梦天，李晓娟著. — 北京：中国民主法制出版社，2024.5

ISBN 978-7-5162-3662-8

Ⅰ.①红… Ⅱ.①王… ②陈… ③李… Ⅲ.①高等学校—思想政治教育—研究—中国 Ⅳ.①G641

中国国家版本馆 CIP 数据核字（2024）第 094931 号

图书出品人：刘海涛
出版统筹：石　松
责任编辑：刘险涛　吴若楠

书　　名 / 红色文化在思政课程中的创新应用与实践
作　　者 / 王晓明　陈梦天　李晓娟　著

出版·发行 / 中国民主法制出版社
地址 / 北京市丰台区右安门外玉林里 7 号（100069）
电话 /（010）63055259（总编室）　63058068　63057714（营销中心）
传真 /（010）63055259
http: // www.npcpub.com
E-mail: mzfz@npcpub.com
经销 / 新华书店
开本 / 16 开　710 毫米 × 1000 毫米
印张 / 12　字数 / 250 千字
版本 / 2025 年 2 月第 1 版　　2025 年 2 月第 1 次印刷
印刷 / 山东蓝彩天下教育科技有限公司

书号 / ISBN 978-7-5162-3662-8
定价 / 68.00 元

Preface
前言 ───────────────

　　高校作为人才培养的主阵地，必须认真研究时代新人的科学内涵和现实角色定位，特别是如何培育时代新人等问题。党的十八大以来，习近平总书记在不同场合反复强调中国共产党人有重视革命精神的传统，在长期的革命斗争实践中形成了中国共产党人百年精神谱系，集中彰显了中国共产党、中华民族和中国人民长期以来形成的伟大创造精神、伟大奋斗精神、伟大团结精神、伟大梦想精神。

　　本书以中国共产党百年精神谱系融入思政课教学的理论与实践为题，紧密结合高校育人实际，总结归纳出中国共产党百年精神谱系的内涵和当代大学生的素质结构以及两者结合的内在机理，既注意了高校思政课教育和中国共产党百年精神谱系二者之间的逻辑关联，又观照了中国共产党百年精神谱系与培育当代大学生的耦合共进，为高校思政课立德树人的研究拓展了新领域。

　　全书共分为六章。第一章的内容是现代高校思政课教学相关概述；第二章的内容是现代高校思政课精神指导论述；第三章的内容是中国共产党百年精神谱系融入思政课教学实践；第四章的内容是现代高校网络思政课变革研究；第五章的内容是大学生思想政治教育认同探究；第六章的内容是高校思政课中的红色文化教育。

　　本书由信阳农林学院王晓明、陈梦天和李晓娟共同撰写。撰写分工如下：王晓明负责撰写本书第一章、第二章的内容（共计 10 万字）；陈梦天负责撰写本书第三章、第五章的内容（共计 8 万字）；李晓娟负责撰写本书第四章、第六章的内容（共计 7 万字）。王晓明做了本书的统稿工作。

　　本书在编写过程中，搜集、查阅和整理了大量文献资料，在此对学界前辈、同人和所有为此书编写工作提供帮助的人员致以衷心的感谢。由于篇幅有限，加上编者能力有限，编写时间较为仓促，书中如存在不足之处，衷心敬请广大读者给予理解和指教！

本著作为 2021 年度河南省哲学社会科学规划年度项目《中国共产党百年精神谱系研究》(2021BDJ014)、河南省 2024 年度河南省高等教育教学改革研究与实践项目《河南红色文化融入高校思政课教学创新研究》（2024SJGLX1010)、信阳农林学院 2024 年校级教育教学改革研究与实践项目《河南红色文化融入高校思政课教学创新研究》（2024XJGSZ01)、信阳农林学院 2019 年度学校青年基金项目《红色基因融入高校思政课教学研究》（2019RW010)、信阳农林学院 2021 年校级教育教学改革研究与实践项目《大别山精神有效融入高校思政课程体系路径创新研究》（2021XJGSZ01）阶段性成果。

Contents
目录 ————————————————————————————

第一章

现代高校思政课教学相关概述

随着我国教育改革的推进，立德树人这一理念成为各阶段教学的重要目标，在此背景下，思想政治课程成为高校教育体系不可或缺的内容。本章为高校思政课教学概述，共分为四节，第一节主要介绍我国高校思政课程的建设过程和发展现状，并简要说明国外思政课程的发展和特点；第二节为高校思政理论课教学理论基础，包括高校思政理论课的内涵、高校思政理论课的特征、高校思政理论课的地位和高校思政理论课的任务；第三节是对高校思政课教学原则的解释和阐述，详细分为基础原则、根本原则和具体原题；第四节为高校思政理论课教学内容解析，以为接下来的研究和讨论做好铺垫。

第一节　高校思想政治课程教育的发展

一、我国高校思想政治课程教育的发展

自改革开放以来，高校思想政治教育无论是从教学活动、专业发展还是人才培养方面，较之过去都发生了质的飞跃。制度建设和学术研究取得了一系列重大成就，实现了高校思想政治教育科学化新的突破。但事实上，有发展就会出现疑难问题，面对日渐开放的国际环境和国内改革攻坚期带来的一些负面效应，高校思想政治教育也在面临相应的困境和挑战。

（一）我国思想政治教育的渊源

我国自古以来便是礼仪之邦，对于思想政治教育的重视一直是有目共睹的。我国与西方各国在思想品德教育方面有一定的相似之处，比如，都注重培养学生礼貌、诚实、正义感、具有社会责任感。实现思想政治教育的教学目标不仅是为了学生人格全面发展，更

是为了满足我国时代发展的需要。我国自古便是注重礼仪道德之国，在中国共产党的领导下，各高校十分重视对学生思想政治素养的培育。对于思想政治教学的历史渊源可以一直追溯到原始社会。

1. 原始社会的德育内容

在原始社会条件下，人从自然界区别于动物便是从使用工具进行劳动开始。在人与人的交往过程中，伴随着集体生活中意识、情感、智慧的觉醒，人所独有的德行的萌芽也得以生长，其中包括天生具备的集体生活的意识以及相互依存的集体精神。这种原始朴素的德育内容被北京师范大学黄济教授称为"生活式的德育"。

2. 古代社会的思想教育

我国古代对于德育的内容可概括为以下两点。

（1）品德教育往往与政治挂钩。思想教育、道德教育、政治教育与君权统治存在紧密的联系，比如，古代德育中非常重要的"忠君报国"观念，便是这一特点的体现。所以，古代思想政治教育主要是为了政治统治而服务。

（2）道德教育内容已渐趋繁荣。先秦"百家争鸣"这一文化现象展现了非常丰富的道德教育内容。其中很多思想对现今发展也有极大的研究意义，比如，法家的"法制"教育、道家"寻道"思想，等等。这些思想为我国思想政治教育史留下非常灿烂的色彩。

3. 近现代社会的思政教育

近代以来，我国思想政治教学开始呈现学科化特点。清朝末期，在中国传统道德观念的基础上，资产阶级自由、平等、民主思想得以不断渗透。在推翻帝制建立中华民国之后倡导公民教育，开始出现"公民"课。如，当年北京师范大学附中各学年均设有"公民"科。真正意义上的思想政治课是中华人民共和国成立之后产生的，其间经历了复杂的创立发展与改革创新过程。现今思想政治教学是我国学校德育的主要途径，是我国精神文明建设的基础和主要形式。我国思想政治教学的主要目标是培养学生高尚的道德品质，促进学生良好行为习惯的养成，培养全面发展的人才，其服务于我国精神文明建设的思想建设工作。

（二）我国高校思想政治课程教育取得的成绩

1. 建立了学科建制

"建制"是社会学领域中的一个重要概念，原指社会组织内的结构性编制、体系及其建构过程。当任何一门学科发展到比较成熟的阶段，都会形成与其自身发展相匹配的一系列知识体系、制度体系、组织系统和物质支撑系统，它们是观念组织与社会组织的结合，即学科建制。学科建制具有学理建制和社会建制双重属性，二者互为表里，共同支撑思想政治教育专业化发展。

（1）学科知识体系得到完善

首先，经过长时期的建设，思想政治教育的逻辑范畴从无到有，包含基本原理同马克思主义理论的关系、教育内容同临近学科知识的关系、专业知识与其社会应用的关系。以上三种子关系相辅相成，共同构成了知识体系的逻辑范畴。

其次，知识体系是高校思想政治教育的基础。当前，我国高校形成了相对明确的思想政治教育专业知识结构，主干学科与分支学科相互促进、互为依托，思想政治教育的知识体系日渐成熟。在学科建设的三十余年里，虽然不乏疑难问题的阻碍，但高校思想政治教育学科的专业化依然取得了突破性进展，这是有目共睹的事实。

（2）学科社会建制得到发展

外在社会建制是指学科的社会组织与分工机制，代表一种稳定的社会模式和安排，包含其自身的物质载体、组织形式和行为规范。首先，在机构设置方面，当前高校思想政治教育的实体机构主要包括理论研究系统和实际工作系统。其中，理论研究系统主要由全国各高校的思想政治教育教研室构成，理论研究系统承担着学术研究的重大责任，数年来成绩斐然。思想政治教育主要包括三个子系统，分别是党政系统、军队系统和高校系统。其中，高校系统担负着学术研究和人才培养的重要工作，其基本任务在于促进学生思想的转变，是研究系统中重要的组成部分。在当今时代，高校思想政治教育的诸多机构都进行了结构化调整，如，20世纪80年代的中国高等学校思想政治教育研究会已经合并到中国高等教育学会，并成为其下一个专业委员会。

其次，在制度建设（即行为规范）方面，中共中央国务院第16号文件《关于进一步加强和改进大学生思想政治教育的意见》体现了党和国家对推进高校思想政治教育发展的战略部署，是标志着高校思想政治教育科学化进程迈上全新台阶的纲领性文件，为科学化进程新一轮质的飞跃打下了坚实的基础。一直以来，以16号文件为首的一系列相关规定得到贯彻切实贯彻，系统内部的权责部门各司其职，初步建立了高校思想政治教育的制度体系。

2. 思政教育研究方法取得进步

恩格斯认为，科学的形成要经历两个阶段，一是材料的积累；二是材料的整理。在几千年的发展历程中，人类已经对思想的发展积累了丰富的历史材料和宝贵经验，对这些材料的整理和总结为社会思潮的发展提供了范式，并使社会秩序井然。中国共产党自成立以来，一直致力于带领人民共同创造社会历史，在此过程中积累了诸多历史材料，并将其整合成为现实经验。

中共中央国务院第 16 号文件《关于进一步加强和改进大学生思想政治教育的意见》下发以来，对高校思想政治教育的研究活动进入归纳整理材料的新阶段。从研究对象来看，研究工作存在两类不同的价值取向，一是学术取向的研究；二是行动取向的研究。如何整理已有的材料并深入理解其内涵，使思想政治教育成为系统化的知识体系，取决于学术研究方法。在现代辩证唯物主义方法论的指导下，我国高校思想政治教育已经形成了自身相对独立的话语系统，确定了基本概念范畴，并建立了初步完备的理论体系。

3. 教育方法得到改进

（1）切实贯彻因材施教的理念

科学有效的教育手段必须遵循学生的身心发展规律，思想政治教育的发展要突破以往教育手段的限制，就要将受教育者放置于时代环境中去看待，深入理解当今时代受教育者性格特征的形成因素，并有效利用这些因素辅助教学，达到预期的教学目的。

当前，高校思想政治教育队伍正呈现年轻化趋势，教育者与学生之间的年龄差正在缩小，绝大多数教育者都能全面把握学生的性格成因，妥善处理统一教学与因材施教的关系。教育主体面临的是"95后""00后"这一特殊的学生群体，"95后""00后"这一标签已经成为个性、时尚、朝气蓬勃的代名词，其性格特征不同于以往的任何一代人，他们的内心不能认同传统的灌输式教学方法，而是渴望更为新鲜且带有创意色彩的教学模式，这类需求为高校思想政治课程的创新发展打开了新的篇章，促进了教育手段的正向发展。

（2）初步实现信息化教学

新媒体是时代进步的产物，其出现加速了信息的群际传播，使个体间的交流互动更加密切。在信息化进程不断加速的今天，任何社交软件和新闻客户端都可以成为学生获取知识的渠道，每一条时政要闻都是学生理解知识的案例，隐性教育对学生造成的影响程度也在大幅提升。

目前，高校思想政治教育主体已经能够在高校思政课堂之外有效利用微博、微信等客户端对学生进行信息引导，大多数高校和院系已开设官方微博、微信公众号等公共平台，为学生推送时政信息，解决实际疑难问题，关心学生的学习和日常生活。此类做法表明隐性教育这种教育手段已经得到教育者的重视。

4. 教育人员素质得到提升

1984 年 9 月，我国第一批思想政治教育专业本科生入学。至 2005 年，形成了三级完备的学科体系，学科建设初步实现了系统化。二十余年间，面向本科生和研究生的思想政治理论课系列教材有了较大的改进；与此同时，领域内不乏高质量的著作。而后又经历了十多年的学科建设，国内共有思想政治教育本科专业 234 个，硕士学位授予点 324 个，博士学位授予点 75 个，且教育者总体呈现年轻化、高学历化的态势。

国家十分重视对教育者的选拔和培养，专职人员是承担高校思想政治教育任务的核心团队，是对学生的学习生活和价值观念进行正向引导的主要力量。兼职人员主要包括优秀的高年级党员或研究生中甄选出的学生辅导员，他们与学生的距离较近，可以利用自身的年龄优势帮助学生树立正确的学习观。这种专兼结合的模式，不仅使教育队伍的数量增加，更能在实际工作中能够发挥更大的作用，从而形成一个个结构合理、精干高效的教育团队。

（三）我国高校思想政治课程教育的发展现状

1. 全球化浪潮对爱国主义教育产生冲击

随着科技和经济的发展，我们已经走进互联网时代。互联网的迅猛发展为人们提供了更多的信息资源，其中包含着大量的没有经过筛选的信息。一些不良的信息潜移默化地影响人们的思想和行为，使得人们无意识地卷入了享乐主义的大潮，甚至部分人在不知不觉中已经沦为享乐主义的精神奴隶，他们生活的全部希望就是挣钱和花钱，只能在这个过程中寻求一种虚幻的满足感。在这浅薄的满足感的背后隐藏着很多消极的后果，如焦虑、不了解生命存在的意义等情况。全球一体化很容易会让人们的主权意识变得模糊，没有了明确的界限，并且极大地削减了人们对国家和民族的感情，这样将会极大地影响以民族和国家情感为基础的思想政治教育。经济全球化、政治全球化和文化全球化造成了人类面临的全球化疑难问题已经愈演愈烈，比如，核武器的扩散、温室效应、贫富差距以及人们对本国的感情淡化，等等，这些都需要人们注重全人类的利益，从全人类的利益出发，要求人们在价值观方面不能固守成规，要超越国界，思维方式也不能拘泥于一定范围，因此思考疑难问题的方式也要从不同的角度出发。

由于不同的历史条件和环境的差异，造成在这些条件下产生的思想政治教育理论体系也存在很大的差异。并且这些理论特点由于文化背景的不同存在一定的差异性，各自都有特殊性，而且是符合人类的发展规律的。随着全球化的发展，世界各国文化涌入中国，一些西方国家利用产品的文化魅力吸引着我国的消费者，久而久之，人们就会被他们的价值观念所影响。

那些表面上看轻松活泼的文化表象对我国的青少年的影响力是很大的，这些新鲜事物让他们觉得耳目一新，因此，强烈地吸引着他们的眼球。这样一来，我国的主流文化就会面临极大的挑战，这些文化顺着全球化的潮流迅速地渗透到了人们的思想中，这是对我国主权的一种挑战。全球化趋势的蔓延使得民族地区间的界限变得越来越不明确了，各种观念也变得日益模糊，人们观念上的改变导致他们的生活方式也逐渐发生了变化。全球化极大地影响了我国思想政治教育的地位。因此，研究如何应对意识形态边缘化的挑战是很有必要的。在当今时代如何引导大学生对思想政治教育更有兴趣，这项工作已经迫在眉睫。

2. 互联网浪潮对我国思政教育造成影响

全球的网络信息化普及创造了一个平台，为思想政治教育工作提供了新鲜的血液和一种崭新的传播载体。在信息网络广泛社会应用的前提下，不仅为高校思想政治教学开拓了发展前景，也提升了思政教育的影响力，提高了思想教育的实效性。

阿尔文·托夫勒（Alvin Toffler）曾经提到时代的文化霸权主义，就是指未来拥有互联网掌控权、信息发布权和英语语言文化等优势以达到各种目的的人们，他们才是真正拥有霸权的群体。在互联网的世界中，当来自不同国家的文化相遇产生碰撞时，事实上最终的冲突结果不仅仅是表现在军事上或者地域上的，而应该是文化上的。这样的结果通常表现在一种语言文字对另一种语言文字的吞噬，并且在意识形态领域得到体现。这种文化所造成的影响不仅仅是对中国而言的，也表现在对其他非英语国家的影响，存在着一定的威胁性。

（四）我国高校思想政治课程教育发展面临的问题

当前高校思想政治教育所面临的问题，既包括总体发展方向上的宏观问题，也包括微观建设上的方方面面。只有全面地认清学科在科学化进程中所面临的问题，并不断对已经不适应现实情况的制度和理论予以否定，对前沿理论加以规范和创新，高校思想政治教育学科才始终具有科学性和实效性。

1. 学科建制水平和质量存在不足

（1）学理建制系统化水平较低

一方面，高校思想政治课程的内容已经基本形成，但是学理建制尚不完善，没有清晰的知识体系。高校思想政治教育规律可大致分为宏观规律（产生和发展规律）、中观规律（管理规律、工作规律和过程规律）微观规律（教育规律和接受规律）三个层次，全面把握各方面的规律并加以合理运用，对于促进高校思想政治教育的良性发展具有不可替代的作用。但事实上，当前对高校思政教育知识体系的研究不够深入，缺少对教育规律的研究和应用，三个层次之间也少有联系。

另一方面，思想政治理论系统缺乏开放性。所谓系统的开放性，是指系统内部诸要素能与外界进行信息的交流和互换。高校思想政治教育是一个复合概念，无论是在学术研究还是实际应用中都不可避免地与教育学、社会学等其他领域发生联系，与这些相关领域的理论前沿取得交流十分必要，但在目前，这方面问题还未取得实质性的进展。

（2）社会建制程度有待发展

一方面，高校思想政治教育机构设置缺乏整体性，主要表现为高校思想政治教育的理论研究系统和实际工作系统之间缺乏互动与交流。中国思想政治研究会是中宣部领导组织和促进思想政治工作研究的全国性社团，政研会的主要职能在于组织思想政治教育理论研究和应用，基于这一职能，各子系统之间应紧密团结在政研会周围，并积极加强交流和互动。然而，高校思想政治教育发展的时间不长，两大系统之间没有形成完善的交流和互动机制，存在着各自为政的状况，此类状况阻碍了高校思想政治教育理论研究的深化，影响了实际工作的有效开展。加强两大系统之间的联系，能够推进高校思想政治教育积极发展，同时增强高校思想政治高校思政课堂的实效，具有重大意义。

另一方面，高校思想政治教育制度建设需要进一步加强。首先，尽管已经确立了基本制度，但高校思想政治教育制度体系的完整性和内容的准确性仍然有待提升。例如，关于各高校国际交流生和国内交换生的思想政治教育制度至今空缺，1995 年，我国获准成为"国际学生交流计划"的成员国之一，每年可与世界各地 60 多个国家和地区高校进行人才方面的交流学习。此外，我国于 2009 年成立了"九校联盟"，国内九所 985 高校的学生可以申请互相交换学习。这些交换、交流学生也属于高校思想政治教育的受教育者，但是，对于他们的思想政治教育，一直没有找到合理的制度参照。其次，高校思想政治教育执行力度相对薄弱。在大学或者研究生时期，学生的学习任务十分繁重，他们面临的不仅仅是某个专业的知识，还要应付各种水平考试，也有学生面临着就业的压力，很多事情自然不能兼顾。有的学生在本就不甚充裕的思想政治理论课课堂上做自己的事情，再在考试前"突击背诵"考试重点。面对这种情况，思想政治教师也只好"放水"，放松对学生的要求，降低考试、考核的难度。

2. 教育主体科学认知不足

（1）高校思政教师队伍建设有待优化

一方面，高校思想政治教育队伍的结构需要进一步调整和优化。这里的结构既包括教育主体的年龄结构，也包括教育主体的专业结构。就年龄结构而言，当前高校思想政治教育主体的年龄呈现多层次的趋势，不同年龄段的教育者各有各的优势。青年教育者对待工作积极性较高，具备创新思维，与学生年龄差距小，相处融洽；中年教育者熟练强干，思维成熟，完成工作的效率较高；年龄较大的思想政治教师德高望重，具有深厚的学术底蕴，在学术研究和人才培养过程中更是不可或缺。但目前在高校中，各年龄段教育主体间分工不明确，教育者的年龄优势得不到最大的发挥。就专业结构而言，高校思想政治课程具有较强的综合性和应用性，所以思政教师在教学指导过程中，不仅要向学生传授理论知识，更要通过科学有效的手段，对学生的价值观、道德规范施加正向影响，做到德育和智育相统一。当前，智育与德育队伍建设有失平衡。此外，心理健康教育是德育工作的重要内容，对心理健康教育的队伍建设不容忽视。提高对德育队伍建设的关注度，其重要性不言而喻。

另一方面，教育主体的综合素质有待提高。当前高校思想政治教育者的准入要求已相当严格，若论及专业知识水平，绝大多数教育者都是领域内的翘楚，是高学历、高素质的人才。但涉及思想政治理论课的课堂教学，则是另一门艺术。所以，一般所说的教育主体的综合素质，不仅包括教师的专业知识和技能水平，还包括语言表达能力、组织管理能力、课程设计与开发能力，等等。当前，一部分教育者在从师技能方面理论有余，实践不足。因此，提升教育主体的综合素质，显得尤为重要和紧迫。

（2）高校学生队伍建设存在难问题

一方面，部分高校学生的价值观念不明确。"95后""00后"是一个极具时代感的特殊群体，他们生于和平、发展的时代环境下，未曾接受过战争和贫穷的洗礼，同时又面临着全球化浪潮的冲击和无法避免的多元文化带来的影响。总体来说，"95后""00后"高校学生的主流意识形态是积极向上的，并带有鲜明的个性色彩。但部分学生的价值观出现较为明显的功利化。此外，部分高校学生还存在着诚信观念和合作意识缺失等问题，这些问题如果得不到及时解决，对我国未来新一代青年发展，甚至对社会发展都会造成十分严重的负面影响。

另一方面，部分高校学生的某些道德行为失之偏颇。道德行为受道德认知、道德情感和道德意志的调控，受教育主体的价值观念一旦出现问题，错误的道德行为很难避免，加之新媒体的开放性使信息传播的速度大为增加，高校学生的道德意志受到了前所未有的冲击。要解决此类疑难问题，就要对学生进行道德教育，树立学生积极正向的道德认知与道德情感，形成"正能量"，从而坚定学生的道德意志，改善学生的道德行为。

（3）主体之间缺乏互动和交流

一方面，教育主体与受教育主体共处的时间、空间有限。近年来，随着高校不断扩招，高校大学生和高校教师比例随之缩小。身为公共课思想政治教师，各高校马克思主义学院的思想政治理论课教育者要面对的是全校学生。思想政治教师无法兼顾到每一位学生，教育者与学生的交集几乎仅限于思想政治理论课课堂。在有限的时间内要顾及的学生越来越多，分配给每位学生的平均时间也就越来越少。

另一方面，主体之间呈单向授受状态。当前，绝大多数思想政治理论课课堂均采用讲授式教学法，这种方法虽然能将知识体系较为全面地展现给学生，呈现出知识的完整性和系统性，但却忽略了学生的主体地位，没有考虑学生对知识的接受程度，错误地将学生置于被动接受的一方。教师无视学生学习的能动性而一味地讲授，会使其学习的积极性大打折扣，降低思想政治理论课的实效性。尽管在新媒体时代下，部分思想政治教师已经意识到此类疑难问题，并辅之以多媒体手段教学，使思想政治理论课的趣味性得以增加，但仍旧没有摆脱高校思政课堂教学单向授受的状态。只有改进高校思政课堂教学方式，注重对学生学习积极性的启发和引导，才能从根本上解决这一疑难问题。

3. 学术研究重理论轻实践

虽然学术研究与行动研究不能混为一谈，但二者绝不是对立关系。一般情况下，高校思想政治教育的学术研究者也是行动实施者，行动研究与学术研究的结合是高校思想政治教育研究方法科学化的前提条件。单方面重视行动研究而忽视学术研究，会使实际行动缺乏理论基础，降低行动的实效性。反之则会使学术研究脱离实际情况，理论的科学性随之大打折扣。当前我们面临的现状是后者。尽管高校思想政治教育处于专业化发展的新时期，但思想政治教育的学术研究方法仍停留在重理论、轻实践的阶段。理论研究者一味重视其知识体系构建，不能很好地将其与实际行动结合在一起。

4. 缺少对教育评价体系建设的反思

（1）评价结果缺乏数据统计

评价指标的多样性导致了评价结果的多重性，每一种评价结果都能够反映高校思政课堂教学中存在的某方面问题。但事实上，未经数据化的评价结果是不具有科学性的，无法加以系统梳理和概括。例如，期末考试中，在试卷具有良好的信度、效度和区分度的前提下，计算不同分数区间内学生数占学生总数的比例，能够更清晰地反映高校思政课堂教学的有效性，为日后教学计划的制订提供参考。如果不这样做，仅仅通过试卷评阅得出每一个学生的分数成绩，此次教学评价的结果则是不全面的。

（2）高校缺乏教学评价的激励机制

无论教育者还是受教育者，都需要激励机制去调控教学过程的能动性。当然，我们并不否定教育者的职业道德，但客观上讲，激励制度与教学效率之间必然呈正比关系。如果将思想政治教师的考核评估体系与教学评价结果相关联，评价结果较好的思想政治教师能够在物质上和精神上得到肯定，教学评价结果的利用效率将会大幅提升，数据化了的教学评价现象才能得到反馈，为今后的教学实践活动提供参考。

二、国外高校思想政治课程教育的发展

（一）国外思想政治课程教育的特点

1. 以课堂教学作为思政教育的主要手段

在当代西方高校的教育过程中，虽然思想政治教育使用的名字是不相同的，但其所围绕的主题教育课程的内容是基本一致的，都具有鲜明的时代性和政治性。通过阅读西方的有关思想政治教育的参考文献，并且对回归人员进行深入的调查，我们不难发现，当前西方高校在进行思想政治教育的时候通常采用道德素质教育、政治教育以及宗教教育等方式来进行。

与这些主题所对应的课程主要有西方文明史、思想史、人文科学和社会科学等。他们主要通过课堂教学来完成思想政治教育，比如在美国，实施思想政治教育的主要方式就是老师讲解。老师对相关的理论进行讲解，从而达到为西方国家思想政治教育作宣传的根本目的，这样才能让学生真正意义上接受并实践。

2. 利用宗教辅助思政教育

国外宗教教育是具有政治教化、道德教化的功能的。与此同时，宗教教育还被应用到影响民众的思想言行，宗教教育有一个十分重要的作用，就是它能够在一定程度上减轻人所承受的精神压力，还能缓解被压迫民众和西方资本主义统治阶级之间的矛盾，在维护西方国家社会稳定方面是很有好处的，因此，思想政治教育在西方国家也占有很重要的地位。英国坎特伯雷大主教曾说过，我们自从启蒙运动开始就一直生活在上帝的残余信仰之

中。如果人们离开了这种信仰，就会觉得要找一个能代替的基础是很困难的。

人们的思想观念随着社会的发展产生了极大的转变，但完全没有降低宗教在西方国家中的地位，还在一定程度上使其影响范围变得更加广阔。当前，大部分的西方国家都倾向于将宗教教育的理念灌输到人们的日常生活中，把宗教教育作为开展思想政治教育的主要途径。西方国家通过各种宗教的团体活动和文化活动将人们对宗教的信任转移到对政府的信任上，从而达到政府维护自身的统治地位的目的。

尽管一些西方国家已经明确规定了宗教在它们国家政治的地位，但事实上宗教在他们生活中的影响仍然是无处不在的。例如，在总统的就职典礼上、议会的开闭会议中都会由牧师来主持。西方国家还规定了一些与宗教教育相匹配的方法，例如，一些宗教仪式和教条等。西方国家的高校思想政治教育一般都是采用宗教教育的方式进行，如在英国和法国以及意大利等国家的高校还专门设立了宗教教育的课程。

因此，不管采取怎样的措施，都不能改变西方国家为了维护自己的政权，采用宗教教育的方式来达到这种维护政权的目的。再以"神道教"作为国教的日本为例，他们信仰的宗教还有佛教、基督教、伊斯兰教等。其中，基督教的教义很好地反映了西方多家思想政治教育的本质。殉道精神指的是为了追求宗教信仰，哪怕是要付出自己的生命，也要维护自己的宗教信仰，也要实现自己的目标。这种精神看起来像是在努力追求自己的宗教信仰的一种无畏的精神，实际上是要起到团结人心的作用，也是西方国家为了巩固阶级统治，在统治人民方面打下思想基础。

3. 利用媒体宣传提升思政教育效果

现代思想政治社会化是通过报纸、广播、电视、电影，以及计算机网络等大众传媒工具来进行的。毫无疑问，在当代思想政治教育的宣传上，这些大众媒介起着至关重要的作用。在英国、美国等发达国家的大众媒体是一种宣传思想政治教育的有力武器和有效途径。他们通常都是打着自由民主和多元化的旗号，通过一切可用的媒介来传递这一观念，但实际上却是在为资产阶级的思想观、文化观、价值观和政治化做宣传，想要通过这种方式对人们进行意识渗透，并且对外进行政治上的影响。

同时，大众传媒教育具有容易被学生认可和易于接受的特点，这样就能够潜移默化地对受教育者产生影响，与传统的高校教育相比，这种教育方式的优势是显而易见的，因此，现在西方高校大都会选择这种方式进行思想政治教育，不仅能极大地提高教学效率，还能在一定程度上促进学生道德认知水平的发展。

不过，从辩证的角度看哲学，任何事物都有两面性，任何一面都会使得结果存在较大的差异性，甚至两者的发展完全是相悖的。当然，大众媒体的应用方面也是同样的情况。很多人都利用大众传媒的手段来达到自己盈利的目的，他们为了增加利润，为了提高收视率和发行量，完全不顾及广告内容的真实性和是否健康的因素，只是一味地谋求利益，完全扭曲了大众传媒的本身的功能，以至于错误地引导了西方高校的学生的政治生活和意识形态，导致思想教育在大众传媒的途径中向完全相反的方向发展。这些极大损害了思想政治教育在西方高校的宣传和发展，造成了不好的影响。

（二）国外思政教育对我国思想政治课程教育发展的启发

1. 建立融洽的师生关系

在思想政治教学活动中，师生交往关系对教学过程和结果存在着极大的影响。我们传统的"重师轻生"观念不可取，但"重生轻师"完全以学生为主的高校思政课堂也同样是不可取的。高校大学生和高校教师之间无所谓关系平等与否，本不应该严格对立、分离高校大学生和高校教师之间关系。思想政治教师与学生应该是一个包容的交往交际关系。

思想政治教师与学生之间的关系在极大程度上影响着教育的各个方面。比如，学生常常会因为习惯某一位老师，而爱上这位老师所负责的学科，进而提升成绩；同理，也有学生会因为不喜欢某位老师，而对该老师所负责的学科产生厌恶心理。建立区别于友谊、同情、恋爱关系的包容性的"我—你"交往关系，在教学中自然而然不考虑谁更重要的问题，非常值得我们在思想政治教育中学习。

2. 杜威的实用主义道德教育理论

当今时代，各阶段教育改革都提倡加强学校与社会的联系，甚至是从小确定职业培养方案，根据职业规划进行有针对性的培养，等等。那我们社会对学生要求的多元化与现今教学的一元化矛盾能不能通过实用性取向进行改善呢？在学校的一元培养中从开始就融入社会的要求，学生或许在学校接受的还是比较统一的教育，但这是对于社会所需要的，可以直接与社会需求的学习融合。学校教育更具体、更适应于现实世界。

第一，教育即生活。学校对学生的日常生活应给予关注，学校的环境需要加工改造来适应学生的特点，所以杜威的"生活"是经过"处理"之后的生活，这里的"生活"虽然是经过"加工"之后的，但我们同样可以体会到教学不仅仅是死记硬背，还应有一个生活体验的过程，教学应与社会生活和学生个人生活进行融合，高校对学生的教育应从讲授向体验转变，向生活"靠拢"，在转变教育方式的过程中增强教育效果。

第二，学校即社会。学校要加强与社会的联系，把学校变成小的社会，使学生在学校中体会、体验和感受社会的要求、需要和价值观，引导学生与社会积极互动，在交互中积累经验、吸取教训、掌握生活技能，以提高学生适应生活的能力。

第三，从做中学。"从做中学"是杜威在教学过程中得出的重要教学方法，杜威反对学生坐在课桌前死记硬背式的僵硬学习，强调要从"做"中有效地学习，学生通过亲自"操作"获得知识。杜威认为，给学生现成的材料避免学生犯错是不对的，应给学生未经加工的粗糙的材料，他认为如果学生活动的目的只是为了完成任务，那么学生获得的知识只不过是技术而已。从中可以发现杜威的"从做中学"理论是对传统教学注重知识本位，忽视学生兴趣的反驳，应让学生的知识和行为相统一，以达到预期效果。生活化的思想政治教育就是要学生在生活中接受教育，亲身感受生活之美，让学生亲自去实践，从"听中学"变为"做中学"，并把所学理论与生活结合，从而转变学生思想，提高其道德水平。

3. 斯宾塞道德教育方法

斯宾塞对于儿童道德教育方式很简单：有耐心，少发布命令，不以成人眼光对待。这些我们都可以轻易理解，但在真正的高校思政课堂上，思想政治教师有可能会因为课本内容和课程标准要求，将学生提出的宝贵思考和值得讨论探究的一些片段都给忽略掉。这显然是得不偿失的。这样的思想政治教师其思政课堂形式即使富有新意、积极能动，但还是与课本的传声筒、留声机存在同样的性质。学生的核心素养和全面发展，思想政治教师的与时俱进与专业化，不只是宏观的理论层面的，更应是具体意义上的。思想政治教学是对人的教学，是对学生发展的教育，所以更应该从小处入手，像斯宾塞对于儿童道德教育提出的要求一样，灵活细致，抓住高校思政课堂中突发的教育点，积极引发学生创造性、突发性的思考，让高校思政课堂中除了活动引发的活泼场面外，真正呈现灵活生动勃发的一面。

当今世界，各种思想文化相互碰撞，既相互纷争，又相互吸引。通过博采众长，比较进步，才能焕发出更加旺盛的生命力。当代西方国家道德教育理论思想活跃，各有所长，对我国思想政治教学问题中具有一定的借鉴意义，我们有必要通过具体的认识再与我国实际相结合进行多方面研究。但无论是理论还是实践方面的研究，都需以包容、开拓的精神来看待这些观点，以务实、严谨的态度进行细致研究。这样才能批判性汲取有益成分，发掘出可用观点，真正取得创新性发展。思想政治教学不同于其他学科的学习，它有明确的核心理念并在教学内容上充分体现，是对某些思想内容的强化和灌输。因而，很多高校思政课堂中经常会出现设计性过强，局限范围过窄的问题。21世纪不可遏制的全球化浪潮影响和改变了包括教育在内的人类生活的方方面面。我们越来越受到多元文化与知识的渗透，对于思想政治教学的生成性问题应该有一个更合理的态度。

第二节　高校思政理论课教学理论探析

一、高校思政理论课的内涵

高校思政理论课的内涵是思政理论课教师开展教学活动的依据。思政理论课在发展的各个阶段有着各种各样的名称、表现方式及目标实现方式，但它的内涵却始终未变。中华人民共和国成立以来，公共必修课、共产主义思想品德课程、政治理论课、共同政治理论课、思政理论课等都曾作为高校思政理论课的名称存在过，课程先后也经过多次重大调整变革。为此，我们需要运用理性思维去探索和把握高校思政理论课的内涵。

（一）高校思政理论课以育人为目的

构成思政理论课教学活动的基本要素是教育者（思政课教师）和受教育者（学生），二者的关系是教学活动的重要关系。思政理论课是以人为主体和对象的实践活动，这就要求思政理论课教师以学生为根本出发点与最后落脚点来开展教育教学工作，始终坚持"围绕学生、关爱学生、服务学生"的育人原则。当前的大学生群体正处在网络技术高速发展、社会改革不断深化、价值追求日益多样化的新时代，视野变得更开阔，参与意识、创新意识不断加强，然而他们也需要面对各种各样不良因素的影响，这就需要思政理论课发挥其育人功能，针对当代大学生群体的价值需求与心理特点，从实际需要出发加强实证研究，形成理论研究成果，作为课程教育教学的参考，从而满足大学生的发展需求，帮助大学生健康成长。

（二）高校思政理论课具有意识形态特性

统治阶级意识形态的首要目标就是让价值认知体系、是非判断体系、国家认同体系在社会成员中形成认同，进而发挥其凝聚人心、团结共进的重大作用。高校思政理论课是国家意识形态灌输的重要载体，应当主动参与社会主义核心价值体系的培育过程。在当前意识形态纷繁复杂的情况下，高校思政理论课所承载的意识形态使命较以往更加艰巨。思政理论课作为高校开展思想政治教育的主渠道，承载了高校为党培养社会主义合格建设者和接班人的使命。思政理论课的本质决定了其必须将社会政治生活和主流意识形态放在教育教学首位，所以思政理论课教师要具备政治敏锐性，要善于把握意识形态的运行发展规律，站在国家、民族的历史高度去思考现实问题，把握现象本质内涵。

（三）高校思政理论课的内容规定性

思政理论课内涵的外在体现是思政理论课内容的规定性，从我国思政理论课的课程设置和教学内容上看，就是坚持中国特色社会主义的发展方向，认识世界和改造世界。高校思政理论课要引导学生从整体上把握哲学、政治经济学、科学社会主义的基本范畴、基本方法和基本研究对象，引导学生提升思想道德修养、强化法治观念和法治意识，引导学生认清近代中国发展的历史走向和必然趋势。

对于思政理论课而言，思想教育是根本，政治教育是主导，道德教育是基础。各个层面相互独立的同时又相互联系。与此同时，思政理论课的基本内容也会随着社会的发展变化、国家政治制度的变革等发生变化，但是究其根本，思政理论课本身所固有的思想性、政治性等不会改变。所以，我们只有深刻把握思政理论课的内容规定性，才能将中国共产党最新的科学理论转化为指导各门学科发展的方法论，形成铸魂育人的合力。

二、高校思政理论课的特征

（一）高校思政理论课始终坚持政治性

立德树人事关"培养什么人、怎样培养人、为谁培养人"的根本问题，关乎国家的前途命运。高校思政理论课作为传播党的政策方针的重要载体，必须把培养社会主义建设者和接班人作为根本任务，将大学生群体培养成为拥护党的领导、拥护社会主义制度，愿意为中国特色社会主义事业奋斗终身的关键人才。

高校坚持思想政治教育的政治性，就是要坚持党对学校教育的全面领导，就是要坚持党对思政理论课的全面领导，就是要全面贯彻党的教育方针，坚持社会主义办学方向，把立德树人作为检验学校一切工作的根本标准。思政理论课教师坚持政治性就是要忠于党的教育事业，形成良好的师德师风，"政治要强、情怀要深、思维要新、视野要广、自律要严、人格要正"，给学生的心灵埋下真善美的种子，引导学生扣好人生第一粒扣子，引导学生树立坚定的理想信念、厚植爱国主义思想、提升品德修养、增长知识见识、培养奋斗精神、提高综合素质。

（二）高校思政理论课始终坚持理论性

我们对共产党执政规律、社会主义建设规律、人类社会发展规律的认识和把握不断深入，开辟了中国特色社会主义理论和实践发展的新境界。中国特色社会主义取得举世瞩目的成就，中国特色社会主义道路自信、理论自信、制度自信、文化自信不断增强，为思政课建设提供了有力支撑。中华民族几千年来形成了博大精深的优秀传统文化，中国共产党团结带领各族人民在革命、建设、改革过程中锻造的革命文化和社会主义先进文化，为思政课建设提供了深厚力量。思政课建设长期以来形成的一系列规律性认识和成功经验，为思政课建设守正创新提供了重要基础。

中国特色社会主义理论要充分融入高校思政理论课当中。高校要引导学生增强中国特色社会主义道路自信、理论自信、制度自信、文化自信。高校思政理论课教师要做到真学、真懂、真信、真用，要静下心、坐下来，读原著、学原文、悟原理，通读相关学习材料，在多思多想、学深悟透、系统全面、融会贯通上下功夫；全面领会和准确理解中国特色社会主义理论的科学内涵、精神实质、基本内容、地位、作用等，做中国特色社会主义的坚定信仰者；用心、用情、用理去讲课，把问题讲清楚、讲透彻、讲生动，这样才能够增强课程的说服力；围绕教学展开学术研究，将对中国特色社会主义理论的研究与思想政治教育教学紧密联系起来。

（三）高校思政理论课始终坚持创新性

进入信息时代，互联网技术、多媒体技术等信息技术的高速发展对学生群体产生了巨大的影响，学生获取知识的途径越来越多，教师传统的课堂灌输式教学已经不能适应当今时代的学生需求，尤其在高校，这要求思政课教师不断创新教育教学方式。思政理论课创新要着眼于以下三方面。

第一，创新教学方式，彻底改变传统的灌输式教学方法，充分利用现代化手段、最新的信息技术补充思政课教学内容，坚持以学生为中心开展引导式、启发式、情境式教学，让学生主动投入课堂，充分展现课堂的育人功能。

第二，创新教学团队建设，以项目引导的方式打造一支教学水平优良的教师团队。进一步建设一支以课程为中心的思政理论课教学科研团队，组织开展精品案例开发与设计，对重点问题开展专题研究。同时，高校可以设立思政方向的教学改革创新项目，激励和引导思政课教师对教学手段、教学内容等进行创新研究。

第三，创新专题设计，坚持问题导向，思政理论课教师要对社会热点焦点问题进行正面引导，积极为学生答疑解惑，可以将社会热点、焦点问题与党的大政方针及政治理论相结合，以专题的形式融入思政理论课的课堂教育。同时，思政理论课也要结合地方特色，充分利用地方特色资源，创新设计一些接地气的思政专题课程，在增强思政理论课感染力的同时，培养学生的情感归属。

三、高校思政理论课的地位

高校思政理论课的地位是由其性质所决定的，体现为它在整个高等教育和社会生活中的位置和作用。

（一）高校思政理论课是高校思想政治教育的主渠道

我国高校对大学生的思想政治教育贯穿于学校教育教学的各个环节，体现为全员育人、全过程育人和全方位育人。就其教育渠道或途径、形式来说，主要包括：思政理论课教学；学生日常教育、管理；形势政策教育；心理健康教育与咨询；党、团组织工作；辅导员、班主任工作；校园文化和社会实践活动；通过网络和各门课程教学工作开展思想政治教育；等等。思政理论课作为国家统一设置和实施的、所有大学生必修的专门性和直接性的思想政治教育课程，在诸多思想政治教育渠道或途径、形式中起着主导或引导作用，是思想政治教育的"主渠道"。

一方面，加强和改进高校思想政治教育工作的主要任务决定了思政理论课的主渠道地位。大学生是十分宝贵的人才资源，是民族的希望，是祖国的未来。加强和改进高校思想政治教育，提高大学生的思想政治素质，把他们培养成中国特色社会主义事业的建设者和接班人，对全面实施科教兴国和人才强国战略，确保我国在激烈的国际竞争中始终立于不败之地，确保加快推进社会主义现代化的宏伟目标，确保中国特色社会主义事业兴旺发达、后继有人，具有重大而深远的战略意义。

加强和改进高校思想政治教育的主要任务，就是坚持以中国特色社会主义理论体系为指导，全面落实党的教育方针，紧密结合中国特色社会主义现代化建设的实际，对大学生进行正确的世界观、人生观、价值观、道德观和法制观教育，努力增强思想政治教育的针对性、实效性和吸引力、感染力。

在高校各种教育活动中，课堂教学活动是最基本、最核心、最稳定的教育环节。它集中反映了人类文明的思维成果，是人类认识世界、改造世界的智慧的结晶，具有强大的理性的感召力和影响力，对人的素质的形成与发展起着奠基作用。思政理论课是直接为培养和提高学生的思想政治素质而设计的课程，它概括和浓缩了我国社会主义社会所积累和倡导的思想政治观念、道德规范、价值观念和行为模式，反映了社会主义意识形态教育的主导性要求，因而理应成为高校对大学生开展思想政治教育的主渠道和核心课程。

另一方面，高校思政理论课的不断改革与建设使得它能够胜任大学生思想政治教育主渠道的重任。中华人民共和国成立以来，高校思政理论课从初步确立到调整、巩固，再到改革、发展，其间虽然经历了一段曲折的历程，但其课程设置和教学内容适应了当时形势和中心任务的需要。面对新的变化和新的情况，思政理论课也还存在亟待解决的问题，但其主流和趋势仍是在不断得到改进和发展的。

改革开放以后，高校思政理论课的改革与建设进一步深化，课程设置和内容体系不断调整、完善，中国特色社会主义理论体系进教材、进课堂、进学生头脑的工作不断深入，课程建设和教材建设取得成效，教学方式方法逐步改进，教师队伍建设得到加强。高校思政理论课在引导大学生坚定对中国特色社会主义的信念、对改革开放和现代化建设的信心、对党和政府的信任等方面，发挥了重要的、积极的作用。

实际上，高校思政理论课作为高校思想政治教育的主渠道，主要是从"质"而不是从"量"上来说的。充分发挥思政理论课的主渠道作用，必须保证一定的课程数量和学时比例。在此基础上，更重要的在于提升思政理论课课程设置的科学性、合理性和教育教学内容的先进性、时代性，在于增强思政理论课的针对性、实效性和说服力、感染力，在于增强思政理论课对其他教育渠道或途径的导向性、影响力以及相互之间同向同行的教育合力。

（二）高校思政理论课是高校素质教育的灵魂所在

人的素质是由各种素质要素所构成的有机整体，主要包括思想政治素质、科学文化素质、专业能力素质、身体素质、心理素质、审美素质等。其中，身体素质和心理素质是人的素质的物质载体，科学文化素质和专业能力素质是人的素质的基本内容，思想政治素质是人的素质的灵魂所在，审美素质是人的素质的综合体现。

强调对大学生进行思想政治理论教育，提高他们的思想政治素质，并把它喻为"灵魂"和"关键"，是党和国家一以贯之的思想。党和国家关于提高学生思想政治素质的指示精神，是高校深入开展思政理论课教学的重要指针。

教育是培养人和造就人的社会活动。坚持德智体美劳全面发展，培养中国特色社会主义事业的合格建设者和可靠接班人，是社会主义教育的最终目的，也是与社会主义前途和命运息息相关的重大教育命题。高校是培养高素质人才的摇篮，也是全面推进素质教育的重要基地。

我国高等教育肩负着培养德智体美劳全面发展的社会主义建设者和接班人的重大任务，必须坚持正确政治方向。高校的立身之本在于立德树人。办好我们的高校，必须全面贯彻党的教育方针。要坚持不懈地培育和弘扬社会主义核心价值观，引导广大师生做社会主义核心价值观的坚定信仰者、积极传播者、模范践行者。思政理论课作为对大学生进行思想政治教育的主阵地、主课堂、主渠道，承担的正是这一使命和重任。如果这方面的教育搞不好，其他方面的教育就会偏离正确的方向，就会失去前进的动力。只有摆正思政理论课在素质教育中的地位，充分发挥思政理论课在素质教育中的灵魂作用，才能真正解决高校立德树人的根本问题，从而保证我国高等教育的社会主义方向，为中国特色社会主义事业培养德智体美劳全面发展的高素质人才。

（三）高校思政理论课是精神文明建设的重要环节

高校思政理论课在社会主义精神文明建设中处于基础性地位，是我国社会主义精神文明建设的重要环节。

1. 思政理论课与社会主义精神文明建设的目标相一致

高校思政理论课的指导思想和根本任务决定了它与社会主义精神文明建设的实质是一致的，它是社会主义精神文明建设的重要途径和有机组成部分。中华人民共和国成立以来，尤其改革开放以来，高校思政理论课始终体现和贯彻了社会主义精神文明建设的要求，坚持以促进大学生全面发展为目标，引导大学生树立崇高的理想信念，树立科学的世界观、人生观和价值观，对提高全民族的思想道德素质和形成良好的社会道德风尚发挥了重要的积极作用。

2. 思政理论课与社会主义精神文明建设的内容相协调

精神文明建设包括思想道德建设和教育科学文化建设两个方面，渗透在整个物质文明建设之中，体现在经济、政治、文化、社会、生态的各个方面。教育科学文化建设所要解决的是整个民族的科学文化素质和现代化建设的智力支持问题。教育发达、科学昌明、文化繁荣既是物质文明建设的重要条件，也是提高整个中华民族思想道德水平和科学文化素质的基础。思想道德建设要解决的是整个民族的精神支柱和精神动力问题，因而它是精神文明建设的灵魂，决定着精神文明建设的性质和方向，是精神文明建设的根本，对社会的政治、经济发展有巨大的推动作用。

任何社会稳定的国家之所以社会稳定，在通常情况下是因为这个国家中的公民在思想道德方面有着较多的共同点。因此，世界各国都要通过各种各样的途径和方式，对公民进行思想道德的教育和培养，使他们形成大致相同的国家观、民族观、世界观或价值观，以期达到维护国家稳定和促进国家繁荣发展的目的。

社会主义思想道德建设的基本任务是：坚持爱国主义、集体主义、社会主义教育，加强社会公德、职业道德、家庭美德和个人品德建设，引导人们树立中国特色社会主义的共同理想和正确的世界观、人生观、价值观。

思想道德建设的基本内容可以归纳为理想建设、道德建设和纪律建设三个方面。其中，理想建设是思想道德建设的核心，道德建设是思想道德建设的主体内容，纪律建设是思想道德建设的保证。

高校思政理论课的内容集中反映了社会主义精神文明建设的核心特征。它涵盖了政治、经济、历史、伦理、法律等学科的主要内容，具有完整的教育教学体系，是对大学生进行思想政治教育的主渠道。它以理想信念教育为核心，深入进行社会主义核心价值观教育；以爱国主义教育为重点，深入进行弘扬和培育民族精神教育；以基本道德规范为基础，深入进行公民道德教育；以大学生全面发展为目标，深入进行民主法治教育、集体主义和团结合作精神教育，以及人文素质和科学精神教育。由此可以看出，高校思政理论课的内容完全与社会主义精神文明建设的任务和内容相协调。

3. 思政理论课与社会主义精神文明建设的重点相吻合

社会主义精神文明建设的根本任务是培养有理想、有道德、有文化、有纪律的社会主义公民，提高整个中华民族的思想道德素质和科学文化素质。社会主义精神文明建设的对象是全体公民，但重点是青少年。

一方面，青少年一代是民族的希望、国家的未来。他们的思想道德素质水平如何，直接关系到中华民族的整体素质水平，关系到国家的前途和命运。面对国际国内形势的深刻变化，面对新的历史任务，面对中华民族的伟大复兴，需要我们一代代的不懈努力，培养和造就千千万万具有高尚思想品质和良好道德修养的合格的社会主义建设者和接班人。为此，要帮助青少年树立远大理想，培育优良品德。各级各类学校都要全面贯彻党的教育方针，坚持社会主义办学方向，加强德育工作，努力培养德智体美劳全面发展的社会主义建设者和接班人。

另一方面，青少年时期是一个特定的人生阶段。青少年的思想品德和价值观念正处于形成发展的过程中，具有较大的可塑性，因此青少年时期是进行思想道德建设的最佳时期。引导和帮助他们树立崇高的理想信念和正确的世界观、人生观、价值观，对他们今后的健康成长有着积极、明显的促进作用。与此同时，随着我国改革开放的不断深入和科学技术的迅速发展，社会上一些不良因素不可避免地反映到青少年思想道德建设领域，危害着青少年的身心健康。在这种情况下，加强青少年思想道德建设就显得更加重要和紧迫。思政理论课是以大学生为教育对象，把大学生思想道德建设作为一项重大的战略任务和神圣使命的课程。

四、高校思政理论课的任务

高校思政理论课的任务，即高校思政理论课所应担负的工作和责任，这是由它的性质、地位和功能所决定的。中国共产党人历来重视学生世界观、人生观、价值观的培养和教育。高校思政理论课自设立以来，虽然课程体系及其具体内容在不同的历史时期有所调整，但其基本目标和任务却始终是十分明确的。

人们必须清醒地认识到，随着全球化的深入，世界范围内各种思想文化的交流、交融、交锋更加频繁，如何发挥正能量，增强对重大理论和现实问题的阐释力，在多元中确立主导，给思政理论课带来了新的挑战；人们必须清醒地认识到，当今社会思想意识更加多元多样多变，面对各种思潮和复杂的社会现象，如何在多样中求得共识，给思政理论课提出了新的要求。

学校教育要引导学生正确认识世界和中国发展大势，从我们党探索中国特色社会主义的历史进程和伟大实践中，认识和把握人类社会发展的历史必然性，认识和把握中国特色社会主义的历史必然性，不断树立为共产主义远大理想和中国特色社会主义共同理想奋斗的信念和信心；引导学生正确认识中国特色和国际比较，全面客观地认识当代中国、看待外部世界；引导学生正确认识时代责任和历史使命，用中国梦激扬青春梦，为学生点亮理想的灯、照亮前行的路，激励学生自觉把个人的理想追求融入国家和民族的事业中，勇做走在时代前列的奋进者、开拓者；引导学生正确认识远大抱负和脚踏实地，珍惜韶华，一步一个脚印，把远大抱负落实到实际行动中，让勤奋学习成为青春飞扬的动力，让增长本领成为青春搏击的能量。这是新的历史条件下，党和国家对高校思政理论课教学提出的要求。

不同时期高校思政理论课的目标和任务虽然不尽相同，但归纳起来不外乎两个"服务于"，即服务于大学生的健康成长，服务于党和国家的中心工作。这一目标和任务同样体现了思政理论课的定位，由此也确定了思政理论课的内容，并为思政理论课的建设指明了方向。

第三节　高校思政课教学应遵循的原则

教学活动作为人类所特有的社会实践活动，需要遵循基本的教学规范。教学活动之所以是教学活动而非其他活动，表明了教学活动本身已经内在地包含或遵循了一定的教学原则。因此，教学原则在教育理论中占有十分重要的地位。高校思政课的教学原则反映了大学生思想政治教育的客观规律，是顺利开展思政课教学活动必须遵循的基本规范和工作准则。正确把握和运用思政课教学原则，对于促进思政课教学改革和提高教学实际效果具有积极的作用。

一、高校思政课教学原则的基础

（一）高校思政课教学原则的基本特性

高校思政课教学原则是指在我国高等教育中，根据思政课教学目的，总结思政课教学实践经验、反映思政课教学规律、用以指导思政课教学活动的基本准则。它是一般教学原则在高校思政课教学中的具体运用，是开展思政课教学必须遵循的基本要求。为进一步理解思政课教学原则的基本内涵，我们可将其特性概括为以下方面。

第一，高校思政课教学原则的合目的性。教学目的是教学工作的出发点和归宿，它规定了教学活动的发展方向和预期目标，指导和支配着教学活动的各个方面。高校思政课是大学生思想政治教育的主渠道，是帮助大学生树立正确的世界观、人生观、价值观的重要途径，体现了社会主义大学的本质要求，是大学生长远发展的根本保证。这是思政课教学的性质、目的和任务所在，思政课教学原则必须符合这一课程性质和教学目的、任务的要求。

第二，高校思政课教学原则的合规律性。教学规律客观存在于教学活动之中，教学原则的任务之一就是要反映和体现教学规律。思政课教学规律，就是教学过程中诸要素之间内在的、本质的、必然的联系。思政课教学原则之所以是指导思政课教学活动的基本原理和行为准则，就是因为它反映了思政课教学规律的客观要求。因此，只有那些符合实际情况、真正反映思政课教学规律的原则，才是正确的、科学的，否则就是错误的、不科学的。

第三，高校思政课教学原则的抽象概括性。教学原则是在教学实践中形成的，但又不是对教学实践经验的简单归纳和总结，而是将概念原理体系化之后形成的理性认识，是通过深入的理论思维进行抽象的产物。高校思政课教学原则正是基于教学实践，对经过实践反复检验的教学经验进一步抽象和概括出来的。

第四，高校思政课教学原则的规范性。高校思政课教学原则是高校思政课教学活动的基本要求和准则，因而具有一定的规范性，但它又不是具体的教学规则或教学方法，而是高校思政课教学活动中根本性问题的最基本的解决方法。因此，我们必须全面审视和分析教学过程中的基本矛盾，并站在较高的视点来建构高校思政课的教学原则。

另外，随着高校思政课教学经验的不断积累和人们对思政课教学本质、规律认识的深化，高校思政课教学原则也在不断地变化和发展，并被打上鲜明的时代烙印。

（二）高校思政课教学原则的确立依据

高校思政课教学原则是在长期的教学实践中，紧紧围绕思政课教学目标、任务，通过不断认识和探寻思政课教学规律形成和发展起来的。它的确立既有坚实的实践基础又有科学的理论依据，既有丰富的思想借鉴又有现实的政策依据。

第一，高校思政课教学的实践经验，是思政课教学原则的直接依据。高校思政课教学原则，归根到底是对思政课教学实践及其客观规律主观认识的产物，是对思政课教学实践经验的概括和总结。人们在长期的思政课教学过程中，积累了许多成功的经验和失败的教训。这些经验和教训经过抽象、提炼和升华，最终形成了具有普遍指导意义的教学原则。由此可见，思政课教学原则来源于教学实践而又高于教学实践，它以思政课教学实践经验为依据，又对思政课教学实践具有指导意义。同时，教学实践也是检验教学原则是否正确的标准。

第二，高校思政课教学的客观规律，是思政课教学原则的根本依据。高校思政课只有遵循教学规律的客观要求，才能达到教学的预期目标和效果。作为高校课程体系的重要组成部分和大学生思想政治教育的主渠道，思政课教学原则既具有一般性规律，又具有自身的特殊性规定。换言之，思政课教学的规律性，反映了其系统内部诸要素（教育者、受教育者、教学内容、教学方法等）之间的本质联系，决定了思政课教学的科学性原则、主体性原则、层次性原则等。高校思政课与社会经济、政治、文化等外部环境之间的必然联系，决定了思政课教学必须坚持方向性原则、求实性原则、渗透性原则等。因此，高校思政课教学原则是思政课教学规律的体现，思政课教学规律是高校思政课教学原则的内在依据。

第三，古今中外的教育思想，是思政课教学原则的理论依据。高校思政课教学原则不仅是对教学实践经验的抽象概括，也是在继承和借鉴古今中外教育思想或教学理论的基础上逐步确立和完善起来的。我国古代有着非常丰富的教育思想。随着现代教学理论体系的不断丰富和发展，教学原则体系也呈现出百家争鸣的态势，各个教学理论流派推出了诸多不同的教学原则体系，为我国高校思政课教学原则的确立提供了重要的理论来源。

（三）高校思政课教学原则的重要意义

高校思政课教学原则作为高校思政课教学活动必须遵循的一般原理或准则，贯穿于思政课教学全过程，对思政课教学的顺利开展及其目标、任务的实现具有十分重要的意义。

第一，高校思政课教学原则，保障了思政课教学的方向。高校思政课不仅具有深刻的知识性和理论性，而且具有鲜明的思想性和政治性。作为大学生思想政治教育的主渠道，高校的思政课教学能否坚持中国特色社会主义政治方向和体现党的教育方针，直接关系到自身"培养什么人"的根本问题。高校思政课教学原则是思政课教学的基本准绳和法则。高校思政课教学原则的贯彻实施能够保证思政课教学的正确方向和体现社会主义大学的本质要求。

第二，高校思政课教学原则，影响着思政课教学实施过程。高校思政课教学原则作为教学活动的准则，在一定程度上决定着教师对教学内容、教学方法与手段、教学组织形式的选择，进而直接指导和调控着思政课的教学过程。在高校思政课教学过程中，教学原则作为最重要的因素之一，能够完成推动课程教学的任务。对高校思政课教学原则的研究，需要建立在对其特征、内涵足够了解的基础上。同时，研究人员还要明确其在高校思政课教学过程中的作用。

第三，高校思政课教学原则，促进了思政课教学的科学化。高校思政课教学原则是思政课教学规律的体现。思政课教学遵循相应的原则进行，就会更加科学化，思政课教学活动中的偏差和失误就会减少，教学活动就会变得顺畅而有效。相反，如果脱离教学原则的规范和要求，思政课教学活动就会失去科学性而难以取得实效。随着时代发展和国际、国内形势的变化，高校思政课教学的环境条件、任务要求、教学模式等将会出现新的特点和变化，与之相适应的教学原则也会在发展中不断丰富和完善。这就要求在教学原则指导下的高校思政课教学实践必须进一步深化改革，不断探索与创新，这无疑有助于提高教学的科学化水平。

二、高校思政课教学的根本原则

高校思政课教学的根本原则，是思政课根本问题的主观反映，因而是思政课教学活动的指导方针、根本要求和准则。这个根本原则就是理论联系实际。坚持这一根本原则是进一步加强和改进高校思政课教学、增强教学针对性和实效性的客观要求。

（一）高校思政课教学的针对性要求

坚持理论联系实际的根本原则，是高校思政课教学的必然要求。坚持理论联系实际的原则，是由思政课教学的任务和要求所决定的。从理论教育的角度来看，思政课教学只有立足于学生的思想特点，并结合恰当的现实材料，才能被学生深刻理解和领会；从能力培养的角度来看，能力总是和人完成一定的实践活动联系在一起的。离开了具体的实践，人的能力既不能表现出来，也不能得到发展。学生的思想政治品德及其分析、解决实际问题的能力正是在参加实践、接触社会的过程中逐渐形成的。由此可见，理论联系实际是完成高校思政课教学任务的必由之路和根本途径。

坚持理论联系实际的原则，是由大学生思想政治品德形成的过程的特点所决定的。人的思想政治品德是由知、情、意、信、行诸要素相互作用而形成的，这是一个辩证发展的过程。这一过程是在思想政治理论教育和社会实践相结合的基础上不断演进的。但是，学生对理论知识的认知并不能自然而然地转化为正确的世界观、人生观、价值观，还需要经过情感、意志、信念的催化。此外，学生更要在实践活动中履行一定的思想道德义务，才能完成从认知到行为的内化过程。实践对于促进大学生了解社会、了解国情，增长才干、奉献社会，锻炼毅力、培养品格，增强社会责任感具有不可替代的作用。因此，要促进大学生思想政治品德的形成与发展，把思政课的教学要求内化为学生的思想品质和价值观念，真正实现是非判断、价值判断和价值选择的统一，思政课教学就必须坚持理论联系实际的根本原则。

另外，如何引导大学生正确认识当今世界错综复杂的形势并把握国际局势的发展变化和人类社会的发展趋势，如何引导大学生正确认识国情和社会主义建设的客观规律，如何引导大学生正确认识自己肩负的历史使命，努力成为德、智、体、美、劳全面发展的中国特色社会主义事业的建设者和接班人，是思政课教学面临的重大而紧迫的课题。这就要求思政课坚持正确的教学方向，坚持理论联系实际，贴近实际、贴近生活、贴近学生，进一步深化教学改革与创新，不断开创教学新局面。

（二）高校思政课教学的时效性要求

高校思政课依然保持强大的生机与活力，根本原因在于始终坚持理论联系实际的原则和方法。面对新形势、新情况，高校思政课要贯彻理论联系实际的根本原则，应着重把握以下方面。

第一，掌握理论，了解实际理论联系实际的基本前提。要做到理论联系实际，高校思政课就要有广博的知识积累和合理的知识结构，尤其要注重吸取哲学社会科学和自然科学方面的知识。这样，高校思政课才能在教学中有针对性地联系实际并对理论的内涵进行科学的阐释。因此，思政课教师必须充分地了解与教学有关的各种实际情况，如理论本身形成与发展的实际、学生的实际、社会的实际等。

第二，注重联系，强化分析理论联系实际的关键所在。正确掌握理论和全面把握实际是理论联系实际的两大要素，而真正实现两者的有机结合和统一，关键在于抓牢"联系"这一环节：其一，理论联系实际要紧紧围绕教学目的，不要为满足学生的猎奇心理而脱离教学目的去盲目追求课堂教学的趣味性、生动性，甚至将理论教学娱乐化、庸俗化；其二，理论联系实际要以理论分析实际，以事实说明原理，既要帮助学生了解理论是如何从大量现象或材料中被科学地提取出来并反映客观事物本质的，也要帮助学生运用理论去分析、解决实际问题，在把握理论的基础上提高运用理论的能力；其三，理论联系实际要在内容和方法上寻求最佳结合点，教师要吃透大纲要求和教材内容，把握教学的重点、难点，精心设计教学方案，同时慎重选择贴近学生、贴近现实的典型材料，针对学生存在的普遍性问题，抓住重点，启发学生思考。

第三，内外结合，藏息相辅——理论联系实际的有效途径。在高校思政课教学中，教师要通过多种形式引导学生参加相应的课外主题教育和社会实践活动，帮助学生更通俗、直观地理解和掌握课堂理论教学内容，并运用所学的知识、原理分析和解决实际问题，这也是思政课贯彻理论联系实际原则的重要环节和有效途径。因此，高校思政课所有课程都应加强实践环节；建立和完善实践教学保障机制，探索实践育人的长效机制；围绕教学目标，制定大纲，规定学时，提供必要经费；加强组织和管理，把实践教学与社会调查、志愿服务、公益活动、专业课实习等结合起来，引导大学生走出校门，到基层去，到工农群众中去；通过形式多样的实践教学活动，提高学生思想政治素质和观察分析社会现象的能力，以达到深化教学效果的目的。

三、高校思政课教学的具体原则

高校思政课教学的具体原则，是理论联系实际这一根本原则的体现和运用。它是由多层次原则相互联系、相互作用而有机构成的一个系统。除一般课程的教学原则外，高校思政课还有因其自身特点而需要遵循的具体原则，如图 1-1 所示。

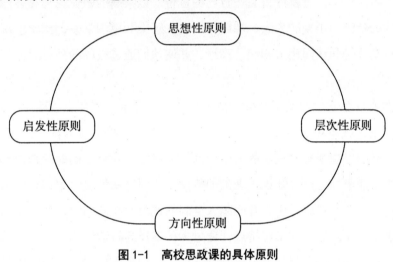

图 1-1　高校思政课的具体原则

（一）思想性原则

思想性原则，是指高校思政课教学不仅使学生掌握一定的知识、理论，而且通过相关知识、理论的传授对学生进行崇高理想信念和科学世界观、人生观、价值观教育，提高学生的思想道德修养和政治觉悟。知识性与思想性的统一，是任何课程教学永久体现教育性规律的反映。高校思政课教学贯彻思想性原则，对教师有以下要求。

第一，明确教学目的，认真钻研教材内容。贯彻思想性原则是实现思政课教学目的的重要步骤。思政课教师作为直接实施教学活动的主导力量，应充分认识这一原则的内涵及意义。其核心在于通过相关知识、理论的传授对学生进行思想政治教育，提高他们的思想觉悟和认识水平，而绝不能单纯地把思政课看成知识、理论的传授。为此，教师要深入领会教材内容，准确把握知识、理论的科学性和思想性，做到方向明确、目标清晰，并在教学过程中，抓住重点、难点，以知识、理论的科学性突出教学的思想性，努力引导学生形成正确的科学观点；同时，以教学的思想性促进学生对相关知识、理论的学习和把握，提高他们对是非、善恶、美丑的分辨能力，以实现知识体系向信仰体系转化的目的。

第二，严格遵守职业道德，注重发挥人格魅力。高校思政课教师作为高校教师队伍的一支重要力量，是大学生健康成长的指导者和引路人。这一角色定位要求教师在贯彻思想性原则时坚持正确的政治方向，践行社会主义核心价值体系，遵守国家法律法规和教师职业道德，坚持学术研究无禁区、课堂讲授有纪律，帮助和引导学生形成正确的世界观、人生观和价值观；不断提升理论水平和人格修养，不仅注重以自己深厚的理论功底和深邃的学术魅力去吸引学生，更要注重通过自己的言行，以崇高的敬业精神和强烈的社会责任感，以及坦荡的胸怀、正直的为人、端庄的仪表去感染和熏陶学生，让学生从对教师的敬佩和信赖中自觉接受和认同相关知识、理论，并使他们通过教师的品行思考如何立志、树德和做人。

第三，紧密联系学生的实际情况，讲究教学方法艺术。贯彻思想性原则的根本目的，是以知识、理论为载体对学生进行生动的、有针对性的思想政治教育，引导学生把知识、理论转化为正确的思想观念和科学的人生信仰。为此，教师要正确处理知识性与思想性之间的关系，既不能单纯地进行知识、理论的传授而不回答和解决学生的思想困惑，又不能脱离知识、理论，片面强调思想教育而陷入空洞的说教。与此同时，教师要注重理论联系实际，根据学生的年龄特征和学习特点，通过多种多样的教学形式和方法，将思政课教学的知识性与思想性有机结合起来，充分发挥学生学习的主体作用，激发学生学习的积极性和主动性，最终使学生在知识、理论的学习上有提高，在思想、观念上有改进。

（二）启发性原则

启发性原则，是指在高校思政课教学中，教师要注重营造宽松、民主、和谐的教学氛围，激发和调动学生的主体意识和学习热情，启发和引导学生积极参与课堂和独立思考，促进学生对知识、理论的理解和掌握，提高学生分析和解决实际问题的能力。这一原则是教学与发展相互影响和相互促进规律的反映，教学不仅要给学生传授知识和技能，还要促进学生的思维、意志、情感及创造力的发展。高校思政课教学贯彻启发性原则，对教师的基本要求主要包括以下方面。

第一，发扬教学民主，确立学生主体地位。大学生既是思政课的教学对象，又是学习思政课的主体。高校思政课教学只有经过学生的思考、认同及内化才能发挥作用，只有调动学生的学习积极性，使其主动接受教育，才能产生良好效果。这一特点要求思政课教学必须树立正确的学生观，注重营造民主的环境和氛围，激发学生的主体意识，尊重学生的主体地位。只有建立民主平等的师生关系，学生才可能真正做到自由地、充分地提问和独立地思考，教师的启发才可能是有针对性的和有效的。

第二，创设问题情境，启发学生积极思考。贯彻启发性原则必须做到有的放矢，否则，教学活动就没有针对性。而所谓的"的"，就是要根据教学内容，结合学生关注的社会问题或其自身的思想困惑，创设一定的问题情境，教师以非真理代言人和学术权威的角色，引导学生在此情境中提出问题、积极思考和深入探究，使教学活动紧紧围绕提出问题和分析问题、解决问题而组织起来，并以此激发学生的学习兴趣，达到师生之间、学生之间的启发与互动。需要强调的是，问题情境的创设要具有新颖性、双向性和灵活性，并与思政课教学内容及学生的身心特点和思想实际相适应。

第三，运用多种方法，适当深化教学内容。贯彻启发性原则要摒弃机械的和教条的，而要以图文并茂、视听结合的问题形式来吸引学生的注意、唤醒学生的思维，以专题讲授、问题讨论、师生对话、案例分析、思维助产等多种方法激发学生的主体意识，引导学生进行思考探究，从而变单向灌输为双向互动、变注入式教学为启发式教学。同时，教学内容的选择和讲授要有适当的广度和深度，重点、难点要鲜明、突出，分析问题要深入浅出、循循善诱、有理有据，教师独到的视角和见解往往能给学生留下深刻的思考和启迪。

（三）方向性原则

所谓方向性原则，是指高校思政课要始终保持教育教学的正确方向。这一原则反映了高校思政课的根本性质和目的，体现了社会主义大学的本质特征。坚持正确的教学方向，既是思政课的价值所在，也是实现其价值的首要途径。在国际、国内形势发生巨大变化的新形势下，高校思政课坚持方向性原则显得尤为重要。

第一，贯彻方向性原则要突出理论指导。思政课教学只有真正做到科学性与政治性的统一、知识性与思想性的统一、理论与实践的统一，才能坚持以人为本，提高教学的针对性和实效性。

第二，贯彻方向性原则要增强使命意识。大学生历史使命感教育是思政教育中的一项重要内容，也是其成长成才的关键。大学生是民族的希望，他们的认知、意识和行动关系到社会主义核心价值体系的建立。他们要在复杂的社会环境中认清自己的社会角色，通过实践实现自身社会价值和自我价值的统一。家庭教育、高校教育、社会教育只有长期不懈地共同努力，形成强大的教育合力，才能引导大学生深刻领会自己肩上的历史使命，更好地肩负起社会赋予的责任和使命。

第三，贯彻方向性原则要讲究科学方法。教师要摒弃生硬的与教条的，解放思想，实事求是，通过精心设计和组织教学活动，探寻方向性原则与教学目标之间的契合点，进一步增强教学的亲和力和吸引力，使方向性原则贯穿于思政课教学的全过程。

（四）层次性原则

层次性原则，是指高校思政课教学要从大学生的年龄特征和身心特点出发，针对大学生们不同的学科专业、成长需求和思想状况等，区分对待，因材施教，有目标、有计划、分层次地进行教学活动，以进一步增强教学的针对性和实效性。这一原则的实质就是承认大学生的个体差异，在把握大学生整体思想状况的前提下，分析不同学生的层次特点，有的放矢地施加教育影响，从而实现教学的预期目标。因此，层次性原则是理论联系实际的根本原则的重要体现。高校思政课教学贯彻层次性原则，要求教师做到以下要求。

第一，深入调查研究，准确把握学生的思想特点。这是贯彻层次性原则的基本前提。要充分认识和了解学生的实际情况，就必须多层次、多角度、全方位地进行调查研究，既要结合他们的家庭因素、经济状况、成长经历等客观条件进行分析，又要联系其学科专业、认知特点、思维方式等主观条件加以认识，既要进行静态的观察，又要加以动态的比较。只有这样，才能科学地把握学生的不同状况和特点，从而有针对性地开展教学活动。

第二，整体统筹规划，合理确定教学的目标。在进行调查研究、了解学生特点的基础上，要区分层次，根据思政课教学的总体要求，针对不同学生群体的实际情况确立适宜的教学目标。例如，对于学生干部、党员和入党积极分子，应该坚持高标准、严要求，而对于一般学生则引导他们在遵循基本要求的基础上，不断追求更高层次的目标；对于文科专业的学生，可在知识、理论的深度和广度上进行深化和拓展，而对于工科专业的学生，则要求他们掌握一般要求。需要指出的是，贯彻层次性原则绝不是消极地适应学生的思想水平，而是着眼多数，鼓励先进，循序渐进，把先进性要求与广泛性要求结合起来，促使不同层次和特点的学生经过努力达到不同的教学目标，并都能在各自的基础上不断进步。

第三，根据不同对象，恰当地选择教学内容和方法。大学生作为一个整体，他们有着相当的智力水平、相近的心理发展特征，以及相同的校园教育环境和社会化任务等诸多共同方面。然而，不同学科或同一学科的不同专业又有着不尽相同的培养目标，他们的思维方式、成才目标以及所面临的困惑、问题等各不相同。这又导致了不同的大学生有不同的个性。这就要求教师在教学内容和方法的选择上既要遵循共同性、统一性的要求，又要根据不同学生的个性和特点而有所调整。

第四节 高校思政理论课教学内容解析

落实好立德树人根本任务，发挥好高校思政课育人主渠道功能，需不断提升教学实效，以增强理论说服力、课堂吸引力、时代感召力。课堂教学总是围绕一定的内容进行的。一般而言，教材是教学的基本材料，包含着教学的主要内容，但教材内容不等于教学内容。在实际的课堂教学中，在深入研究教材和了解学生的基础上，教学内容如何安排、教学主题如何升华等问题，教师都需要给予高度关注。

一、高校思政课教学内容的选择

教学内容是指根据教学目标有目的地选择并按照一定的逻辑思路组织编排而成的知识体系。这种知识体系主要通过教师为实施教学活动而设计的具体教学方案中表现出来，体现了教师对教学内容的选择和安排。

（一）教学内容的选择依据

一般而言，教科书是教学内容的主体，但仅仅依据教科书来安排全部教学内容是不够的。教师选择和安排教学内容必须有以下多方面的基本依据。

1. 时代发展需求

教育作为培养人的活动，总存在于一定的现实社会之中，要适应社会发展的需要。尤其是思想政治学科，具有更强的国家意志和时代特色，其教学内容的选择必须反映国家和社会发展的要求。

（1）体现国家的要求

思想政治学科是培养学生社会主义公民素质的课程，重点是要提高学生的符合我国社会主义发展要求的思想政治和思想品德素质。因此，思想政治学科教学内容必须体现国家思想道德建设的基本精神，反映国家对青少年思想政治和思想品德素质的基本要求。

（2）反映社会发展的要求

一方面，社会生产力的发展水平、经济政治制度、社会意识形态，都会对学生的素质提出一定的要求，而且随着社会的发展，这种要求会不断变化。思想政治学科教学内容必须体现这种社会要求的变化，能够引导学生认同社会主流的价值观念、思想意识和社会生活方式，使学生能够适应社会，并肩负起改造和建设社会的重担。另一方面，学生是社会中的一员，以后要走进社会，适应社会生活，这也要求思想政治学科教学内容要考虑让学生接触社会、了解社会，掌握一些解决社会问题的基本技能。

2. 思想政治学科特点

每个学科都有自己特定的学科内容。思想政治学科作为一门独立的课程，有与其他课程不同的性质和任务，也有体现这种性质和任务的不同内容。因此，思想政治学科教学内容设计必须考虑本学科的特性，以本学科的内容为边界。在坚持教学内容体现学科性的基础上，教师在选择教学内容的过程中还要注意教学内容的现代化，实现教学内容的不断更新。例如，思想政治学科教学内容要引入本学科发展的新理论和新思想，展现我国社会主义建设的新成就和世界发展的新趋势，用正确的观念去研究、分析社会发展的新形势和面临的新情况、新问题等。

3. 课程标准与教材

思想政治学科课程标准是国家最高教育行政部门制定的，规定了课程性质、课程目标、课程内容要求等，并用以指导、规范、评价课程与教学活动的纲领性文件。它是学生通过该课程的学习所要达到的最基本要求的原则规定，体现了该课程的基本内容范围和思路，为教师提供了选择教学内容的根本依据。

思想政治学科教材是依据课程标准编写的，是课程标准的具体化。教材承载着教学的主要内容，是实现教学目标的重要工具。课程标准明确规定了思想政治课程的教学目标和课程内容，这些目标和内容主要通过教材体现出来，也需要借助教材在教学中实现。教材不仅编选了学科的相关知识，而且以一定的知识为基础和载体，引导学生运用基本知识和观点去分析说明实际问题，培养学生的学科能力，并将一定的观点、思想转化为学生的认识、信念，成为他们言行的准则，促进学生情感态度及价值观的形成。

4. 教学主体目标

教学内容是为实现教学目标服务的，教师对教学内容的选择要围绕教学目标进行，看哪些内容最能体现教学目标。例如，解释某一概念或原理，应选用能够充分说明概念或原理的典型事例，而不应该罗列与概念和原理关系不密切的许多例子，或者对事例的某些细节即兴随意发挥。一节课的教学内容一定要精当，教师要深入钻研教材，依据教学目标，瞄准教材的重点、训练的难点、学生的疑点、语言发展的生长点、技能的培养点、情趣的激发点、思维的发散点、合作的讨论点、育人的关键点、知识的引申点等，在此基础上精选出教学内容。精选出的教学内容要指向教学目标，为实现教学目标服务。

5. 学生的实际情况

教学内容最终是供学生学习用的，这就意味着应将学生自身特点作为教学内容设计的重要依据。

（1）考虑学生的身心特点和思想特点

学生的身心发展在各年龄阶段会呈现出不同的特点，教学内容的深度、广度和结构，要符合他们的年龄特点，既不能超过学生可能接受的限度，又要能促进学生智力的发展。同时，学生思想活跃、思维敏捷、勇于创新，但由于缺乏社会经验、生活范围狭窄，往往对社会现象和人生的有关问题产生片面的看法，教学内容要及时反映学生的思想特点，力图解决学生的思想问题。

（2）符合学生的生活基础和发展需要

贴近学生生活、符合学生发展需要的教学内容，能够更好地激发学生的学习兴趣和动力，使学生乐于接受，提高学习效率和质量。也只有这样的内容，才能更好地为学生的终身学习和未来的各项活动奠定基础。

（二）学科教学知识的选择特性

思想政治学科教学内容的基本性质是知识，它具有间接经验和直接经验两种形态。间接经验即理论化、系统化的书本知识，主要包括学科的基本概念、基本原理、基本观点等，它是人类认识的基本成果；直接经验是与学生现实生活及其需要直接相关的知识和技能，如社会生活经验、学生观察和处理各种现象和现实问题的经验与技能技巧等。在思想政治课堂教学内容的选择过程中，教师无论选择怎样的知识，都要坚持科学性、基础性、可接受性等方面的要求。

第一，科学性。科学性指教学内容观点准确、论据确凿、表述规范。教学内容中涉及的基本概念、基本原理和基本观点，都应该是经过实践检验过的，具有科学性和真实感。科学和真实，是思想政治教育的重要特征，也是提高思想政治课程可信度的重要基石。只有教学内容科学真实，才能使学生相信并践行，起到教育人、感染人的作用。

第二，基础性。基础教育阶段主要是为学生发展奠定基础的，因此，各学科教学内容的选择都要注重基础性，思想政治学科也不例外。一方面，思想政治课教学内容应该是本学科的基本知识和技能；另一方面，思想政治课教学内容应该能够使学生终身受益，能够为学生终身发展奠定基础。

思想政治学科涉及经济、政治、文化、哲学、道德、法律等多方面的知识，其中每一方面都有严密的逻辑体系和丰富的知识内容，思想政治课教学不可能严格按照这种学科的理论体系对每一方面的知识进行系统完整的教学，必须着眼于学生的终身发展，精心选择适应学生终身学习要求的教学内容，这些内容应该具有基本性和迁移性的特点。所谓基本性，就是所选择的教学内容能够为学生形成基本的思想品德和思想政治素质奠定基础；所谓迁移性，就是所选择的教学内容与其他学科的理论及现实生活有较强的关联，能够在新的情境中解决问题，并在解决问题的过程中提高学生的知识、能力和思想素质。

第三，可接受性。可接受性指立足于教学目标，把高难度和量力性原则有机结合起来，使内容的难度恰好落在学生通过努力可以达到的潜在能力的"最近发展区"上。为此，教师要把握好教学内容的广度和深度。广度是指教学内容的宽广程度，广度控制不好，内容太多，学生难以消化；深度是指教学内容的难易程度，教学内容过深、过难，学生不易理解，会挫伤学生学习的积极性，影响学生的学习兴趣。

（三）教学素材选择的分类与特性

教学素材也称教学材料，是教学内容的各种形式的载体。这里说的教学素材主要是指教师在教学中用以分析和论证基本知识的各种材料，它与思想政治学科知识密切联系，也是教学内容的重要组成部分。思想政治课教学中对基本概念、基本原理、基本观点的分析，都要以客观事实为依据，都需要借助大量的教学素材来论证，同时思想政治课相关理论相对枯燥，学生往往学习热情不高、动力不足、兴趣不大，这也要求思想政治教师在教学中要善于抓住社会热点和敏感问题，收集和运用各种最新的素材充实和说明理论观点，提高学生的学习兴趣，增强思想政治课的吸引力。可见，教学素材在思想政治课教学中具有重要意义。

1. 教学素材的分类

思想政治学科的教学素材多种多样，我们可以从不同的角度进行不同的分类。

第一，根据教学素材的载体进行分类，主要有文本素材、图表素材、音像素材、课堂生成性素材等。

文本素材是指以文本形式呈现出来的教学素材，包含文本形式的政策法规、时政要闻、故事案例、名人名言、习题试卷等。文本素材一般比较容易获得，也便于加工和整理，在常规课堂教学中最为常见。

图表素材是指以图表、照片、漫画等形式呈现出来的教学素材，这类素材比较形象直观，便于学生观察、分析。

音像素材是借助媒体声音、动画、录像、影视资料等表现出来的教学素材，这类素材能对学生的感官产生直接影响，给学生带来极大的视听享受，有利于激发学生学习的兴趣，深受学生追捧和喜爱。

课堂生成性素材是指在课堂教学过程中动态生成的资源，有随机性、突然性、生活性的特点，比较考验教师的捕捉和应激转化的能力，如果教师能灵活机智地处理，往往会起到出其不意的效果。

第二，根据教学素材的内容进行分类，主要有情境材料、事例材料、引文材料、数据材料等。

情境材料一般是教师借助语言、实物、现代化教学手段等创设的教学情境，这类材料通常是生活中的人物、场景等的再现，具有生活化的特色。

事例材料一般是国内外时事热点、寓意深刻的历史典故、生活中的典型事例等，这类材料具有时代性、综合性的特点，可以锻炼学生提取有效信息，进行科学的判断、推理、归纳、预测，以及分析、解决问题等方面能力。

引文材料一般是著作中的原文、名人名言、党和国家领导人的重要讲话或指示、新闻媒体中的重要文章或国际、国内社会生活中有一定倾向性的观点，这类材料的共同特点是涉及重大的理论问题或者当前社会生活中的热点问题。

数据材料一般是用来表现有关事物状况的数据和表格，如环境、资源、产业等的发展信息。

第三，根据教学素材的呈现方式进行分类，主要有静态素材和动态素材。

静态素材是教师通过文字、实物、多媒体等方式，将文本、图像、模型等直接呈现给学生的一类素材。

动态素材是指教师借助或设计一个真实的情景，如采用角色扮演、科学实验、辩论赛、游戏等方式呈现给学生的一种素材形式。相对于静态素材，动态素材具有活动性、间接性等特点，其呈现大多需要学生的参与和配合，因而更受欢迎，学生的参与度高、兴趣浓厚。

2. 教学素材选择的特性

在思政课教学内容的选择过程中，无论选择怎样的教学素材，教师都要坚持典型性、真实性、新颖性、趣味性、可探究性等方面的要求。

（1）典型性

教学素材是用来引导学生分析和论证相关理论知识的。因此，教学素材所提供的信息和资料，必须最大限度地蕴含相关的知识和道理，使学生能够通过对素材的分析理解和掌握相关学科知识，完成教学任务，实现教学目标。教学素材在体现某种观点的同时，还要尽量考虑对学生的教育作用，力求情趣高雅、格调高尚，有利于学生陶冶情操、勤奋向上，促进学生养成良好的政治思想道德素质。教师要切忌选择低级庸俗的素材，避免因素材选用不当而对学生的健康成长产生消极影响。

（2）真实性

只有真实的素材才最具有说服力，才能更有效地提高学生的兴趣，充分调动学生的积极性，让学生在良好的状态下完成学习任务。为此，教学中所选用的素材要尽可能真实、具体，让学生信服。即使教师出于某种原因需要对素材进行虚构，素材也要源于生活和实际，与真实的情况相接近。

（3）新颖性

选用的素材要尽量源于现实生活，是现实生活中新发生的情景和事件。所选用的素材离现实越近，离学生越近，学生越觉得真实可靠，参与讨论的积极性就越高，教学效果自然也就越好。即使选用的是旧的素材，教师也要注意赋予其新的含义，从新的角度提出问题，引导学生从新的角度去分析讨论。

（4）趣味性

选择的素材要力求具体、形象、生动，具有较强的吸引力，能够激起学生的兴趣和求知欲望，引发学生的积极思考和探索，使他们积极主动地分析、研究其中蕴含的理论知识和基本观点，并使学生对所学的理论知识有认同感。

（5）可探究性

素材是用来让学生在发现和解决问题的过程中建构知识的，所以素材应有一定的复杂性和对不同观点的包容性，能够让学生在认知上产生冲突，具有分析探讨的价值，能够启发学生的思维，引导学生深入思考。

二、高校思政课教学内容的编排

教学内容编排，是指对选定的教学内容进行合理的组织和安排，使之形成系统化的教学内容体系。在课堂教学内容选定后，教师就需要对这些内容进行恰当的编排，以使学生能够快速有效地掌握知识，顺利地达到教学目标。

（一）内容编排的主要取向

在教学内容的组织编排上，长期以来存在着多种不同的认识和取向。了解这些教学内容编排的取向，对于教师掌握教学内容编排的方法，开展教学内容编排的实践都具有重要意义。一般而言，教学内容的组织编排主要存在以下取向。

1. 直线式与螺旋式

所谓直线式，就是遵循学科自身的逻辑联系，按照教学内容在学科体系中的先后顺序进行线性排列。所谓螺旋式，就是要强调教学内容在不同学习发展阶段的层次性，根据不同阶段的教学目标，对教学内容进行不同程度、不同层次的组织编排，形成一个教学内容随着学习阶段的发展螺旋式上升的内容体系。

直线式与螺旋式也是各有利弊的，一般而言，直线式可以避免不必要的重复，螺旋式则容易照顾到学生认知的特点。以往我国思想政治学科教学内容的组织编排取向主要是直线式的，现在则更注重螺旋式的思维特点，力求形成直线式前进与螺旋式上升并重的教学内容体系。

2. 知识序与认知序

所谓知识序，是指学科知识内在的逻辑性。任何学科的知识都是一个有机的统一体，其事实、概念、法则、原理之间是相互联系的，具有内在的逻辑性、系统性、连贯性，这种内在联系即为知识本身的"序"。教学内容的组织编排，要尊重学科知识本身的系统性，不能完全脱离学科知识的内在逻辑体系。所谓认知序，就是指学生学习活动内在的认知规律。学生的认识发展遵循从已知到未知、从感知到理解、从巩固到运用、从具体到抽象、从易到难、由简到繁、由近及远的过程，而且教学活动只有在与学生原有的经验、知识、能力等联系起来时，才能在最大程度上激发学生的学习兴趣与学习积极性，这就是学习者的认知序。教学内容的组织编排，必须考虑学生现有的智能水平和心理特征，遵循学生的认知发展规律。

学科的知识序与学生的认知序是不一样的，它们各有特点和优势，以往我国的思想政治课教学中，往往更多地强调知识序，忽略或淡化认知序，这种做法虽然有利于学生对学科知识的系统把握和完整理解，但难以激发学生的学习热情，难以调动学生学习的积极性和主动性。随着基础教育改革的发展，现在思想政治课教学强调知识序与认知序结合。教学内容的组织编排既要考虑知识序，又要遵循学生的认知序。教师要通过对教学内容的合理组织，把学科的知识结构和学生的认知结构很好地结合起来，促进学生的发展。

3. 学科逻辑与生活逻辑

所谓学科逻辑，就是指按照学科知识本身的逻辑结构和内在联系来组织教学内容，强调学科知识的系统性和完整性。所谓生活逻辑，就是以社会生活和学生生活为基础，按照学生的生活经验和生活需求来组织编排教学内容，强调教学内容的生活化。

以往我国思政课教学内容主要是按照学科逻辑来编排的，强调学科体系的完整性和知识的系统性，这有利于学生对学科知识的系统理解和运用。随着基础教育改革的发展，思政课教学内容的组织编排更关注学生的生活逻辑，强调紧扣社会生活的主题，立足于学生现实的生活经验，着眼于学生的发展需求，把对理论观点的阐述融入社会生活的主题之中，力图实现学科知识与生活现象、理论逻辑与生活逻辑的有机结合。

4. 纵向组织与横向组织

所谓纵向组织，是指按照一定的依据和标准对选定的教学内容按照先后顺序进行排列。教师既可以按照学科自身的知识体系进行排列，也可以按照学生的认识规律进行排列。通常比较一致的做法是按照学科内容的逻辑顺序，兼顾学生认识发展的规律，遵循由浅入深、由易到难、由简单到复杂、由具体到抽象的原则进行组织排列。横向组织是指打破学科之间的界限和传统的知识体系，探求选定的教学内容之间的横向联系，并根据这种新的联系对内容加以整合，形成一个有机整体。教学内容的横向组织是与学科发展综合化的趋势相一致的，它有利于消除学科之间彼此孤立、壁垒森严的对立局面，设计出不同于学科知识结构的综合性内容体系，也有利于把学生的需要、兴趣、经验等整合在一起，激发学生的学习积极性和主动性，提高学习效果。

以前我国思想政治课教学内容主要是以纵向组织的，强调按照学科自身的逻辑结构和学生的认识规律构建课程与教学内容体系。近年来的思想政治学科教学改革则在保持纵向组织的同时，特别重视横向组织，形成一个立体的教学内容编排方法。事实上，思想政治学科具有很强的综合性特点，加强教学内容的综合性，重视学科知识与社会实际和学生经验的整合，实现纵向组织与横向组织的有机结合，应该是教师坚持的方向。

（二）内容编排的常见方式

编排课堂教学内容，传统的做法往往是对教材内容结构进行简单的复述，呈现的是教材中的知识线，是线性的、平面的，往往很难引起学生的思维冲突，很难唤起学生的参与意识。

随着基础教育改革的发展，现在对教学内容的编排，强调从既定的教学目标出发，根据学生的认识规律、情感与能力发展的规律，设置问题情境，激发学生的思维，以任务驱动的方式，让学生完成一个个学习目标。在这种改革的背景下，多种多样的教学内容编排方式被开发出来，每种编排方式都各有利弊，教师要善于权衡利弊、恰当选择、取长补短、综合运用。总结广大思想政治教师的教学实践经验，教学内容组织编排的常见方式主要有以下四种。

（1）以教材思路为中心编排教学内容。教材是教学的主要材料，包含着教学的主要内容。同时，教材本身就是兼顾学科知识和学生认识发展规律而编排的内容体系，有系统的逻辑结构和密切的内在联系。因此，教师在确定教学内容的基础上，可以依照教材的编写思路和内容线索，对教学内容进行组织编排，形成教学内容体系。

（2）以基本概念和原理为中心编排教学内容。每节课教学都是以一定的概念、原理为基本内容的，因此，以基本概念和原理为中心编排教学内容是课堂教学中组织编排教学内容的一种重要方式。教师可以在全面系统地研究教材的基础上，以基本概念和原理为核心，设疑激趣、精心点拨、重点突破、带动全局。这种教学内容编排方式的基本结构是：一般性概括引入—论述—一般性概括总结。

（3）以案例为中心编排教学内容。思政课教学离不开案例，案例教学有利于充分调动学生学习的积极主动性，引发学生的思考和联想，也符合学生的认知规律。因此，以案例为中心编排教学内容也是可行的，教师可以以案例承载教学内容，通过引导学生分析案例，总结出基本结论。这种教学内容编排方式的基本结构是：呈现案例—分析案例—得出结论。

（4）以问题为中心编排教学内容。基础教育改革关注过程与方法，注重培养学生的问题意识以及提出问题、分析问题、解决问题的能力。因此，以问题为中心编排教学内容也是不错的选择。通过提出问题、分析问题、解决问题，学生不仅可以得出结论，而且可以体验解决问题的过程和方法，这对启发学生思维和培养学生能力大有好处。这种教学内容编排方式的基本结构是：提出问题—明确标准—选择方法—解决问题—得出结果。

无论采用何种方式编排教学内容，都要注重教学内容的系统性、简洁性和最优化。

所谓系统性，是指知识之间要纵横联系、相互沟通。从纵的方面看，知识脉络要清楚，上下位联系应环环相扣。从横的方面看，教师不仅要注意本学科同层次知识间的相互联系和贯通，同时也要注意与邻近学科知识间的相互联系、贯通与渗透。这样，学生在掌握知识时就可左右逢源、上下贯通，形成"点成线、横成片"的知识结构。

所谓简洁性，就是课堂教学内容的编排要简单明了、通俗易懂，以方便学生理解。在日常教学中常会有这样的现象：教师自认为已经选取了良好的教学内容编排方式，但学生仍会在课堂教学中迷失。这可能就是因为教师没有注意教学内容组织编排的简洁性。因此，教师对教学内容的编排要力求思路清楚，抓住重点内容和环节，忽略不重要的内容和细节。

所谓最优化，是指通过教学内容的合理编排让学生在最短的学习时间内获得最佳的学习效果。学习受多种因素制约，教学内容的编排也应有多种不同的方式。根据系统论"整体大于各部分之和"的观点，各部分最优并非就能达到整体优化。因此，在进行教学内容编排时，除了考虑各部分内容的优化以外，教师还要充分考虑各种制约因素的协调，把握各部分内容上下左右的衔接，努力达到整体最优化的效果。

三、高校思政课教学内容的呈现

将选择、编排好的教学内容呈现出来，是教学内容处理的一个重要方面。呈现方式不对，再好的教学内容也无法转化为学生的知识。在传统的接受式教学中，教师呈现教学内容的手段主要是借助自己的语言，这是因为语言是教师传授知识的主要方式，在引导学生学习、启发学生思维、实现教学目标等方面也具有重要作用。在现代课堂教学中，教师的教学语言仍然是教学内容呈现、教学信息传递的重要手段，尤其是教学口语。大量的教学内容和教学信息，都是教师借助口头语言向学生呈现和说明，并使学生理解和接受的。教师在运用教学语言呈现教学内容时，必须做到语言规范流畅、内容科学有序、表述情理交融、语言生动形象等。随着基础教育改革的发展，除了借助语言呈现教学内容以外，广大教师还适应改革发展的要求，对教学内容的呈现方式进行了大量的探索，形成了呈现方式多样并存的局面。

（一）教学内容可视化

教学内容可视化就是指教师利用展示实物、模型、图表等直观教具，或运用板书、板画、数字化媒体等教学手段将教学内容形象化、具体化。教学内容可视化的主要特征是加强教学的直观性，通过学生有目的、有计划的知觉活动，由现象到本质、由具体到抽象的思维活动，促进学生对知识的理解和掌握，激发学生的学习兴趣，培养学生的观察能力、思考能力和实践能力。

思政课有很多教学内容比较抽象，学生不好理解和把握；思政课也不只是向学生传授知识，还需要激发情感、引导行为。这种教学内容和教学任务的特殊性，要求教师在教学中要借助各种直观手段，将教学内容直观形象地展示出来。随着现代教育技术的发展，各种现代教学媒体为教学内容可视化提供了良好的机遇和条件，广大教师要善于运用。

（二）教学内容活动化

教学内容活动化，就是指在教学中设计多样的活动，以活动承载教学内容，通过引导学生参与相应的活动，帮助学生体会和把握教学内容。美国的实用主义哲学家、教育家杜威强调教学不应该是直接向学生注入知识，而应该是诱导学生全身心参与活动，以活动为媒介间接传递信息知识。在思政课教学中，学生不仅要掌握学科知识，还要经历探究的过程，在探究的过程中掌握基本的方法和技能，同时形成求真务实、勇于创新、积极实践的科学态度，提高自己思想品德和思想政治素质。要达成这样的教学目标，教师需要借助一定的活动，让学生在参与活动的过程中得到全面发展和提升。

（三）教学内容情境化

教学内容情境化，就是指创设生活化的教学情境，寓教学内容于教学情境之中，引导学生对教学情境进行感知、体验，领悟其中蕴含的道理。教学情境是教师根据教学目标、教学内容和学生的实际情况，引入或创设的反映生活特点和生活状况、具有一定情感氛围的教学环境。教学情境生动形象，可以看得见、摸得着，能有效地丰富学生的感性认识，刺激和激发学生的联想，使学生能够超越个人狭隘的经验范围和时间、空间的限制，获得更多的知识，思维得以发展。同时，教学情境也意蕴深厚，能够承载教学内容，体现学科知识发现的过程、应用的条件以及学科知识在生活中的意义与价值。通过对情境的分析，教师可以帮助学生准确理解学科知识的内涵，激发他们学习的动力和热情。

教学内容情境化，需要教师在深入分析教材、了解学生特点和需要的基础上，有效运用各种教学资源和手段，为教学活动的开展创设特定的场景和氛围。这种场景和氛围形象逼真、情深意长，将"知""情""意""行"融为一体，能够使学生产生一定的内心感受和情绪体验，为学生开拓广阔的想象空间，促进学生在情境感悟中深刻地理解和掌握学科知识，形成正确的情感态度及价值观。

（四）教学内容案例化

教学内容案例化，就是以案例承载教学内容，通过案例的呈现调动学生学习的积极主动性，借助对案例的分析引发学生的思考和联想，使他们掌握案例中所蕴含的道理。案例是教师在教学中选用的能够服务于教学目标、蕴含着特定教学内容、能够启发学生思考和探索的教学事例材料。案例不仅能够帮助教师分析和论证基本原理和观点，而且可以使教学内容由枯燥乏味变得生动活泼，促进学生积极思考、认真探究，掌握学科知识，使其提高分析和解决问题的能力。因此，在课堂教学中，教师要力求教学内容案例化。

思政课堂教学中可以选用的案例多种多样。有的案例着眼于方案选择，有的案例着眼于过程推理，有的案例着眼于人物线索，有的案例着眼于故事情节，不同的案例有不同的特点，自然也会带来不同的教学效果。同时，不同主题的案例有不同的知识背景，体现不同知识方面的要求，有的突出运用某些理论观点进行决策或判断，有的强调某些理论的应用价值，有的对某些理论提出疑问并引导学生的发散性思维，有的则重在给学生提供一定理论思考的空间。教师在教学中也需要根据教学内容和学生的实际情况，选择恰当的、能够很好地反映教学内容的典型案例，并激发学生的学习兴趣，通过对案例的分析，通过师生之间、生生之间各种信息、知识、经验、观点的碰撞，把握案例中所蕴含的道理。

（五）教学内容问题化

教学内容问题化，就是以问题的方式呈现教学内容，让学生在问题情境中，通过对问题的不断思考、探究，获取学科知识和技能，形成正确的情感态度及价值观。一般而言，教学内容都是"定论"性的陈述性材料，教学内容问题化的实质，就是要将这些"定论"性内容转化为引导学生探究的"问题"，让学生通过对问题的分析和探讨达成学习目标，变被动接受式学习为主动探究式学习。

新的基础教育课程改革关注过程与方法，注重培养学生的问题意识以及提出问题、分析问题、解决问题的能力。以问题承载教学内容，不仅可以唤起学生探究的热情，激发学生主动参与、勤于思考的内在需要，而且可以使学生掌握学科知识，体验提出问题、分析问题、解决问题的过程和方法，更好地提高思维水平和提出问题、分析问题、解决问题的能力。教学内容问题化的关键，是教师要提出有探究价值的、能够反映教学内容的问题，激起学生的认知冲突，使学生产生强烈的探究欲望。

　　需要注意的是，以上教学内容呈现的情形并不是孤立的，而往往是相互联系、互为补充、同时并存的，如教学情境往往是生活化的情境和问题情境，随情境而来的往往是问题的提出和探究；活动设计也往往需要创设情境、关注生活、包含问题。因此，教师要注意研究各种教学内容呈现方式的特性，力求取长补短，综合运用。

第二章

现代高校思政课精神指导论述

当今时代的高校思政课教学发展，须坚持巩固马克思主义指导地位，准确把握"立德树人"与"大思政"的育人理念，融合中国共产党百年精神谱系，进而丰富完善思想政治教育工作的理论和内容，创新思想政治教育工作的方式方法，具有符合当代中国国情的现实指导意义和开创高校思想政治教育的理论发展意义。

第一节　坚持巩固马克思主义指导地位

习近平总书记在庆祝中国共产党成立一百周年大会上的讲话中指出："马克思主义是我们立党立国的根本指导思想，是我们党的旗帜和灵魂……中国共产党为什么能，中国特色社会主义为什么好，归根到底是因为马克思主义行。"从一百年前一群新青年高举马克思主义思想火炬，到新时代中国特色社会主义取得伟大成就，马克思主义始终以其颠扑不破的真理力量，指引着中国共产党团结带领中国人民进行伟大斗争，使中华民族走在了伟大复兴的光明征途上。中国共产党一百年来创造的光辉成就归根结底在于马克思主义的科学理论指导。因此，马克思主义作为我们党的指导思想是历史的选择、人民的选择、时代的选择，始终坚持以马克思主义为指导，是贯彻党的教育方针、培养社会主义建设者和接班人的必然要求。高校思想政治教育工作体系坚持了马克思主义历史唯物主义、贯彻了人的自由全面发展观，创新了马克思主义青年教育观，使马克思主义指导地位贯穿思想政治教育工作这一"铸魂"工作体系，确保了马克思主义在高校意识形态领域指导地位的根本制度得到全面落实，确保高等教育始终沿着社会主义方向阔步前进、蓬勃发展。

一、坚持历史唯物主义

习近平总书记多次强调指出，我们只有坚持历史唯物主义，才能不断把对中国特色社会主义规律的认识提高到新的水平，不断开辟当代中国马克思主义发展新境界。在新时代高校思想政治教育工作的重要论述中，历史唯物主义的观点贯穿始终，无论是宏观层面的工作目标、工作原则，还是微观层面的具体工作方法，都始终坚持马克思主义群众史观和教育本质论，使高校思想政治教育工作服务于中国特色社会主义大学的办学方向，把青年大学生培养成合格的社会主义建设者和接班人。

历史唯物主义最基本的原理是对人民群众历史主体地位的肯定。历史上的马克思主义者，正是站在社会存在决定社会意识的理论基点上，深入工人阶级内部，投身工人运动，充分了解工人的疾苦和诉求，真切感受到工人阶级中蕴藏着要求改变旧世界的激情和力量，自觉站在工人阶级的角度思考问题，把以工人阶级为代表的人民群众放在至高无上的地位，认为人民是社会物质财富和精神财富的创造者，认为只有人民才是创造世界历史的动力。与此同时，马克思主义者明确回答了"什么样的人是人民群众"这一重要问题，即能够对社会历史发展起推动作用的社会群体就是人民群众。所谓对社会历史发展起推动作用，就是这个社会群体能够代表先进生产力的发展要求，有利于推动社会生产力的发展，从而推动生产关系、经济基础和上层建筑的正向变革。在这里，人民群众的力量能在不同程度上推动社会基本矛盾运动，也正是在这个意义上，人民群众是社会变革的决定力量，尽管这种社会变革的作用发挥会受到各种社会条件的制约，但也无法改变在任何时代人民群众是社会革命和改革主力军的历史事实。

马克思主义群众观充分肯定了人民群众的历史主体地位和决定作用，为马克思主义者在改造世界的社会实践中确立人民主体地位提供了充足的理论指导。中国共产党自成立之日起团结带领中国人民进行的奋斗、牺牲和创造，是对"为人民服务"这一马克思主义历史观基本原理的切实践行。高校思想政治教育工作体系，坚持以人民为中心的价值导向，以更好地满足人民群众需求为出发点和立足点，不仅强调高校思想政治教育工作的核心是立德树人，而且指出要办人民满意的大学；不仅对高校教师提出更高要求，而且要求在校大学生做有理想、有本领、有担当的时代新人。在中国共产党的领导下，高校教育工作者在具体工作中始终践行以人民为中心的价值导向，把人民对更好的教育的向往作为奋斗目标，推动高校思想政治教育工作体系在当今时代作出不负人民的重大成就。

二、继承马克思主义教育本质论

马克思主义教育本质论鲜明地体现在教育的社会性质与人的全面发展两个方面。仅就马克思、恩格斯经典原著来看，教育本质论的内涵渗透在马克思、恩格斯对哲学、经济社会等问题的理论论证和实践考察中。随着马克思主义在中国的发展壮大，高校思想政治教育工作体系对马克思主义教育本质论不断继承、发展和弘扬。

（一）提升教育的社会功能

教育的社会功能是指教育在推动社会发展过程中所产生的实际功用。马克思主义认为，教育的社会功能来自由生产力所决定的生产关系及其总和对教育性质的规定。作为一种社会现象，教育的产生、发展与任何一个社会所处的社会发展阶段及其性质形态密不可分。奴隶社会的教育是为奴隶主阶级服务的，封建社会的教育是为封建地主阶级服务的，资本主义社会的教育是为资产阶级服务的。因而，教育从其产生的社会根源来说就打上了社会的烙印，教育的社会性与其阶级性密不可分。毛泽东同志曾经明确指出，文化是政治和经济的反映，又能够影响政治和经济。而教育作为文化当中的组成部分，也能够通过教育实践活动对政治和经济产生一定影响。

当今时代下的高校思想政治教育工作明确了教育要为人民服务。人民群众不仅创造了社会物质财富，更创造了精神财富，教育实践同样来自人民群众的创新创造。因而，高校思想政治教育工作要始终坚持以人民为中心的价值导向，办好人民满意的教育。教育要为中国共产党治国理政服务，中国共产党的领导是中国特色社会主义最本质的特征，是中国特色社会主义制度的最大优势。高校思想政治教育要始终坚持中国共产党的领导，在党的坚强领导下办好教育事业。教育要为巩固和发展中国特色社会主义制度服务，无论是高校思想政治教育工作的育人目标、发展路径，还是教育体系的构成、教育活动的开展，都是在中国特色社会主义制度规定下进行的。相应的，教育发展过程就要为完善和发展中国特色社会主义制度服务。教育为改革开放和社会主义现代化建设服务，改革开放和社会主义现代化建设是高校思想政治教育工作的时空境遇，在不断深化改革开放和进行社会主义现代化建设的实践中，高校要培养出具有创新创造精神的改革先锋，培养出具有奋斗意识和奉献精神的、勇于投身社会主义现代化强国事业建设的青年人才。

在高校思想政治教育发挥宏观社会功能的背景下，高校通过与经济社会生活深度融合，作用于个体社会属性的健全过程，发挥对于微观个体的社会功能。一方面，教育通过对经济和政治的反作用，推动社会生产力的发展，促进社会整体进步，为当今时代个体实现自身发展创造出更多的社会机遇。个体发展受到社会客观条件的制约，社会发展是个体发展的基础和条件，社会发展决定着个体能够在哪种程度上实现哪种范围内的发展。当教育推动整个社会进步发展之时，也为个体实现自我价值和人生理想提供了更多可能。另一方面,个体通过丰富多彩的教育活动提高社会认知度,扩展自己的社会属性。个体自然生命成为社会生命的过程就是个体接受教育熏陶的过程,在教育中,个体主动构建与他人的社会关系,逐渐形成以个体为中心的社会关系网络,不同属性的社会关系网络从不同层面和不同角度丰富着个体的社会性;在教育中,个体通过对教育内容的内化和实践,通过教育过程的培养成为有礼仪教养、懂得文化传承、学会规划人生的社会性个体;在教育中,个体经历着自己的教育生命,不仅加深着个体对自我社会属性的认知和感受,而且个体也成为他人"历史"的见证者,深化了个体对他人社会属性的感知,搭建起个体更为复杂的社会认知,是对个体社会属性的多维度完善。

(二)创新人的自由全面发展观

"代替那存在着阶级和阶级对立的资产阶级旧社会的,将是这样一个联合体,在那里,每个人的自由发展是一切人的自由发展的条件。"一百多年前,马克思、恩格斯在《共产党宣言》中表明了无产阶级的奋斗目标就是要建立一个物质财富极大丰富、人民精神境界极大提高、每个人自由而全面发展的社会。而促进人的全面发展与对人进行教育密不可分,通过教育实践活动,每个人才能够成为社会意义上的真正现实的人,也才能够有机会使教育中得到的学习能力扩展自己各方面的才能,从而成为自由全面发展的人。特别是在不同层次和不同类型的教育中,每个人有着各自不同的要求,对于每一个具体的教育对象来说,需要根据每个个体的特点去因材施教,进而促进教育对象自由全面发展。

1. 人的自由全面发展观

在马克思关于人的发展语境中,人的自由全面发展,是人摆脱了对人的依赖关系、对物的依赖关系,在共产主义社会这一真正共同体中实现的每个人的自由全面发展。这一观点来自马克思对资本主义社会中无产阶级片面发展状态的深切感悟。深入剖析人的自由全面发展观可以发现,首先,人的自由全面发展建立在"现实的""具体的"人之上,而并非抽象的人。1845年春天,马克思在布鲁塞尔写成了《关于费尔巴哈的提纲》,以这篇文章批判旧唯物主义忽视人的主观能动性和唯心主义夸大人的主观能动性的缺陷,他指出:"人的本质不是单个人所固有的抽象物,在其现实性上,它是一切社会关系的总和。"这一论断在人类历史上第一次科学地说明了人的本质问题。必须承认,人的本质内含着人和动物共同具有的自然属性。但与此同时,人的根本性质在于形成劳动实践中的现实的社会关系,如经济关系、政治关系、文化关系、家庭关系等。因此,社会属性才是人的根本属性。人的自然属性又区别于动物的自然属性,人的自然属性在历史的发展过程中,深深地打上了社会的烙印，已经是社会化了的自然属性。基于社会属性的人的本质不会改变，但人本质的具体表现形式会随着社会历史的发展而发展，随着社会生产力和生产关系的矛盾运动的变化而变化。所以，人是现实的、历史的、具体的，而不是抽象的。其次，人的自由全面发展是人的自由发展和人的全面发展的有机统一。人的自由发展是指在"自由人的联合体"即共产主义社会中，人能够自己决定是否进行脑力劳动实践和体力劳动实践，不受任何外力的制约和限制，强调人是否自主自愿参与劳动实践的过程；人的全面发展是指人的各方面能力协调发展，且这种协调发展状态会随着社会实践的发展呈现出动态变化的特征。立足唯物史观，现实的人在历史发展着的劳动实践中不断克服外力限制才能实现人的自由的、全面的发展。最后，人的自由全面发展是理论与实践的高度统一。人的自由全面发展观是运用唯物史观方法剖析具体时代所得出的指向未来共产主义社会的科学结论，这一观点也是马克思对资本主义制度下异化劳动的批判所得出的实践结论。在社会发展进程中，人的自由全面发展的理论研究日益充实，实践范围逐渐扩大，每个现实的人都能够通过具体的劳动实践获得全面发展。

2. 自由全面发展观的时代意蕴

人的自由全面发展观以"现实的人"为历史起点，通过劳动实践推动社会发展和人的发展。实现人的自由全面发展是对共产主义社会中人的存在状态的美好憧憬，是立足当下现实奋斗的不竭动力。基于当前社会主要矛盾，当今时代高校思想政治教育工作体系以在教育领域实现人的自由全面发展为目标，从教育目标、教育方法等不同维度入手，把人的自由全面发展的理论思想和实践要求贯穿始终，体现出当今时代高校思想政治教育工作的新发展。

当今时代高校思想政治教育工作体系对人的自由全面发展的深刻践行体现在"高校立身之本在于立德树人"，立德树人是高校的核心，高校一切教学管理活动都要围绕立德树人展开。立德树人首先要回答"立什么德、树什么人"的根本问题。总体而言，"德"指马克思主义道德观指导下的社会主义道德，其中包括中华传统美德中蕴含的丰富思想道德资源，中国共产党团结带领中国人民在革命、建设、改革时期形成的优秀道德和一切人类文明优秀的道德成果。社会主义道德的丰富内容体系，体现了其与时俱进的包容性，但这并未改变社会主义道德为人民服务的核心。为什么人服务的问题是任何社会道德建设的核心问题，它规定并制约着道德领域的判断标准，是对人们的行为进行道德层面价值判断的根本尺度。我们的高校是中国共产党领导下的中国特色社会主义高校，肩负着培养德智体美劳全面发展的社会主义事业建设者和接班人的重大任务，这一任务旗帜鲜明地回答了"树什么人"的问题。社会主义事业建设者和接班人既是高校思想政治工作的育人目标，也是践行为人民服务的教育实践。为人民服务首先是要把人培养好，特别是要把青年人培养好，使青年人成为能够在当今时代担当起民族复兴大任的时代新人；其次是要让拥有高强本领才干的青年人继续投身于服务人民的社会主义现代化建设事业当中，使青年人在实现自我人生价值和理想的过程中造福社会。因此，立德树人既是高校思想政治教育工作的核心，也是为人民服务宗旨在高等教育工作中的凸显。在为人民服务宗旨之下，高校思想政治教育工作就要牢牢抓住全面提升人才培养能力这个核心点，带动学校其他各项工作，以此来提升高校思想政治教育工作实际效果，培养出符合时代发展的有用之才。

当今时代高校思想政治教育工作体系对人的自由全面发展的深刻践行体现在思想政治教育工作对学生全面成长的关注。"思想政治工作从根本上说是做人的工作，必须围绕学生、关照学生、服务学生，不断提高学生思想水平、政治觉悟、道德品质、文化素养，让学生成为德才兼备、全面发展的人才。"大学生是高校思想政治工作的教育对象，立德树人根本任务落到实处，就是根据大学生成长成才规律和发展需求，全方位进行教育教学工作和日常管理活动，教育引导大学生树立共产主义远大理想和中国特色社会主义共同理想，感知时代责任和历史使命，把个人追求融入国家事业，把远大抱负和脚踏实地相结合，通过勤奋学习拓展个人在德智体美劳各方面的能力，全面增强本领才干，成为一个自由而全面发展的新时代大学生。

三、丰富马克思主义青年教育观

1957 年，毛泽东同志在纪念俄国十月革命胜利 40 周年的庆典上用早晨八九点钟的太阳比喻青年。现如今，站在中国共产党成立一百周年新的历史起点上，习近平总书记说："未来属于青年，希望寄予青年……新时代的中国青年要以实现中华民族伟大复兴为己任，增强做中国人的志气、骨气、底气，不负时代，不负韶华，不负党和人民的殷切期望！"可以看到，在马克思主义发展历程中，青年始终是时代的主题，是实践的核心。当今时代下的高校思想政治教育工作体系以青年大学生为教育对象，提出了一系列针对青年的新要求，是马克思主义青年教育观的时代彰显。

（一）青年教育观的基本内涵

1835 年，马克思中学毕业，他写了一篇题为《青年在选择职业时的考虑》的毕业论文，在文中马克思深刻地指出青年的职业选择与其所处的时代密不可分。也正是从这里开始，马克思主义青年教育观逐渐发展。

青年时期是人生成长的必经阶段，这个阶段不同于幼年和老年时期，富有蓬勃朝气和创造性力量，处在从不成熟到成熟的过渡时期，存在缺乏知识储备和经验积累，世界观、人生观和价值观不稳定的缺陷。基于青年时期的特殊性，在无产阶级政党和国家事业发展中，引导青年、争取青年力量成为重中之重。从世界历史的进程来看，自英国工业革命以来，青年群体就开始登上了历史的舞台。马克思、恩格斯首先立足于现实存在的人，提出了要到青年群体中寻找革命先锋的号召。在实践中，马克思主义政党非常重视青年的力量，马克思、恩格斯指导青年革命者参加无产阶级革命；列宁认为未来是属于青年的。

中国共产党在革命、建设和改革过程中，同样十分重视对青年的教育。毛泽东同志主张要培养青年人，把让青年人拥有正确、坚定的政治方向放在第一位，使青年人在德育、智育、体育这几个方面都得到良好的发展。改革开放以来，邓小平同志继承马克思主义的青年教育思想，在科教兴国发展战略的基础上，提出"四有"新人教育目标，十分重视用共产主义精神教育青年一代。党的十八大以来，以习近平同志为核心的党中央充分肯定青年地位，重视青年作用，立足党和国家的事业发展需要，在历史与未来相结合的视角下开展对青年人的教育，形成了马克思主义理论教育、共产主义理想信念教育、基本国情教育、社会主义核心价值观教育、中华优秀传统文化教育、"四个自信"教育、中国共产党历史教育、国家安全教育、网络安全教育等具有时代特征的教育内容，丰富和完善了马克思主义青年教育观的时代内容，为当今时代下的中国青年发展指明了奋斗方向。

（二）当代青年的时代使命

每年的"五四"青年节前后，习近平总书记都会到青年人中去看一看，到学校去看一看。习近平总书记多次强调："青少年是祖国的未来、民族的希望。我们党立志于中华民族千秋伟业，必须培养一代又一代拥护中国共产党领导和我国社会主义制度、立志为中国特色社会主义事业奋斗终身的有用人才。"习近平总书记不仅关注中国的青年，也关注世界上其他国家在中国大地上学习生活的青年人。

当今时代，我国社会主要矛盾转化为人民日益增长的美好生活需要和不平衡不充分的发展之间的矛盾。其中，社会不平衡不充分发展的根本原因，仍是生产关系中存在着不适应生产力发展要求的地方，上层建筑中也有不适合经济基础变革要求的地方，这一矛盾成为社会诸多矛盾中最突出的矛盾。因此，在新的历史起点上继续推进全面深化改革，其深刻性和复杂性前所未见，在各种思想文化相互激荡下的矛盾叠加交织，不同社会群体的诉求也相互碰撞，面对这种情况，最关键的就是要使推进全面深化改革的各项工作始终沿着正确的方向前进。这就要在党的集中统一领导下做好思想政治教育工作。正如习近平总书记所强调的："教育强则国家强。高等教育发展水平是一个国家发展水平和发展潜力的重要标志……我国高等教育发展方向要同我国发展的现实目标和未来方向紧密联系在一起。"

全面深化改革中遇到的困难和问题，如创新能力不够强、民生领域有短板、意识形态领域斗争复杂、社会文明水平需提高、党的建设方面有薄弱环节等问题。解决这些困难，一方面需要具体详细的理论指导；另一方面也需要一大批青年人才投身全面深化改革的实践。这要求相关领域专家提供透彻的理论分析和可行的实践措施，在团队协作的基础上，专家学者带领青年大学生对改革触碰到的问题进行社会调研，客观地分析问题，开展深入细致的理论研究。这一过程不仅进行了有益的理论探索，而且为全面深化改革培养了源源不断的青年后备人才。高校思想政治教育工作强调大学生要有家国情怀和历史担当精神，把个体人生规划和国家发展目标相结合，急国家之所急，学国家之所需；引导大学生要保持政治坚定性，明确政治定位，在中外文化思潮交融碰撞中坚守正确政治立场；教育大学生要在历史与现实中正确认识中国与世界的关系，认识到中国特色社会主义发展的长期性和艰巨性，客观看待中国与世界的差距，做自信自强的新大学生。

在新的时代背景下，面对机遇和挑战，习近平总书记对当代青年提出了新的要求，即立大志、明大德、成大才、担大任。立大志是指青年要有崇高的理想信念，牢记使命，自信自励，理性地看待自身优势与不足，正确把握社会客观条件，在对奋斗目标的追求和当下处境的感知中，以坚定不移的信心和坚韧不拔的毅力战胜前进道路上的艰难险阻；在对艰苦奋斗精神的代代传承中，坚定马克思主义、共产主义的信仰和中国特色社会主义的信念，为民族的复兴伟业提供充足的精神动力。明大德是指锤炼高尚品德，崇德修身，启润青春，就是要以高尚的品德人格使青春才华得到正确运用。习近平总书记讲"国无德不兴，人无德不立"，高尚的道德是才华正确运用的前提。不仅要求青年加强个人修养，养成良好的个人品德，具备良好的社会公德、职业道德和家庭美德，还要求青年在为个体行为负责的同时，做到对家庭、对他人和对社会负责。青年要用真善美雕琢自己，以正确的道德认知、自觉的道德养成、积极的道德实践带动他人崇德向善，形成追求高尚品格的社会风气。成大才是指青年人要有高强的本领才干。青年人的本领高低，对民族复兴的进程产生直接的影响。青年要把握学习机会，勤奋学习、刻苦钻研，使勤学成为优良的社会风气；要惜时如金，孜孜不倦，"甘坐冷板凳，愿下真功夫"，成为博学多才的领域专家；要在学习实践中，向书本学、向群众学、向传统学、向现代学，把所学知识内化于心、外化于行；

保持不断创造和勇于创新的精神状态和行为倾向。担大任是指青年要有天下兴亡、匹夫有责的担当精神。青春至美是担当，青年人的担当是决定青年人生价值的最大砝码，也是影响时代发展进程的重要力量。青年要把个人前途与国家、民族的命运紧紧联系在一起，在服务社会、奉献国家中实现人生理想和人生价值；要坚持实践第一、知行合一，以求真务实的精神勇敢面对生活中的考验和挫折；要始终保持昂扬向上的精神状态，以求新求变的朝气锐气引领时代变革的潮流，成为以真才实学担当民族复兴大任的时代新人。

与习近平总书记对青年的要求相呼应，在高校思想政治教育工作中，为党育人、为国育才成为高校培养人才的重要目标，把青年大学生培养成马克思主义的坚定信仰者和忠实实践者：带领青年大学生回望中华民族和中国共产党的历史，认真学习祖国的历史文化传统和党的治国理政理念，在充分理解和尊重的基础上，传承和弘扬中华民族优秀传统，坚定拥护中国共产党治国理政，让中华民族的故事、中国共产党的故事深入人心；带领青年大学生立足当下中国社会，在国际环境发生深刻复杂变化的形势下理解中国，投身中国共产党领导下的中国特色社会主义实践，关注社会现实和热点问题，用积极的思维和建构的视角客观地研究中国现象，深刻地阐释中国问题，让国际社会看到一个全面立体的中国；带领青年大学生展望中华民族伟大复兴的光明前景，明确国家所处的历史阶段和未来发展的时代方位，了解国家人才需求方向，勇于探索对社会进步具有关键作用的新业态、新领域，以青年人创新创造的热情推动中国特色社会主义现代化建设事业蓬勃发展。

由此可见，高校围绕马克思主义在意识形态领域的指导地位开展思想政治教育工作，与中国共产党治国方略中对教育文化事业的重视相契合，与当代中国青年响应党和国家号召担当民族复兴大任的崇高理想相一致。因此，习近平新时代中国特色社会主义思想指导下的高校思想政治教育工作，是在社会主义普遍性和中国特色特殊性相结合的时代条件下，培养有理想、有本领、有担当时代新人的理论指南。

新时代高校思想政治教育工作体系坚持历史唯物主义，贯彻落实人的自由全面发展观，丰富了马克思主义青年教育观，在根本的理论指导中、当下的发展进程中以及未来的发展目标中都体现着正确科学的思想引领，致力于培养社会主义建设者和接班人。

第二节　准确把握思政课教学育人理念

教学理念是对"教学应该怎样以及何以需要如此"的理想化认识，既是对教学现状中存在的问题与不足的理性思考，又是对"教学应该怎样以及何以需要如此"的理想化认识，反映人们对教学实践不断完善的价值期待和理想追求。高校思想政治理论课教学改革与创新，最为重要的路径就是教学理念的操作转换。

一、聚焦"立德树人"育人理念

育才先育人，育人先立德。培养什么人、怎样培养人、为谁培养人，历来是我们党和国家教育的根本问题。党的十八大报告中明确了新时代党和国家对立德树人根本任务的价值共识与发展追求，首次提出"把立德树人作为教育的根本任务，培养德智体美全面发展的社会主义建设者和接班人"。党的十九大报告中提出，全面贯彻党的教育方针，深化新时代教育综合改革，要以培养担当民族复兴大任的时代新人为着力点，加快健全立德树人系统化落实机制，这是对立德树人这项根本任务的进一步深化，对于我们坚定不移走中国特色社会主义发展道路，努力办好人民满意的教育，具有重大而深远的意义。党的二十大报告中提出，"育人的根本在于立德"，落实立德树人根本任务。全面贯彻党的教育方针，培养德智体美劳全面发展的社会主义建设者和接班人。加强理想信念教育，引领广大青少年把个人理想融入党和国家事业之中。

（一）"立德树人"根本任务的教育旨归

教育的本质在于培养人，这是在漫长的教育发展实践与探索中，古今中外达成的共识。"大学之道在明明德，在亲民，在止于至善"是四书之首《大学》的开宗明义；朱熹在《四书章句集注》中讲到"古之大学所以教人之法也""教之以穷理、正心、修己、治人之道"；亚里士多德强调"求知是人类的本性"，"一切技术，一切探究以及一切实践和抉择，都以求善为目标"；康德强调"美是道德的象征"，表明人类对美的追求也是对世界的美好期许与探寻。一言以蔽之，教育的真谛在于求知、求善、求美。现代意义的大学（Universities）是源起于西方的教育制度，来自于拉丁文，意指追求学术的共同体（Academy），求知、求美是其发展指向，求善是其根基。清华大学的校训是出自《易经》的"自强不息，厚德载物"。显而易见，古今中外的大学在强调知识的求索，也就是探求真理的目标指向，同时，更强调德性的修养，也就是传承对于"善"与"美"的追寻。因此，"培养什么人，成为什么人"的问题永远是教育中最根本的问题。2019年3月18日，习近平总书记主持召开了学校思想政治理论课教师座谈会，由党和国家的最高领导人亲自主持召开这样的会议在我们党和国家的历史上是第一次，足见思想政治理论课的重要性。从国家与大学的层面来看，它关系到"培养什么人"的问题，从大学生各自角度来讲，它又关系到"大学生个体可以、应该、能够成为什么样的人"的问题，这也正是教育必须要回答的最根本的问题。一个问题能够称之为根本性问题在于它是关系到基础的、关键的、决定性的问题。大学之道，道之所在，也正是高等教育的目标所指。

（二）立德树人根本任务的时代回响

习近平总书记指出："要胸怀两个大局，一个是中华民族伟大复兴的战略全局，一个是世界百年未有之大变局，这是我们谋划工作的基本出发点。"

当今中国身处于国际与国内两个大局的叠加之中，一方面，要求我们要深刻认识"百年未有之大变局"，审时度势，顺势而为。一是国际力量对比之变。呈现"东升西降"的整体态势，从经济总量来说，国际力量对比越来越朝着更加均衡的方向发展。二是世界格局之变。美国从充满"救世主情结"的"山巅之国"越来越变成强调"美国优先"的霸权主义国家。新兴市场国家和发展中国家崛起速度之快前所未有，世界权力中心逐渐从大西洋向太平洋转移，权力分布从美欧等发达国家向金砖国家等发展中国家转移。整个世界"你中有我、我中有你"的态势更加明朗，越来越需要多主体的协同参与、共同努力。三是科技革命之变。大量新产业、新业态、新模式，正在改写人类发展历史，重塑全球经济结构，给人类的生产和生活方式带来翻天覆地的变化。科技发展也带来新的未知和挑战，影响每个国家的前途命运，以及国际秩序和格局的演变进程。四是现代化发展模式之变。相当一部分盲目追随西方道路的国家，像拉美、中东、非洲的一些国家，都陷入了所谓的"民主陷阱""发展陷阱"。社会主义中国在探索现代化道路上取得了举世公认的成就，立足本国国情，探索适合自身的现代化之路，已经成为广大发展中国家的普遍共识。现代化发展模式实现了突破西方路径依赖，从一元走向多元的重大转变。

另一方面，立德树人根本任务的提出也是对国内大局中华民族伟大复兴的战略全局的充分考虑与应对。2021年7月1日我国已经正式宣告"全面建成小康社会"，实现了第一个百年的奋斗目标，已经奔赴全面建设社会主义现代化国家的第二个百年新征程，计划用15年的时间基本实现现代化，到21世纪中叶把我国建成社会主义现代化强国，这是改革发展进程中我们要完成的新任务。我国当前正处于向高收入国家迈进的关键期，有关中国经济可能落入"中等收入陷阱"的声音不时响起，所以更需要我们专心致志搞建设，全心全意谋发展。中兴、华为事件告诉我们一个道理，就是"真正的核心技术是买不来的，正所谓国之重器，必须掌握在自己手里"。美国对中国挑起贸易争端的底气在于其掌握着世界产业链的顶端，技术的制高点。与此同时，美国为首的西方国家依靠着技术、语言的优势以及娴熟的手法对我国青年大学生进行和平演变，混淆视听、颠倒黑白，妄图把中国变为第二个苏联。因此，面对国内外的现实挑战，我们"绝不允许吃共产党的饭，砸共产党的锅"，突出强调我们办的是社会主义大学，我们教育的根本任务是立德树人，人才培养的目标是德智体美劳全面发展的社会主义合格建设者和坚定接班人。

习近平总书记曾提出著名的"中国特色社会主义接班人之问"，强调越接近中华民族伟大复兴的目标就越需要动员广大青年为之奋斗，在建党100周年的大会讲话中习近平总书记强调青年要增强做中国人的志气、骨气、底气。

（三）立德树人根本任务的现实指向

落实立德树人根本任务，必须全面贯彻落实党的教育方针。党是领导一切的，一直以来，教育事业始终坚持社会主义办学方向，为中国特色社会主义事业输送了源源不断的人才，保证了我国在中华民族伟大复兴的道路上一路高歌猛进，取得了一个又一个成就。70多年的新中国建设史中一批又一批具有科学家精神的科学家永立潮头，明大德，守公德，严私德，勇担时代重任，以家国情怀交出一份又一份时代答卷。实践已然证明，坚持和加强党对教育事业的领导是实现我国教育事业的跨越式发展的制胜法宝，新时代里应面对新的时代命题坚定不移地坚持党的领导，继续发挥社会主义办学的制度优势。

落实立德树人根本任务，必须继续加强学生的道德教育。面对中国今天的飞速发展，经济建设的巨大成就，科技的迅猛行进，身处于信息大爆炸漩涡的网络原住民新时代的大学生容易产生价值选择的错乱，尤其自媒体的盛行，光怪陆离的各种行为选择被放大、被关注，颠覆了大学生的原有价值观认知，在各种思想思潮的交流交锋中，大学生也被享乐主义、利己主义等文化侵袭着。面对如此纷繁复杂、万花筒般的世界，如果大学生不能够坚定地树立起正确的世界观、人生观、价值观，就有可能迷失，也很难担当起民族复兴之大任，更何谈社会主义的建设者和接班人。

落实立德树人根本任务，必须把社会主义核心价值观融入教育全过程。社会主义核心价值观通过明确追求什么，反对什么，朝什么方向走，不能朝什么方向走来整合多样化社会思潮，给人们以引领，同时提供凝神聚气的力量，保证中国特色社会主义事业的前进方向与蓬勃发展。社会主义核心价值观融入教育全过程，就要求建立大中小学一体化的分层次的有侧重的社会主义核心价值观教育指向，使广大学生对社会主义核心价值观建立起科学的认知、情感上的认同与行为上的印证。

落实立德树人根本任务，必须加强中华优秀传统文化教育。中华优秀传统文化是崇德的文化。通过"双创"实现中华优秀传统文化的现代性发展，把文化教育摆在突出的位置上来，从而使大学生知其来路，明确其合理内核，认真汲取其思想精华与道德精华，从而牢固地树立起价值观自信与文化自信。

落实立德树人根本任务，必须统筹推进学生的全面发展。教育的目标是"为了每个学生的终身发展"，其实质就是实现人的发展。1992年，联合国发展署的《人类发展报告》引入了"人的发展"（Human Development）概念，"人的发展"意味着"扩大人的选择的过程"，当代文明已经把人的需求、人的抱负以及人的能力放在发展的中心位置。人类发展是拓宽人民选择的过程，不仅仅是对物质的选择，而且是人类能力和技能扩展之后的选择在生活中人做什么和能做什么，实现人的全面发展。因此，我国人才的培养目标是德智体美劳全面发展，五育并举，德育为先，建立协同各方的育人体系实现协同发展。

落实立德树人根本任务，必须建立科学的教育评价体系。教育评价体系是引导教育事业发展的指挥棒，有什么样的教育评价体系就会衍生出什么样的教育发展朝向。落实立德树人的根本任务，就要深化教育体制改革，破除"五唯"（唯论文、唯帽子、唯职称、唯学历、唯奖项），建立育人为本的教育政绩观和教育评价观。

二、构建"大思政"育人理念

（一）统筹推进大中小学思政课一体化建设

近年来，党和国家就大中小学思政课一体化建设问题给予高度重视，出台了一系列新的方针政策。2019年3月，习近平总书记在学校思想政治理论课教师座谈会上强调，"在大中小学循序渐进、螺旋上升地开设思想政治理论课非常必要""要把统筹推进大中小学思政课一体化建设作为一项重要工程，推动思政课建设内涵式发展"。2019年8月，中共中央办公厅、国务院办公厅印发的《关于深化新时代学校思想政治理论课改革创新的若干意见》提出，"大中小学思政课一体化建设需要深化""遵循学生认知规律设计课程内容，体现不同学段特点"。在召开的2021年全国教育工作会上，再次将推进大中小学思政课一体化建设列为重点工作。因此，各学段之间建立相互衔接的一体化思政课成为当前思想政治教育发展的迫切需求，统筹推进大中小学思政课一体化建设将成为一项重要工程。

1. 统筹推进大中小学思政课一体化建设的重要意义

统筹推进大中小学思政课一体化建设是深化新时代高校思想政治理论课教学理念创

新的必然逻辑。统筹推进大中小学思政课一体化建设就是要在遵循不同学段受教育者年龄心理发展和思想水平发展差距的基础上，要求思想政治理论课教学采用由浅入深、循序渐进、螺旋上升的方式对大中小学三个不同学段的学生进行思想政治教育，从而实现三个学段思政教育的有效衔接和有机统一。

统筹推进大中小学思政课一体化建设，是基于不同学段思想政治教育目标逻辑统一的需要。立德树人作为教育教学的根本任务，大中小学在统筹推进思政课一体化建设时，要科学化、系统化地将这一根本任务作为思想政治教学的核心要旨和中心环节，引导和教育学生立德成人、立志成才，自觉肩负起民族复兴的时代大任。只有各学段思政课将立德树人这一根本性目标作为课程建设的总方向、总依据和总遵循，才可以使思想政治教育这一共性目标在各学段思政教学中得以落实，才可以使各学段思想政治教育的阶段性目标依据学生年龄特征、心理特点、知识水平得以分层实施，循序渐进。因此可以说，大中小学思想政治教育协调机制创设的目的就是通过不同学段教育主体之间的协商沟通，将立德树人这个总体目标贯穿于各个不同学段、年级的层次目标之中，同时结合大中小学不同学段的特点，构建既有共性又有个性的教育体系，从而促进不同学段思想政治教育之间形成高度的目标协同。

统筹推进大中小学思政课一体化建设，是提高思想政治理论课效能的需要。统筹推进大中小学思想政治教育一体化建设，一方面，需要不同学段思想政治教育都能够明确自身职责，守好一段渠、种好责任田；另一方面，需要发挥不同学段思想政治教育之间相互支撑和相互促进作用，既包括低学段思想政治教育对高学段思想政治教育的基础性支撑作用，也包括高学段思想政治教育对低学段思想政治教育的引领性带动作用。从这层意义上讲，每一个学段思想政治教育既要抓好自身体系内的力量协同，也要抓好与其他学段思想政治教育的力量协同，而这必须通过构建大中小学思想政治教育沟通机制来予以实现，即通过不同学段思想政治教育主体之间的有效沟通，促进他们之间相互关注、共同参与、相互支持，特别是促进他们在教材内容研发、课程环节设计、教学方法研究、资源共建与共享等方面加强合作，形成"你中有我、我中有你"的协同创新工作格局。

统筹推进大中小学思政课一体化建设，是帮助学生成长成才的需要。新时代统筹推进大中小学思政课一体化建设，是深化学校思想政治理论课教学理念创新的要求，更是党中央面向学生全面发展，帮助成长成才的需要提出的重要举措。学生的成长是一个循序渐进、螺旋上升的过程，自然要求教育内容也需具有递进性。思想政治理论课教学"要遵循学生认知规律设计课程内容，体现不同学段特点，研究生阶段重在开展探究性学习，本专科阶段重在开展理论性学习，高中阶段重在开展常识性学习，初中阶段重在开展体验性学习，小学阶段重在开展启蒙性学习"，只有做好各学段教学内容的衔接才能助益学生的个人成长，满足学生成长的发展需求和期待。与此同时，高校思想政治理论课课程教学需与不同学段学生日常实践活动相结合，充分贴近学生的生活实际，构建课堂教学、课外实践等育人途径的横向贯通体系。

2. 统筹大中小学思想政治理论课一体化建设中存在的问题

近年来，关于大中小学思想政治课的衔接递进和一体化建设已取得了极为丰富的成果，但相关工作仍面临断裂脱节、滞后化、分散化等复杂困境，主要表现如下。

大中小学各阶段思想政治教材内容衔接出现问题。大中小学完备的思想政治理论课教材是思政课教师完美授课的前提，教材内容决定各学段思想政治教育成效。大中小学各个学段教材内容的衔接本应和学生的身心发展一样，是一个循序渐进、螺旋上升的过程，现实是当前不同学段及同一学段内部教材内容均出现了简单的重复，导致不连贯、不系统等现象尤为突出。就不同学段教材内容来看，初中的《道德与法治》、高中的《政治生活》等教材内容与大学的《思想道德修养与法律基础》教材，在关于政治及法律等内容存在较高的雷同。同一学段内部教材内容来看，如高校思政课《毛泽东思想和中国特色社会主义体系概论》和《思想道德修养与法律基础》《中国近现代史纲要》课程，内容方面存在一定程度的重叠。固然，部分教材内容的重复是为了保证课程重点内容的完整性，保证学生对教材内容的深刻性，不可避免地会出现一定量的重复，但是缺乏统筹设计的无益重复在造成教学资源浪费的同时，也会消磨掉老师和学生的课堂热情，教学效果自然就差强人意了。

大中小学思政教学各自为营现象日益凸显，彼此缺乏合作。统筹大中小学思想政治理论课一体化建设，加强各个阶段教师教学的交流合作是非常必要的，其将关涉思想政治教育未来发展的重要方向。从当前各个阶段的教学效果来看，各个学段的教师沟通意识不强，并没有形成良好的交流合作，更侈谈一体化。与此同时，也没有形成精良的合作方式，形式较为单一、固定，内容较为浅显。出现这种困境的原因是缺乏高效健全的一体化协商平台，造成不同学段的思政教师只关注自己本阶段的教学内容，对其他阶段教学内容含糊不清，难以从整体进行把握，从而影响到大中小学思想政治理论课一体化的成效。

大中小学思想政治教育评价标准模糊不清，评价效果甚微。一体化课程评价机制是大中小学思政课一体化建立的重要保障。由于当前各个学段的思政教学管理分属不同教育部门造成教师考核机制呈分割式的呈现方式，导致各个学段课程教学没有形成统一的评价标准，难以激发教师教学的积极性。具体表现为，中小学教师考核主要依靠升学率，尤其在意学生的应试成绩。而大学教师的评价考核主要参考科研量，标准较为单一。这也是难以促进大中小学思想政治理论课一体化的缘由所在。

3. 大中小学思想政治理论课一体化建设的应对策略

统筹安排不同学段思政课的教学内容，凸显一体化建设。大中小学思政课教学内容一体化建设，既符合学生身心发展以及生活经验的提升的内在需求，也满足社会前进的需要。在大中小学思政课教学中，学生思想观念的引导以及思想政治理论课知识体系的构建，应该从纵向和横向两个维度进行统筹，对课程内容进行有效衔接。

首先，整合不同学段之间思想政治理论课教学内容的交叉和重复。其中，有些学段思政内容的重复是为了加深学生对知识点的印象，而有些内容的重复则是无意义的重复。为了改变这种无意义的资源浪费，同时也能增强学生对知识的阅读记忆，可以在不同学段起始章节前加上具有逻辑性的知识网络图。知识网络图的内容不仅包括本章的重点知识，也包括这些重点知识的外延。外延的内容既可以包括低年级学段学过的内容，也可以包括高年级学段未学过的新知识。这一外延的目的不是为了增加学生的负担，而是对低年级知识的回顾，高年级知识的预习，保证各个学段教学内容的完整性，避免了课程内容简单重复带来的资源浪费。其次，要建立健全大中小学思政课教材一体化教材编写的考核机制，编写过程需组织全国学科专家、教学名师参与不同学段的思政教材盲审评估，根据专家们的意见和建议，及时修订教材不必要的重复内容，从而减少跨学段的断层和脱节现象。最后，要保证不同学段思政课教材风格的协同性。小中高三个学段教材有较多的绘图，既显得生动灵活，也有助于吸引学生的注意力。而大学教材过于注重思维和理性，几乎没有图片素材，显得过于单调和死板，与当代社会"视觉文化转向"的现实无法适应，不利于引起学生的阅读兴趣。

统筹教师队伍建设，落实协同意识，布局宏观架构。统筹大中小学思政课一体化建设，需要健全组织管理机制，加强不同学段思政课教师队伍的沟通交流。首先，"教育部成立大中小学思政课一体化建设指导委员会"，集合全国的思政专家学者，，共同开展观摩评课工作共同推进内容统筹配套、方法研讨创新、教材编写转化工作。共同深化思想政治理论课教学理论研究、实践研究和政策研究工作。其次，落实大中小学思政课教师以及管理部门的培养、培训，启动全员培训、加强职后培养。办好思想政治理论课关键在教师，关键在发挥教师的积极性、主动性、创造性。通过培训激发教师的积极主动性，使教师从整体出发，通过对大中小学各个学段思政课程的认识和了解，明确自身所处学段思政课的特点和重点，更具有针对性，教学效果会更好。最后，加强思想政治理论课教师与其他不同专业课程教师的协商与研讨，积极开展"全校师生同修思想政治理论课"活动，彼此之间相互借鉴、相互融合，加强思政课与其他课程的联动和互动，彼此互补，查漏补缺。

完善大中小学不同学段思政课评价机制，实现课程评价的一体化。习近平总书记指出："要深化教育体制改革、健全立德树人落实机制，扭转不科学的教育评价导向，坚决克服唯分数、唯升学、唯文凭、唯论文、唯帽子的顽瘴痼疾，从根本上解决教育评价指挥棒问题。"推进大中小学思想政治理论课一体化建设过程中，要不断优化教学评价一体化这一修复系统。从教师角度来看，各学段思政教师之间形成统一的评价机制，共同构建一个系统完备和科学有效的评价体系。建议实行惩罚制度，使不同学段的教师进行教学时更具有鞭策性。从学生角度来看，改变"唯分数论"的评价机制，适当地在不同的层次和范围内通过多种方式检验学生的学习成果，促进学生的全面发展进步。

（二）构建课程思政与思政课程协同育人体系

现代社会日新月异，瞬息万变，教育场域深刻变迁，身处于知识大爆炸之中的教育对象也呈现出各种各样新的特点，这对承担着立德树人根本任务的高等教育提出了新的更高要求。党的十八大以来，上海在改进和加强高校思想政治教育工作中，逐步形成了高校思想政治教育的课程体系，课程思政，正是在这一背景下提出并一步步走向深化的。2017年，教育部印发《高校思想政治工作质量提升工程实施纲要》，明确提出要"大力推动以'课程思政'为目标的课堂教学改革"。这是对习近平总书记在全国高校思想政治工作会议上提出的"要用好课堂教学这个主渠道，思想政治理论课要坚持在改进中加强，提升思想政治教育亲和力和针对性，满足学生成长发展需求和期待，其他各门课都要守好一段渠、种好责任田，使各类课程与思想政治理论课同向同行，形成协同效应"要求的具体落实，也是对"全员育人、全程育人、全方位育人"大格局的积极践行。

1. 构建思政课程和课程思政协同育人体系面临的挑战

古今中外，大学均承担着育才与育德的双重属性，无论是专业课、通识课，抑或是思想政治理论课均如此，虽然课程内容各有不同，但均有育人的共同指向。然而，在长期的教育教学工作中，教书与育人却存在着认知、行为层面的一定程度的割裂，从教育教学实际到高校管理层面均存在着某些思想的误区与成见，把育人工作划定为学生工作者与思想政治理论课教师的专属，由此也就很难在高校内部形成"三全育人"的最大合力，专业课与通识课的育人功能发挥不出来，文化浸润效用很难相得益彰地发挥，由此，思想政治理论课成为了课堂中的育人独角戏，更显势单力薄。可见，构建起思政课程与课程思政的协同育人体系当前依然面临重重挑战。

一是思想认识与顶层设计方面。部分教师依然存在重知识传授、轻价值引领的思想意识，对专业课程内容的思政要素挖掘不够，对于课程思政工作不够重视，认为专业课程教学中没有开展思想政治教育的必要性和可能性；教学部门和教师之间的教学合力、协同育人效应没有完全形成，课程思政工作推动仍需加强；课程思政课堂教学研究和资源建设较成熟，但专业实践教学方面的课程思政研究和实践并不系统成熟。

二是实施效果与评价体系方面。教学艺术与方法、课程思政实施效果尚待进一步提高。专业课教师是大学生大学四年中接触最多的教师，而且其专业性更易获得学生信赖，树立起威信，言传与身教的影响力均显著。然而，一些专业课教师不善于挖掘课程本身的思想政治教育要素，不能够灵活融合当前政治、经济和社会热点问题，在教学中或生硬拔高，或生搬硬套，使课程思政的内容与专业课程内容相互割裂，呈现"两层皮"的现象，严重消解了课程思政的实施效果。此外，评价体系和考核标准需要继续完善。"课程思政"的相关评比奖励机制已经建立，但还没有完全纳入教师考核体系，具体衡量指标还需细化，也影响了课程思政的实施成效。

三是思政课程与课程思政队伍建设方面。部分专业教师只钻研自己专业，对思想政治教育原理与规律认识不深，学习不够，相关业务能力不强，"只教书不育德"，感觉课程思政工作无从下手，也有部分专业课教师始终认为教好专业知识才是其本职工作，由此，将思想政治工作束之高阁，使该项工作的主体限于思想政治理论课教师、辅导员、团委教师等单兵作战，思想政治工作从"专人"到人人的育德能力和育德意识有待提高。

2. 落实思政课程和课程思政协同育人的关键

思政课程，即高校思想政治理论课，是课程德育中系统进行思想政治教育的课程，是课程德育的主渠道。中央16号文件对于其在课程德育中的重要地位进行了明确表述，指出，"高等学校思想政治理论课是大学生思想政治教育的主渠道。思想政治理论课是大学生的必修课，是帮助大学生树立正确世界观、人生观、价值观的重要途径，体现了社会主义大学的本质要求"。这也体现了社会主义大学的鲜明底色，具有较强的意识形态属性。新时代的大学生作为"00后"，世界观人生观价值观尚处于形成、完善阶段，好奇心、求知欲强，又处在网络的最前沿，很容易受到影响，他们是当仁不让的"数字居民"、网络原住民，身处于信息爆炸、碎片化阅读旋涡之中，一方面关注事态发展；另一方面又被纷至沓来的各色信息所裹挟。这就决定了思想政治理论课必须有"位"而有"为"，时时处处"在场"，授课教师应从"高高在上"的理论宣讲走下"神坛"，从学生广泛关注的专题内容入手，因事、因时、因势而为，及时并有效地成为学生关切问题的思想引领者，真正做到对于学生科学认知国情与世情的有"为"，这是对大学生主体需要的一种回应与满足，也是高等教育为国育人、为党育才的教育使命使然。鉴于此，迫切需要建立"网上"与"网下"相统一，"课上"与"课下"相统一，"理论"与"实践"相统一的"大思政"育人格局，实现显性教育与隐性教育的融合，多元育人主体的联动发力，从而创新推动"课程思政"与"思政课程"同向同行。

"课程思政"与思政课程的本质含义都在于强调课程的思想政治教育功能，因而二者具有内在的本质联系，需要把二者有机结合起来，形成理念协同、内容协同、教师协同、教法协同、管理协同等协同效应。

协同育人的核心在于理念协同。思政课程和课程思政都担负着传递知识和塑造价值的育人功能，是一种共融共生的关系。"育人为本，德育为先。"思政课程和课程思政强调协同发挥思想政治教育功能，注重塑造健康人格，培育优良德行。为此，在课程内容优化、方法选择、学生培养等方面都要全面落实立德树人根本任务，引导学生形成正确的"三观"。同时，思政课程和课程思政都具有知识性，教育内容都以知识形态存在，都以传递知识为重要的教育方式。因此，课堂内容选择、课程教学设计等都要结合学生特点和知识需求有针对性地进行，寓价值引导于知识传授之中，做到价值性和知识性相统一，促进学生的德智并举、全面发展。

同频共振的基础在于内容协同。内容协同主要强调思想政治理论课课程和其他课程彼此资源的相互挖掘、协同运行。一方面，思想政治理论课课程要充分挖掘其他课程的资源，找到其与思政元素的结合点，从而为己所用。如，古诗词中蕴含的家国情怀，经典名著中倡导的伦理规范，名人传记中体现的理想追求等都是非常值得挖掘的课程资源。另一方面，其他课程要善于升华课程思政的教育主题，将知识教育升华到观念引领、价值塑造上来。如，在自然科学的讲授中强调科技伦理、科技报国，在实操技术的讲解中融入爱岗敬业、服务群众，在文艺创作的指导中坚持关注现实、关心人民，在体育项目的训练中倡导自强不息、为国争光。

同向而行的关键在于教师协同。上好思想政治理论课的关键在教师，发挥课程思政的作用也要靠教师。教师协同主要倡导思想政治理论课教师和其他课程教师要提高认识、加强联动。一方面，思想政治理论课教师和其他课程教师都要加强理论学习，提升思想境界，坚定政治立场；要提高道德修养，深刻认识立德树人的重要性，认识思政课程和课程思政的协同性。另一方面，思想政治理论课教师在坚持价值塑造的同时要做到守正与创新的统一，不断优化思想政治教育内容，增强科学性、专业性，做到政治性与学理性相统一；专业课教师在夯实专业基础、提升专业技能的同时，要潜心挖掘专业课程蕴含的思想政治教育元素，加强对专业课程的思想政治教育功能的认识与利用，做到知识性与价值性相统一。

融合发展的路径在于教法协同。思想政治理论课教师和其他课程教师要相互借鉴教学方法，做到优势互补，具体要注意以下几方面。一是坚持理论性和实践性相统一，联系实际讲解理论，运用理论指导实践，把教室小课堂同社会大课堂结合起来。二是坚持统一性和多样性相统一，在遵循课程设置规范、教学大纲要求的基础上，结合学生认识特点和发展规律进行教学，增强教学的针对性和实效性。三是坚持主导性和主体性相统一，充分发挥教师主导作用的同时，尊重学生的主体地位，加强与学生的沟通交流，创新课堂教学方式，引导学生积极参与课堂翻转。四是坚持灌输性和启发性相统一，注重理论讲解的同时，启发学生深入思考，引导学生提出问题、分析问题、解决问题，做到学思结合。五是坚持线上教学和线下教学相统一。在主导线下课堂，当面释疑解惑、增强感染力与引导力的同时，占领网络高地，开展线上教学，完成课前课后资料推送，密切追踪学生学习轨迹，及时了解学生思想动态。

协同运行的保障在于管理协同。管理协同的含义是学校要为思政课程和课程思政协同发展提供制度保障，具体包括以下几方面。首先，学校党委要树立大思政格局，贯彻思政课程和课程思政协同育人理念，统筹学校其他职能部门多方联动，落实思政课程和课程思政协同发展计划。其次，学校要在教学资料提供、会议培训开展、教学团队组建、示范课程推广等方面给予切实支持，推动思政课程和课程思政协同发展方案的落实。最后，学校要健全以学生为主，分管领导、教学督导、同行教师为辅的综合评价体系，综合课堂实效综合评价思政课程与课程思政协同育人的效果，对于协同教育中教学实效较高、科研成果较多的教师予以奖励，促进思政课程与课程思政协同发展。

思政课程和课程思政的育人目标是一致的，具有协同的可能性。同时，思政课程是立德树人的主阵地，属于显性教育；课程思政是立德树人的大场域，属于隐性教育。二者的差别也是存在的，具有协同的必要性。中共中央办公厅、国务院办公厅印发的《关于深化新时代学校思想政治理论课改革创新的若干意见》指出："解决好各类课程与思政课相互配合的问题，发挥所有课程育人功能，构建全面覆盖、类型丰富、层次递进、相互支撑的课程体系，使各类课程与思政课同向同行，形成协同效应。"可见，推动思政课程和课程思政协同育人是新时代落实立德树人根本任务的重要途径。而思政课程与课程思政协同效应的发挥，必须把握两者协同的关键要素，在理念、内容、教师、教法、管理上寻找契合点，促进思政课程和课程思政同向同行、共振和鸣。

3. 构建思政课程和课程思政协同育人体系的持续改进措施

新时代新要求，高校思想政治工作要因时而进、因势而新、因事而化，不断改进和加强思想政治教育的针对性和实效性。

一是加强思想政治理论课建设，充分发挥其立德树人的主阵地作用。积极推广运用新兴的现代信息教育技术手段，推进优质网络课程资源建设，改革教育教学方法，建设理念科学、形式多样、效果显著的思想政治理论课课程教学体系，实现"网上"与"网下""课上"与"课下"的相得益彰与巩固提升；同时，注重理论与实践相结合，强化实践教学，培育学生理论骨干和指导理论社团，提升校园文化建设的理论品质，以第二课堂建设筑牢理论课堂的"主阵地"；另外，改革思想政治理论课学习评价方式，优化课程考核方式与试卷题型结构，构建科学合理的综合评价体系。

二是完善通识教育课程体系，开发一批成体系、有深度的"课程思政"系列通识课。通过深入分析已开设课程类型、选课情况、课程内容、思政元素、受众学生、课后反馈等数据，找准课程定位，充分整合校内外通识类师资资源、课程资源，打造开发一批既具有鲜明意识形态属性和育人功能，又具有时代特征、符合新时代大学生主体需求的通识系列课程。

三是落实立德树人根本任务，不断创新专业课育人模式。各专业课教师要深入挖掘课程蕴含的育人元素，在专业课知识讲授与专业能力培养中凸显育人导向，厚植家国情怀，传播爱党、爱国、爱社会主义等积极向上的正能量，进一步培养科学家精神与工匠精神，不断提升职业道德、职业素养，让立德树人育人理念浸润到教育教学全过程。各专业要为"课程思政"建设制定任务书，绘制线路图，明确时间表，将专业课程的育人功能落实到人才培养方案、课程标准修订、教材内容完善、教案撰写、课堂教学传授、教学评价等各环节，让所有专业课程都能彰显育人价值，发挥育人实效。

四是加强师资队伍建设，着力提升教师的育德意识和育德能力。实施"课程思政"与思政课程建设的关键均在教师，紧紧抓住教师队伍的思想建设与课程能力建设的主线，深化全员育人意识，使得各类课程与思政课程同向同行，形成协同效应，构建全员全程全方位育人大格局。在专业建设上提升有效育人能力，转变教师重知识传授轻价值引领的观念，引导教师树立"课程思政"的理念，让所有教师、所有课程都承担好育人责任，守好自己的那段渠、种好自己的责任田，共同培养社会主义事业合格建设者和可靠接班人。

第三节　融合中国共产党百年精神谱系

无论是对于一个人的成长，还是对于一个民族的发展，精神的引导都是不可或缺的。习近平总书记在 2021 年 2 月 20 日召开的党史学习教育动员会议上作了重要讲话，深刻地阐述了中国共产党人在百年奋斗的历史进程中，一批批英勇无畏的革命先烈，一批批无私奉献的英雄人物，一批批舍己为人的先进模范，一批批为人民服务的精神标兵，共同铸就了中国共产党人的精神谱系，其中包括：井冈山精神、长征精神、遵义会议精神、延安精神、西柏坡精神、红岩精神、抗美援朝精神、"两弹一星"精神、特区精神、抗洪精神、抗震救灾精神、抗疫精神等伟大精神。

在过去的一百年里，在中国共产党领导的革命、建设和改革的实践中，中国共产党领导着中国人民开展了一场又一场的艰辛而伟大的奋斗，历经艰难险阻，使中国从站起来、富起来到强起来，从而铸就了一种既富有个性又富有时代特征的中国共产党人精神，并构成了一套富有内涵的"中国共产党"的百年精神谱系。同时，中国共产党员的"红色基因"也将在中国高校思想政治教育课的发展过程中发挥重要作用。

一、中国共产党人百年精神谱系的发展

中国共产党人的精神谱系并非一蹴而就，而是在实现中华民族伟大复兴的伟大进程中，在无数次的斗争过程中，经历了数不清的磨难与考验，不断丰富发展，不断地挖掘自身鲜明的民族特征，不断地融合时代进步的内涵，从而一步一步建立起来的。中国共产党人的百年精神谱系是中国共产党人强大的精神支柱、精神指引与精神财富。中国共产党人百年精神谱系的产生和发展，大体可以分为四个阶段：新民主主义革命时期、社会主义革命与建设时期、改革开放和社会主义现代化建设新时期、中国特色社会主义新时代。

（一）新民主主义革命时期——不畏牺牲、浴血奋战

在新民主主义革命的过程中，中国共产党领导着自己的人民，面对种种困难和挑战，奋勇向前，浴火重生，用革命的火炬照了黑暗的前路，一点点摸索出一条将马克思主义同中国革命有机地融合起来的正确途径。在此期间，中国共产党人构筑起了一批伟大的革命精神，例如，"红船精神"和"井冈山精神"，正是这一时期的代表精神。这些精神引导着中国共产党走向国家的独立，走向人民的解放，走向新中国。这个时代的精神特征，集中

表现为不畏牺牲、浴血奋战的革命英雄气概和意志，中国共产党员用自己的生命和实际行动，证明了"为有牺牲多壮志，敢教日月换新天"这句话并非虚言。

在表 2-1 中，对这一时期部分中国共产党人的革命精神主要内涵进行了归纳整理。

表 2-1　新民主主义革命时期部分中国共产党人革命精神一览

中国共产党人精神	主要内涵
红船精神	开天辟地、敢为人先的首创精神；坚定理想、百折不挠的奋斗精神；立党为公、忠诚为民的奉献精神
井冈山精神	坚定执着追理想，实事求是闯新路，艰苦奋斗攻难关，依靠群众求胜利
苏区精神	坚定信念、求真务实、一心为民、清正廉洁、艰苦奋斗、争创一流、无私奉献
长征精神	把全国人民和中华民族的根本利益看得高于一切，坚定革命的理想和信念，坚信正义事业必然胜利；为了救国救民，不怕任何艰难险阻，不惜付出一切牺牲的精神；坚持独立自主。实事求是，一切从实际出发；顾全大局、严守纪律、紧密团结；紧紧依靠人民群众，同人民群众生死相依、患难与共、艰苦奋斗
抗战精神	天下兴亡、匹夫有责的爱国情怀；视死如归、宁死不屈的民族气节；不畏强暴、血战到底的英雄气概；百折不挠、坚忍不拔的必胜信念
延安精神	坚定正确的政治方向，解放思想。实事求是的思想路线，全心全意为人民服务的根本宗旨，自力更生。艰苦奋斗的创业精神
红岩精神	刚柔相济、锲而不舍的政治智慧；"出淤泥不染、同流不合污"的政治品格；以诚相待、团结多数的宽广胸怀；善处逆境、宁难不苟的英雄气概
太行精神	不怕牺牲、不畏艰险；百折不挠、艰苦奋斗；万众一心、敢于胜利；英勇奋斗、无私奉献
西柏坡精神	谦虚谨慎、艰苦奋斗；敢于斗争、敢于胜利；依靠群众、团结统一

（二）社会主义革命和建设时期——自力更生、艰苦奋斗

在新民主主义革命时期，我国虽然实现了国家统一，但是国家建立伊始，因为经历了长时间的战争，使得新中国的国内外形势都显得十分严峻。在世界范围内，以美国为代表的西方国家对我们构成了政治、经济和军事上的严重威胁，新中国面临着严峻挑战。1950 年 6 月，朝鲜发生了南北战争，接着美国就侵略朝鲜，并且还对台湾海峡虎视眈眈，试图把刚刚建立的新中国从萌芽状态中消灭掉。对此，中共中央制定了"抗美援朝、保家卫国"的重要策略，一举打出了新中国的国际威名，为新中国在国际上树立起了军事强国的形象，并且在亚洲乃至整个世界打下了坚固的国际地位，为未来几十年的和平发展争取了时间。

在国内，刚刚建立的新中国还面临着经济不景气，土匪猖獗，国民党的余孽还没有被彻底肃清等诸多难题，中国共产党面对着"如何建立、进行社会主义"这一崭新的问题，坚持不懈地寻求着中国自身的发展之路。中国人民在中国共产党的坚强领导下，经过艰苦奋斗，自力更生，逐渐在整个社会上树立了一个优良的风尚，在社会主义革命与建设中积聚了一股巨大的能量，并已基本建成比较完备的自给自足的工业与经济体制；同时，"红

旗渠精神""大庆精神"和"两弹一星精神"等一批新型中国共产党人精神也随之产生。

在表2–2中，对这一时期部分中国共产党人精神主要内涵进行了归纳整理。

表2-2　社会主义革命和建设时期部分中国共产党人精神一览

中国共产党人精神	主要内涵
抗美援朝精神	祖国和人民利益高于一切、为了祖国和民族的尊严而奋不顾身的爱国主义精神；英勇顽强、舍生忘死的革命英雄主义精神；不畏艰难困苦、始终保持高昂士气的革命乐观主义精神；为完成祖国和人民赋予的使命、慷慨奉献自己一切的革命忠诚精神；为了人类和平与正义事业而奋斗的国际主义精神
红旗渠精神	自力更生，艰苦创业，团结协作，无私奉献
大庆精神	爱国、创业、求实、奉献
"两弹一星"精神	热爱祖国、无私奉献、自力更生、艰苦奋斗、大力协同、勇于登攀
雷锋精神	信念的能量、大爱的情怀、忘我的精神、进取的锐气
焦裕禄精神	亲民爱民、艰苦奋斗、科学求实、迎难而上、无私奉献

（三）改革开放和社会主义现代化建设新时期——敢想敢干、大胆探索

党的十一届三中全会以后，党中央深刻总结社会主义建设进程中正反两面的经验，借鉴世界社会主义历史经验，解放思想、实事求是，作出把党和国家的工作中心转移到经济建设上来，实行改革开放的伟大国策，成功开创了中国特色社会主义道路，形成了改革开放精神和特区精神。1989年党的十三届四中全会后，开创了全面改革开放的新局面，成功把中国特色社会主义推向了21世纪。我国经济得到快速发展，社会保持长期稳定，实现了中国人民从站起来到富起来的伟大飞跃。这一时期，中国共产党团结带领全国人民积极投入社会建设之中，社会发展充满活力，形成了以富国、强国、兴国为核心的一系列伟大革命精神。

在表2–3中，对这一时期部分中国共产党人精神主要内涵进行了归纳整理。

表2-3　改革开放和社会主义现代化建设新时期部分中国共产党人精神一览

中国共产党人精神	主要内涵
改革开放精神	革故鼎新的超越精神、披荆斩棘的革命精神、敢为人先的创新精神、只争朝夕的追赶精神、敢闯敢试的攻坚精神、脚踏实地的务实精神、直面难题的担当精神等
特区精神	敢闯敢试、敢为人先、埋头苦干
抗震救灾精神	万众一心、众志成城、不畏艰险、百折不挠、以人为本、尊重科学
载人航天精神	特别能吃苦、特别能战斗、特别能攻关、特别能奉献
塞罕坝精神	牢记使命、艰苦创业、绿色发展
劳模精神	爱岗敬业、争创一流、艰苦奋斗、勇于创新、淡泊名利、甘于奉献

（四）中国特色社会主义新时代时期——众志成城、不懈奋斗

自党的十八大以来，以习近平同志为核心的党中央团结带领全党全国各族人民，推动了历史性变革。在这一过程中，党中央推进了"五位一体"总体布局，协调推进"四个全面"战略部署，解决了许多难题，办成了许多大事，为中国特色社会主义进入新时代打下了坚实的基础。

中国特色社会主义进入新时代，意味着中国正面临着全方位、全领域、全过程的深刻变革。在这个过程中，党的领导作用变得更加重要。中国共产党人的精神谱系也不断丰富与发展，产生了女排精神、抗疫精神、脱贫攻坚精神等新的伟大精神。这些精神，代表着中国共产党人在不同历史时期、不同领域、不同岗位上的奋斗精神和创新精神，凝聚着中国人民的智慧和力量，是推动中国特色社会主义发展的重要力量。

在表2-4中，对这一时期部分中国共产党人精神主要内涵进行了归纳整理。

表2-4　中国特色社会主义新时代时期部分中国共产党人精神一览表

中国共产党人精神	主要内涵
女排精神	祖国至上、团结协作、顽强拼搏、永不言败
抗疫精神	生命至上、举国同心、舍生忘死、尊重科学、命运与共
脱贫攻坚精神	上下同心、尽锐出战、精准务实、开拓创新、攻坚克难、不负人民

二、中国共产党人精神的共同特点

（一）坚定理想信念

自中国共产党成立以来，中国共产党人就始终坚持理想信念，将其视作安身立命之本。政治信仰是一个政党的灵魂所在，只有坚定的理想信念才能让中国共产党人在任何时候都能行稳致远。

中国共产党人始终不忘初心、牢记使命，这是他们取得胜利、创造奇迹的重要原因。在顺境和逆境中，中国共产党人都能坚定信仰，不断追求进步和发展。正是因为这种信仰，他们才能够在最困难的时候保持坚定，不断前进，最终实现了中国革命和建设的伟大胜利。

理想信念是中国共产党人精神谱系的血脉之源。它代表着中国共产党人对社会进步和人类幸福的高度追求，是中国共产党人思想和行动的指南和灵魂。正是因为中国共产党人始终坚持理想信念，不断发扬光大，才能够在中国革命和建设的历史进程中发挥出至关

重要的作用。

（二）矢志为民服务

人民群众是真英雄，是历史的创造者。中国共产党人始终把人民放在第一位，始终坚持为人民谋利益、解难题，一以贯之为民服务。中国共产党人始终把人民放在第一位，始终坚持为人民谋利益、解难题。自从中国共产党成立以来，它一直在为人民的福祉而奋斗。在中国共产党的历史长河中，有许多英雄人物，他们都是为了人民的利益而奋斗，为了人民的幸福而牺牲。

中国共产党人始终坚持为中国人民谋幸福，为中华民族谋复兴的初心使命。中国共产党人不仅要为人民谋福利，还要为中华民族谋发展。中国共产党人始终坚信，只有中国人民的发展才是中华民族的发展，只有中国人民的幸福才是中华民族的幸福。因此，中国共产党人一直在为实现中华民族的伟大复兴而奋斗。在中国共产党的领导下，中国已经从一个贫穷落后的国家变成了一个经济强国，已经从一个不受重视的国家变成了一个受到国际社会尊重的大国。

把为民服务作为自己一切工作的出发点和落脚点，是中国共产党人精神始终具有时代性，经久不衰、熠熠生辉的原因。中国共产党人的精神是不断发展的，它不仅适应了当代中国的发展需要，而且适应了人民对美好生活的向往。中国共产党人的精神，就是要始终为人民服务，为人民谋利益，解决人民的困难和问题。这种精神不仅是中国共产党人的精神，也是中国人民的精神。正是因为中国共产党始终把人民放在第一位，把为人民服务作为自己一切工作的出发点和落脚点，才得到了人民的支持和信任，也才能够不断地发展壮大。

（三）勇于实践担当

中国共产党人精神谱系不是空洞的，而是客观存在的，并且体现在许多方面，其中最重要的一点就是勇于担当。作为中国共产党人，在历史使命、民族重任、人民期望和时代责任面前，必须勇于担当起自己的责任，才能在实践中不断创新和进步，为实现中国梦和民族复兴贡献力量。

首先，作为中国共产党人，勇于担当历史使命。中国是一个五千年文明史的国家，历史上曾经经历过无数的战争和灾难，但是中国人民始终保持着坚定的信念和不屈的精神。中国共产党人时刻谨记以历史为鉴，不忘初心、牢记使命，为实现中华民族的伟大复兴而努力奋斗。

其次，中国共产党人需要勇于担当民族重任。我们的国家现在正处在一个发展的关键时期，国家和民族需要有人为其繁荣和发展做出贡献。中国共产党人需要在各个领域积极投身，为国家的现代化建设和创新发展贡献自己的力量。

再次，中国共产党人需要勇于担当人民期望。作为中国共产党人，始终把人民放在心中最高的位置，全心全意为人民服务。中国共产党人需要听取人民的声音，关注人民的利益，为人民创造更好的生活条件。

最后，中国共产党人需要勇于担当时代责任。我们生活在一个飞速发展的时代，国家需要紧跟时代的步伐，不断创新和进步。中国共产党人需要为推动经济社会发展、增进人民福祉做出更多的努力，为实现中国梦贡献力量。

总之，中国共产党人的精神是勇于担当的精神，只有勇于担当，才能在实践中不断创新和进步，为实现中国梦和民族复兴贡献力量。

第三章

中国共产党百年精神谱系融入思政课教学实践

青年兴则国家兴，青年强则国家强。将中国共产党百年精神谱系与高校思想政治教育实践相结合，既是新时代坚定文化自信的应然之举，又是高校思想政治教育发展的必然趋势。在此背景下，我们更需要坚持以马克思主义理论为指导，发挥传统中国共产党百年精神谱系在新时代的多维功能，通过系统梳理中国共产党百年精神谱系与高校思政课教学的逻辑关系，构建中国共产党百年精神谱系融入高校思政课教学的实践体系，为培养担当民族复兴大任的时代新人提供重要支撑。

第一节　中国共产党百年精神谱系融入高校思政课教学的实践任务和要求

培养担当民族复兴大任的时代新人是对"培养什么人"这一问题的具体回答和生动实践，关乎青年大学生文明素养的提升，关乎"两个一百年"奋斗目标的实现，关乎国家、民族的前途与命运。将中国共产党百年精神谱系融入高校思政课教学的全过程，既符合文化育人规律，又反映了人的全面发展与优秀传统文化相呼应的趋势，体现了人的全面发展与时代进步相耦合的关系。要想增强弘扬革命精神与时代思想政治教育的融合度，提升育人实效，首先必须明确实践任务和要求。

一、中国共产党百年精神谱系融入高校思政课教学的实践任务

中国共产党百年精神谱系既是高校思想政治教育的重要内容，也是其重要载体。将中国共产党百年精神谱系融入高校思政课教学必须立足于"育新人"的任务要求，立足于以大学生为主体的理想信念教育、使命担当教育、核心价值观教育，制定具体的实践任务。

（一）引导时代新人树立崇高的理想信念

新时代、新形势、新思想需要具备崇高理想信念的时代新人。"革命理想高于天"，崇高而坚定的理想信念是革命事业取得胜利的重要保证。理想信念是人们最深层次、最根本的价值观念，也是人们作出价值判断和行为选择的依据。应该看到，理想信念的确立和巩固是一个持续的过程，是培根铸魂的事业。因此，新时代加强大学生理想信念教育既需要拧紧"总开关"，教育和引导他们进行理性选择，又需要坚持常态化开展、制度化推进。重视理想信念教育是我们党的优良传统。当前，中国共产党百年精神谱系融入高校思政课教学要凸显"四史"中的革命精神因素，让大学生通过生动鲜活的革命历史事件、革命历史人物，充分感受、切实感悟其中蕴含的时代价值，汲取坚定理想信念的精神力量，始终坚定对马克思主义的信仰、对共产主义的信念、对中国共产党的信任、对走中国特色社会主义道路的信心。

（二）引导时代新人明确自身的使命担当

在革命战争年代，无数革命先辈担使命，以"敢教日月换新天"的勇气实现了站起来的历史性转变；在和平发展时代，作为时代新人的大学生应该从先辈的身上传承不忘使命、敢于担当的优良作风。回顾党的百年历史，中国共产党人在中国的革命、建设和改革过程中形成了自身特有的精神谱系，"这些伟大中国共产党百年精神谱系跨越时空、永不过时，是砥砺我们不忘初心、牢记使命的不竭精神动力"。伟大事业需要伟大精神作支撑，中国共产党百年精神谱系是推动实现中国梦的重要精神支柱和力量之源。现阶段，重视研究宣传中国共产党百年精神谱系的主要目的在于凝聚、激励全体中国人民，为实现中华民族伟大复兴而接力奋斗。实现第二个百年奋斗目标，实现中华民族伟大复兴的中国梦，青年一代责任在肩。习近平总书记在清华大学考察时强调："广大青年要肩负历史使命，坚定前进信心，立大志、明大德、成大才、担大任，努力成为堪当民族复兴重任的时代新人，让青春在为祖国、为民族、为人民、为人类的不懈奋斗中绽放绚丽之花。"这一论述鲜明地体现了时代思想政治教育的目标与方向。以中国共产党百年精神谱系滋养时代新人，能够从精神指引上激发时代新人的责任意识和担当精神。因此，我们要继承和发扬党的中国共产党百年精神谱系，充分利用中国共产党百年精神谱系激励和动员广大青年为实现中国梦而刻苦学习，勤奋锻炼，不断激发其勇担历史重任的动力，以青春之我、奋斗之我，为民族复兴铺路架桥，创造出非凡的青春业绩。踏上新征程，时代新人应该勇敢肩负起时代赋予的重任，从革命历史、中国共产党百年精神谱系中吸收养分，不断增长自己作为中国人的志气、骨气和底气，自觉投身于中国特色社会主义现代化建设事业，为实现中国梦贡献自己的才智。

（三）引导时代新人树立正确的价值观念

时代新人是主流价值观念的践行者、传递者和坚守者。社会主义核心价值观代表着国家和民族的精神追求和价值信仰。将中国共产党百年精神谱系融入高校思政课教学必须加强时代新人的价值观认同，传递主流价值观念，引导时代新人树立正确的价值观念。党的十八大以来，党和国家高度重视培育和践行社会主义核心价值观，多次明确指出把培育和践行社会主义核心价值观融入国民教育全过程。高校开展社会主义核心价值观教育，是党教育方针的具体要求，也是落实立德树人根本任务的具体要求。中国共产党百年精神谱系源于党领导人民进行革命、建设和改革的实践，是对中华民族精神的传承和升华，与社会主义核心价值观是一脉相承、与时俱进的关系。中国共产党百年精神谱系博大精深，内涵丰富，虽然针对不同的时期、事件、人物，其表现形式有所不同，但是不管其形式如何变化，其核心精神始终具有共同的价值观念，其本质是相同的。弘扬革命精神，实现革命精神育人价值就是践行社会主义核心价值观的价值所在。换言之，将中国共产党百年精神谱系与社会主义核心价值观教育结合起来，一方面有助于二者实现同频共振；另一方面能为社会主义核心价值观教育提供重要的精神文化载体，引导大学生将社会主义核心价值观内化为思维习惯，外化为自觉行为，不断筑牢共同的思想基础。因此，高校应该充分发挥培育和践行社会主义核心价值观的主阵地作用，积极利用中国共产党百年精神谱系涵养时代新人，不断提升高校主流价值观念教育成效，使社会主义核心价值观成为高校育人之本、兴校之基、办学之魂，从而真正落实立德树人根本任务。

二、中国共产党百年精神谱系融入高校思政课教学的实践要求

当前，面对世界百年未有之大变局，以时代新人为目标教育、引导青年是我国占据国际竞争主动权，实现中华民族伟大复兴中国梦的关键一环。"得人者兴，失人者崩。"国家与国家之间的竞争，归根结底是人才的竞争。中国共产党百年精神谱系内涵丰富，是培育时代新人宝贵的资源和最好的教材。但时代新人的培育是一项战略任务，必须牢牢把握好具体的实践要求。

（一）坚持政治导向和思想引领相结合

中国共产党百年精神谱系源自革命实践，产生于中国革命重要的历史转折点，是对革命历史事件和历史人物所反映出来的价值、精神等的高度凝练和总结，其中蕴含着鲜明的政治导向功能和思想引领功能。在中国共产党百年精神谱系融入高校思政课教学的实践中，坚持政治导向和思想引领相结合这一要求，既能够使大学生坚定正确的政治方向，主动系好人生第一粒扣子，树立起共产主义的远大理想和中国特色社会主义的共同理想，又能够进一步建设具有强大凝聚力和引导力的社会主义精神文明，凝聚起实现中华民族伟大复兴中国梦的磅礴力量。当前以中国共产党百年精神谱系为高校思想政治教育铸魂、赋能、立根，必然要求充分发挥中国共产党百年精神谱系的政治导向和思想引领功能，大力加强理想信念教育、思想道德建设、意识形态工作，把思想政治工作贯穿于教育教学全过程，着力培养以中华民族伟大复兴为己任的时代新人，奋力书写新时代高校育人新篇章。因此，将中国共产党百年精神谱系融入高校思政课教学，要坚持政治导向和思想引领相结合的要求，紧紧围绕立德树人的根本任务，坚持社会主义办学方向，办好人民满意的教育，为社会发展、民族复兴输送优质人才。

（二）坚持继承传统和改革创新相结合

中国共产党百年精神谱系集中、鲜明地反映了中国共产党革命的光荣传统，是中国共产党带领中国人民走向一个又一个胜利的精神的诠释，既具有历史的积淀性，又具有实践的生动性。这一特点要求我们在将中国共产党百年精神谱系融入高校思政课教学实践过程中，必须坚持继承传统和改革创新相结合的要求。中国共产党百年精神谱系在吸收借鉴马克思主义和中华优秀传统文化的基础上，基于中国革命的需要形成于建党初期的革命年代，在社会主义革命、建设、改革和中国特色社会主义新时代不断丰富和发展。习近平总书记多次强调要进一步发扬中国共产党百年精神谱系，对建党精神、井冈山精神、苏区精神、遵义会议精神、抗战精神、长征精神、延安精神、沂蒙精神等一系列革命精神作出新的概括和总结，丰富了中国共产党百年精神谱系的内涵。做好时代新人的养分供给，是解决新时代"培养什么人"问题的重中之重。时代新人是推动社会发展的有生力量，反映了新时代人才培育的要求，肩负着实现民族复兴的历史使命与时代担当。新时代要培养具有责任意识和担当精神的青年大学生，既要学习革命历史和继承革命传统，又要紧跟时代步伐，与时俱进推动中国共产党百年精神谱系的创造性转化和创新性发展，促进大学生担当责任使命，激发精神动力。伟大的革命实践孕育出伟大的中国共产党百年精神谱系，伟大的中国共产党百年精神谱系又滋养和促进人们开展新的伟大实践。过去我们依靠这些精神夺取了革命和建设事业的一个又一个伟大胜利，今天我们建设中国特色社会主义，仍然需要依靠这些精神。当前，实现中华民族伟大复兴的历史使命，对我们提出了前所未有的新挑战、新要求。也正因为如此，让中国共产党百年精神谱系为堪当民族复兴大任的时代新人提供强大的精神动力，增强其承担起实现中华民族伟大复兴中国梦的重任的自觉性就显得尤为重要。因此，将中国共产党百年精神谱系融入高校思政课教学，要坚持继承传统和改革创新相结合的原则，不断促进中国共产党百年精神谱系的创造性转化和创新性发展，为激发大学生担当时代重任提供强大的内生动力。

（三）坚持立足本土和放眼区域相结合

中国共产党百年精神谱系与红色资源是"你中有我，我中有你"的共生关系，二者皆是培育时代新人的有效载体和重要内容。红色资源既能以物质形式存在，又能以精神形式存在，因此，在将中国共产党百年精神谱系融入高校思政课教学实践过程中要考虑到这一特点，坚持立足本土和放眼区域相结合。一方面，立足本土，合理开发地区特色红色资源。党的十八大以来，党中央多次强调要把红色资源利用好。红色资源是推动红色教育的宝贵资源，既要保护好、建设好，也要管理好、使用好。地方红色资源是伟大中国共产党百年精神谱系的重要载体，成为中国共产党百年精神谱系融入高校思政课教学的宝贵资源和生动教材。不管是地域类的革命精神，还是事件类的革命精神，抑或是人物类的革命精神，都蕴藏在宝贵的红色资源之中，彰显了地方革命特色。开发和利用这些地方红色资源，不仅使得中国共产党百年精神谱系在新时代可以迸发出更强的生命力，让中国革命精神薪火相传、发扬光大，而且能够进一步提升中国共产党百年精神谱系育人的内在活力，大大增强中国共产党百年精神谱系育人的实效性。另一方面，放眼区域，构建红色资源育人的合力。在高校开展革命精神育人活动，通过依托地方红色资源，积极加强区域合作，把多种多样的地方红色资源融入时代思想政治教育实践，创新理论教学与实践教学，主动构建校内校外育人共同体，切实发挥好地方红色资源在中国共产党百年精神谱系育人中的作用，从而达到"春风化雨、润物无声"的效果。这是为高校铺就"红色育人路"的创新之举。

第二节　中国共产党百年精神谱系融入高校思政课教学的现实挑战

将中国共产党百年精神谱系融入高校思政课教学，需要正确认识和科学把握中国共产党百年精神谱系融入高校思政课教学的基本现状。近年来，一些高校在开展传承红色基因活动方面做了许多积极、有益的探索，如华南理工大学、扬州大学、吉林大学等，在中国共产党百年精神谱系融入培育过程中，大学生参与传承红色基因活动的主动性、社会责任感有了明显的提升，中国共产党百年精神谱系得到进一步发扬，革命传统教育成效显著。但是，在取得教育成效的同时，我们也不能忽视中国共产党百年精神谱系融入高校思政课教学面临的困境，主要表现在以下四方面。

一、高校课程育人作用有待加强

在中共教育部党组印发的《高校思想政治工作质量提升工程实施纲要》（以下简称《纲要》）中，强调坚持育人导向，突出价值引领，提出构建"课程育人质量提升体系。大力推动以'课程思政'为目标的课堂教学改革，优化课程设置，修订专业教材，完善教学设计，加强教学管理，梳理各门专业课程所蕴含的思想政治教育元素和所承载的思想政治教育功能，融入课堂教学各环节，实现思想政治教育与知识体系教育的有机统一"。《纲要》的印发为课程育人指明了方向，但参照实际情况，中国革命精神融入高校课程育人仍没有达到应有效果。

（一）中国共产党百年精神谱系融入思政课程教学的效果欠佳

在新时代，将中国共产党百年精神谱系有效融入高校思想政治理论课教学，是高校培育时代新人的必然选择，也是思想政治理论课教师应承担的时代使命，更是提升思政课教学效果的重要举措。课堂教学质量的高低，直接影响到思想政治理论课育人效果的好坏。任何思想和理论，只有打动人心，才能深入人心。将中国共产党百年精神谱系融入思政课的教学中，尤其是用中国共产党百年精神谱系涵养新时代大学生德行教育，能够既浅显易懂又深刻具体地回答、解决、解答"培养什么人、怎样培养人、为谁培养人"这个根本问题。当前很多高校以党史学习教育为契机，注重将中国共产党百年精神谱系融入思想政治理论课教学内容之中，教育和引导大学生重温革命历史，发扬革命传统，感悟革命精神，着力发挥中国共产党百年精神谱系育人作用。但是，中国共产党百年精神谱系融入高校思想政治理论课的教学效果还不够理想，仍需要加强创新教育理念和教育方式，尤其在讲好革命故事、传递革命理想信念、阐释革命精神的现实价值等方面的教学内容上还有待进一步深化。由此来看，一方面，将中国共产党百年精神谱系与高校思政课程教学有效融合还有较大的提升空间；另一方面，思政课的主渠道育人功能还未得到充分彰显。因此，进入新时代，如何有效发挥中国共产党百年精神谱系在高校思政课教育教学中的作用，增强教育效果，实现立德树人的根本任务，是现阶段高校思政课建设亟待解决的现实难题之一。

（二）中国共产党百年精神谱系融入课程思政建设的效果欠佳

教育部印发的《高等学校课程思政建设指导纲要》中明确指出，要全面推进高校课程思政建设，发挥好每门课程的育人作用，提高高校人才培养质量。在新时代，全面推进课程思政建设，将中国共产党百年精神谱系融入高校课程思政建设全过程，是运用中国共产党百年精神谱系开展高校思想政治教育的有效途径。高校要用中国共产党百年精神谱系铸魂育人，着眼于培育时代新人，"守好一段渠，种好责任田"，需要将"革命育人元素"融合到不同类型的课程教育教学中，围绕中国共产党百年精神谱系优化课程思政内容，加强对大学生的革命精神教育，使中国共产党百年精神谱系更好地融入高校专业课教育教学中，让专业课更具育新人价值。然而，在高校课程思政建设、教育教学实践中，革命精神教育存在缺位情况，未能实现中国共产党百年精神谱系与高校专业课程教学体系的有机融合。作为课程思政的实践者，部分教师由于将中国共产党百年精神谱系融入课程育人的意识不足，未能主动将反映中国共产党人的信仰、信念、意志和品质的革命精神积极融入专业课程教学中，专业知识与价值引领的有机融合有待进一步加强，导致大力培养担当民族复兴大任的时代新人的举措未能有效落实。可见，中国共产党百年精神谱系融入高校课程思政教育教学是高校课程育人的一个短板。大学生正处于人生的"拔节孕穗期"，最需要精心引导和栽培，教师的责任重大，高校课程思政建设任重道远。因此，要想在高校培养好担当民族复兴大任的时代新人，必然要求深化思政课程教育教学改革，用中国共产党百年精神谱系涵养时代新人，全面构建"大思政"育人格局，使其他课程始终与思政课同向同行，切实为培育时代新人服务。

（三）中国共产党百年精神谱系融入校本课程建设的效果欠佳

进入新时代，"培养什么人、怎样培养人、为谁培养人"是高校迫切需要解决的核心问题。在全国高校思想政治工作会议上，习近平总书记明确提出了一个重要的论断："我国有独特的历史、独特的文化、独特的国情，决定了我国必须走自己的高等教育发展道路，扎实办好中国特色社会主义高校。我国高等教育发展方向要同我国发展的现实目标和未来方向紧密联系在一起，为人民服务，为中国共产党治国理政服务，为巩固和发展中国特色社会主义制度服务，为改革开放和社会主义现代化建设服务。"高校是培育时代新人的主阵地，这一论断为高校办学提供了明确的方向。高校培养担当民族复兴大任的时代新人，必须将这一论断贯穿于治校管理、课程开发、专业设置的全过程，构建育人的大格局。高校思想政治理论课是构建育人大格局的核心关键，课程思政建设是构建育人大格局的有力保障，而立足学校特点、区域特色开发校本课程则是构建育人大格局的有益补充。我国有着悠久的历史文化传统，这为校本课程的建设提供了充足的养料。中国共产党百年精神谱系作为红色文化的重要组成部分，传承中国共产党百年精神谱系，将其与校本课程建设融合，是中国共产党百年精神谱系融入高校思政课教学的必要举措，更是建设社会主义文化强国，彰显文化自信的题中应有之义。但是，在实际的建设过程中，效果不甚理想。一方面，校本课程建设与高校特色办学脱节。国内不少高校位于富有光荣革命历史传统的地区，这一地理位置是高校特色办学的优势。然而，部分高校疏于对革命资源的开发利用，加之校本课程建设是一项长期工作，一些高校开发课程流于形式，未形成校本课程建设与特色办学相互促进的局面。另一方面，校本课程开发的主体有限。校本课程开发是一个多元主体共同发力的过程，需要充分地调动高校内外的各种资源。但是，对于这一庞大的、持续的系统工程，个别高校投入的人力物力不足，开发主体有限，以致校本课程开发"虎头蛇尾"，教育效果不佳。

二、高校网络育人效能弱化

当代大学生是伴随互联网成长起来的一代，既是网络信息的发布者，又是网络信息的接收者。占据网络主阵地，把握网络话语权，是增强高校网络育人效能的重要手段。特别是在中国共产党百年精神谱系的传播教育过程中，实现中国共产党百年精神谱系与现代网络媒体的有效融合，是打造中国共产党百年精神谱系传播载体的基本方式。但目前，在高校网络育人实践中，育人效能还有待增强。

（一）高校大学生革命精神网络教育思想认识亟待深化

思想是行为的先导。正确的思想认识能够指导人准确地把握事物的发展规律，作出符合主流价值观的行为。新时代是万物互联互通的时代。正确认识处于互联网背景下的新时代，准确定位互联网在新时代进程中的作用，是我们立足新时代，运用互联网开展网络思想政治教育必须具备的思想认识。在全国网络安全和信息化工作会议上，习近平总书记指出，"信息化为中华民族带来了千载难逢的机遇"，在信息化建设的过程中，要抓住时机，立足网上和网下，构筑起最大的网络"同心圆"，发挥好网络在凝聚社会共识、巩固社会共同思想认识中的重要作用。上述论述既凸显了互联网的巨大作用，又明确了如何利用网络为人民服务的具体要求。新时代大学生是网络生活的重要参与者，高校是互联网信息的集散地，高校利用网络开展大学生教育管理工作，构建"互联网＋"的教育管理模式意义重大，也应成为中国共产党百年精神谱系融入时代思想政治教育的重要措施。着眼网络教育的现状，我们不难发现，高校对于中国共产党百年精神谱系网络教育的思想认识还有待加强。其一是"互联网＋革命精神"的深度融合意识不足。当前，不少高校搭建了革命精神的互联网平台，但仅限于专题网站、微信公众号等平台，这类平台起到了一定的宣传教育作用，但线上线下相融合的力度有限，难以构建网络教育"同心圆"。其二是革命精神网络教育手段多元化意识不足。在网络信息化时代，大学生获取信息、接受新事物的能力较强。但与之形成鲜明对比的是，革命精神网络教育仍处于形式宣传的单一教育阶段，难以发挥教育优势。其三是大学生革命精神思想认识易受冲击。网络信息驳杂，其中还充斥着不少与主流意识形态相悖的信息，无形中削弱了中国共产党百年精神谱系网络教育的效果。

（二）高校大学生革命精神网络教育平台搭建亟待强化

利用校园网络新媒体平台，可以扩大革命精神育人宣传覆盖面，增强中国共产党百年精神谱系育人影响力。目前，一些高校已经通过创立校园红色网站、组建红色微信公众号、建设红色微博和红色博客等网络平台，积极运用多种网络新媒体开展革命精神教育宣传，并取得了成效。但是，也有一些高校在全国范围内进行革命精神教育宣传推广经验还不足，加上学校所属地不在革命精神发源地，相对其他高校而言，这些高校运用网络平台进行革命精神教育宣传的能力比较弱。再者，中国共产党百年精神谱系融入校园网络媒体也具有一定的挑战性。随着互联网技术的飞速发展，在大学生学习、生活中，网络"圈层化"现象越发显著。消极、低俗的网络"圈层化"现象不仅扰乱了学生对中国共产党百年精神谱系的基本认知，还削弱了中国共产党百年精神谱系的育人成效。也就是说，如何利用网络平台的优质资源，更好地将革命精神融入校园网络媒体的传播还有待进一步提升。此外，校园网络意识形态建设也不容忽视。要进一步弘扬中国共产党百年精神谱系，加强对校园网络平台的正面宣传引导，使大学生提高理性辨别的能力，给大学生注入抵制不良意识形态渗透的"强心剂"。

（三）高校大学生革命精神网络文化内涵建设亟待优化

随着互联网的迅速发展和功能的不断优化，互联网日益成为文化创造与传播的新形式，对扩大文化影响力、创造文化价值起到了重要的推动作用。建设以校园为主要空间、以红色文化育人为主要导向、以计算机网络通信技术为物质基础的校园红色网络文化，可以提高革命精神育人宣传吸引力，增强革命精神育人实效性。目前，有的高校已经创作了独具特色的网络红色文化作品，在校园网上开辟红色资源专栏和特色网站，并开展丰富多彩的红色文化线上活动，有条件的高校还专门建设红色资源网络教学资源库，进一步发挥了网络红色文化育人功能。但同时我们也看到了在一些高校，网络红色文化建设依然滞后，缺乏网络红色文化建构意识，红色文化融入传统校园文化的内涵和表现形式没有得到进一步发展，打造融思想性、服务性、知识性和趣味性于一体的校园网络红色文化品牌意识不足。这最终削弱了中国共产党百年精神谱系育人的校园网络话语权，中国共产党百年精神谱系育人功能在师生易于接受、喜闻乐见的鲜活校园网络载体上也难以得到发挥，不利于筑牢校园网络思想政治教育阵地。因此，校园网络红色文化建设仍有待进一步加强。

三、高校实践育人力度不足

将中国共产党百年精神谱系融入高校思政课教学离不开实践，坚持知行合一的理念，将实践育人作为中国共产党百年精神谱系融入时代思想政治教育的重要途径和有力抓手，有助于扎实推进高校实践育人工作，全力提高人才培养质量。然而，当前中国共产党百年精神谱系融入高校实践育人力度有待增强，其着力点鲜明地体现为实践教学基地建设、专业实践教学融合以及社会实践开展方面。

（一）高校中国共产党百年精神谱系教育实践教学基地建设不足

实践教学基地是实践教学的基本保障，是促进大学生全面发展、提升高校人才培养质量的重要条件。要充分发挥中国共产党百年精神谱系的育人作用，必然要求高校在人才培养过程中坚持理论与实践相结合，积极建设革命精神育人的实践教学基地，大力推进将中国共产党百年精神谱系融入实践育人的工作。有的高校在探索中国共产党百年精神谱系融入实践育人的过程中，善于利用本土红色资源，并结合自身办学的特点和优势，与所属省、市、县等共建爱国主义教育基地，为大学生思想政治教育实践活动的开展创造了良好的条件。尽管有的高校依托红色研学教育培训基地开展实践育人取得了一定的成绩，但是总体来看，当前高校中国共产党百年精神谱系育人的实践教学基地数量仍然比较少，单位主体之间缺乏合作，有的高校在创建中国共产党百年精神谱系育人的实践教学基地方面资源匮乏，有的高校在地方性中国共产党百年精神谱系育人实践教学基地建设方面积极性不高，还有的高校在中国共产党百年精神谱系育人的实践基地的选择上"一刀切""一把抓"。这样会直接影响中国共产党百年精神谱系在大学生群体中的进一步传承，容易中断革命精神教育宣传，导致中国共产党百年精神谱系育人功能受实践制约，不利于提升中国共产党百年精神谱系育人成效。

（二）高校中国共产党百年精神谱系与专业实践教学融合不足

专业实践教学是高校人才培养过程中重要的教学环节，是促进理论联系实际的有效途径，是培养学生掌握科学方法和提高动手能力的重要平台。高校将中国共产党百年精神谱系融入各类专业实践教学，能够充分发挥学生的主体作用，不仅在实践中让大学生充分体验中国共产党百年精神谱系魅力，将革命精神内化于心，引导大学生树立正确的历史观、民族观、国家观，更加坚定理想信念，而且能让大学生增进爱国爱党之情，强化社会责任感和使命感，立鸿鹄志、做奋斗者，进一步提高实践能力和创新能力。随着各高校在加强专业建设过程中不断深化产学研融合，大学生专业实践教学质量稳步提高，但是存在欠缺将中国共产党百年精神谱系融入各类专业的实践教学的情况。在将中国共产党百年精神谱系融入高校实践育人的过程中，中国共产党百年精神谱系未能与各类专业实践教学深度融合的问题仍然存在，没有拓展实践教学环节，如思想政治理论课停留在革命精神教育的理论教育层面，没有开展以传承革命精神为主题的体验式现场教学。由于将中国共产党百年精神谱系育人内容纳入各类专业实践教学大纲的编写没有得到重视和及时探索，中国共产党百年精神谱系融入实践育人的各类专业实践教学体系有待构建，造成了中国共产党百年精神谱系与各类专业实践教学的深度融合没有实现，中国共产党百年精神谱系育人普及面难以扩大，中国共产党百年精神谱系传承实践活动的长效性难以保证，使得革命精神在高校各类专业课程的实践育人影响力不足。

（三）高校中国共产党百年精神谱系社会实践开展力度不足

社会实践是学生步入社会、了解社会的有效途径，是弘扬、践行中国共产党百年精神谱系的重要载体。通过社会实践开展中国共产党百年精神谱系教育，不仅能增强中国共产党百年精神谱系育人效果，还能弥补中国共产党百年精神谱系理论教育的不足，使之成为提高中国共产党百年精神谱系融入高校思政课教学质量的有力抓手。目前，在中国共产党百年精神谱系融入高校社会实践育人过程中，虽然有的高校已经利用寒暑期社会实践积极开展大学生革命精神教育活动，着力发挥中国共产党百年精神谱系育人作用，但是在具体的实践过程中，也反映出一定的现实问题。从实践的具体形式来看，校内实践活动多于校外实践活动，革命精神社会实践育人的"走出去"意识薄弱，导致学生难以通过现场感悟的方式真正感受现实氛围中的革命精神；从实践的效果来看，个别高校革命精神社会实践教育注重前期的组织和中期的教育，忽视了实践教育后期效果、经验等方面的总结反馈，导致实践教育效果的持续性不强。上述问题也反映出中国共产党百年精神谱系融入高校社会实践育人效果不佳的关键原因。因此，深入开展以传承中国共产党百年精神谱系为主题的社会实践活动，注重增强中国共产党百年精神谱系育人的实效性，使大学生更加自觉地投身于全面建成社会主义现代化强国、推进中国梦实现的时代潮流，是中国共产党百年精神谱系融入高校社会实践育人的重要任务。

四、高校文化育人载体薄弱

高校既是传播先进文化的重要场所，也是思想文化创新的重要源头。作为学校教育的重要组成部分和育人关键环节，文化育人有利于增强高校文化传承责任意识，提高育人实效。在新时代，我们要培育时代新人，实现中华民族伟大复兴中国梦，不仅离不开中国共产党百年精神谱系所蕴含的精神力量，还要从中国共产党百年精神谱系中汲取思想养分，构建以文化人"原动力"。立足革命精神宣传教育，着眼高校文化育人作用现状，可以了解高校在文化育人载体建设方面存在的薄弱之处。

（一）校园环境载体建设氛围不浓厚

校园环境载体是校园物质文化和精神文化的一面镜子，是增强学生群体校园归属感的有力保障。一所学校之所以具有区别于其他学校的独特文化特质，正是因为其校园构成或校园环境的不同。校园环境是校园文化建设中最具"润物细无声"作用的载体，是学校物质文化和精神文化结合的总和。通过校园环境载体将中国共产党百年精神谱系融入校园文化建设，大力弘扬中国共产党百年精神谱系，打造具有红色特色的"人文校园"，一方面能够赋予校园文化建设以鲜明的特色，凸显学校文化育人的优势；另一方面能让师生在浓厚的红色文化氛围中受熏陶，在接受革命精神教育的同时不断启迪自身思想，升华个人的人生追求。近年来，许多有红色文化背景的高校依托红色资源大力弘扬中国共产党百年精神谱系，并通过校园环境载体融入校园文化建设，以校园红色文化环境为载体加强对学生世界观、人生观、价值观的教育，这样的教育方式是值得肯定的。但同时我们也应该看到，还有部分高校依然不注重深入挖掘和利用优质的红色资源来开展红色校园文化创建，也没有利用自身红色教育资源优势建立红色校史馆等红色纪念场所，更没有打造相关红色校园景观，导致校园缺乏红色特色的"人文校园"环境，大学生群体在校园中得不到革命精神教育和熏陶，因而中国共产党百年精神谱系育人很难达到"春风化雨、润物无声"的效果。究其原因，是中国共产党百年精神谱系融入校园文化建设时缺乏校园环境载体的运用。

（二）校园活动载体建设品牌不突出

校园活动是凸显校园文化特色，激发学生兴趣点，提升教育实效性和学生参与性的重要形式。开展大学校园活动是每所学校必不可少的。正是这些形式多样的活动构成了大学生丰富多彩的校园生活，创建了大学生成长成才的校园环境。校园活动具有隐性教育的功能，对学生的思想观念、道德规范和行为品质的形成产生潜移默化的深远影响。以校园活动为载体，就是通过大学生喜闻乐见的方式，有意识地开展各种校园活动，将教育内容寓于活动之中，使大学生在参与校园活动的过程中潜移默化地受到教育。在高校，校园活动是校园文化建设的有效载体，因而以校园活动为载体推动革命精神融入校园文化建设是提升中国共产党百年精神谱系育人效果的基本途径。中国共产党百年精神谱系教育资源具有强大的吸引力和感召力，各高校可以充分利用这一特质，通过举办红色经典演绎大赛、召开红色主题班会、开展红色校风教育等特色校园活动，寓中国共产党百年精神谱系于校园活动之中，形成独具特色的红色校园文化。这种生动有趣的教育方式能够使红色校园文化成为培育时代新人的重要载体，既给大学生提供一个展示自我的舞台，也可以使大学生加强锻炼，提升自身综合素质，不断完善自我。当前许多高校在开展红色文化育人的校园活动载体建设方面进行了有益的探索和创新，不仅丰富了高校思想政治教育工作内容，而且为教育者开展教育提供了新的教学形式，取得了引人注目的成就。然而，一些高校开展的革命精神育人校园活动形式还不够丰富，中国共产党百年精神谱系育人的校园活动载体还不够多样，中国共产党百年精神谱系育人校园活动与提升学生综合素质结合得还不够紧密，中国共产党百年精神谱系育人的校园活动载体建设欠缺统一规划和实践指导。可见，红色校园文化品牌的打造有待加强，"润物细无声"的教育力度还不够大。

（三）校园制度载体建设观念不够强

校园制度载体建设是保障高校育人效果的重要基础，对中国共产党百年精神谱系融入高校思政课教学起着保障作用。利用校园制度载体将中国共产党百年精神谱系融入校园文化建设，就是将中国共产党百年精神谱系蕴含的思想观念、道德规范、优良作风和行为品质融入学校特有的学风校风、传统仪式、规章制度中，使大学生学会明辨是非，抵制和反对错误思潮，修养德行行为，进一步坚定文化自信，并将其转化为日常行为准则。所以，作为校园文化的内在机制，在高校革命精神育人中加强校园制度载体建设，有助于大学生将革命精神升华为内在的价值追求和精神信念，落实为自觉的行动，并积极为高校营造良好的学风校风，最终形成育人合力，培养出更多全面发展的新时代青年。但是，目前各高校的中国共产党百年精神谱系教育基本集中在理论教育，忽略了校园制度载体建设的长期影响力，这与大学生养成持续良好的行为规范的目标还存在差距。在校园文化建设探索中，尽管有的高校已经树立了红色文化育人理念，创新了文化育人形式，进一步弘扬和传播了中国共产党百年精神谱系，但是还不够重视校园文化的规章制度的融入，特别是一些学生工作管理条例没有体现中国共产党百年精神谱系育人的价值，适合学校实际的有关中国共产党百年精神谱系的校本化规章制度尚未开发和制定。

第三节　中国共产党百年精神谱系融入高校思政课教学的问题归因

从中国共产党百年精神谱系融入高校思政课教学的实践现状来看，二者的融合受到主客观诸多因素的影响。基于对中国共产党百年精神谱系融入高校思政课教学的现实困境分析，可以了解到培育主体、培育内容、培育方法以及培育环境是影响中国共产党百年精神谱系融入高校思想政治教育的四大主要因素。

一、培育主体：在思想上融入意识有待加强

当前，制约大学生革命精神教育实效性的首要因素就是高校教师对中国共产党百年精神谱系教育的重视程度不够。高校教师是全面贯彻党的教育方针、落实立德树人根本任务、培养高素质人才的直接依靠力量。在立德树人实践中开展大学生革命精神教育，高校教师发挥着举足轻重的作用。

（一）专业教师中国共产党百年精神谱系教育意识薄弱

德国哲学家雅斯贝尔斯说："谁赢得了青年，谁就拥有了未来。"在实现中华民族伟大复兴的征程中，大学生的思想状况如何，关系到国家和民族的未来。作为人才培养的重要场所，高校必须在学习研究宣传党的历史和中国共产党百年精神谱系中，担当重大责任，发挥重要作用。在高等教育中，专业教师是教育体系的重要组成部分，承担着专业课程育人的重要使命。专业教师只有充分认识中国共产党百年精神谱系育人内涵及功能，将中国共产党百年精神谱系的继承和弘扬与新时代大学生的培育结合起来，将国家和社会的期望与当今大学生的表现结合起来，才能更好地诠释中国共产党百年精神谱系融入高校思政课教学的教育理念，促进中国共产党百年精神谱系与高校思想政治教育的有效融合，回答"培养什么人、怎样培养人、为谁培养人"这一根本问题。然而部分高校专业教师对中国共产党百年精神谱系教育未能够重视，对中国共产党百年精神谱系的教育内涵和时代价值缺乏深刻认识，不理解中国共产党百年精神谱系是大学生的精神归宿，有的教师甚至对中国共产党百年精神谱系内涵存在认识偏差，忽视专业课程教学与思想政治教育之间的必然联系，缺乏对课程育人的整体认识与把握。在这种情况下，难以实现让中国共产党百年精神谱系和优良传统成为培根铸魂的生动教材、启智润心的丰厚滋养，以及培养造就德才兼备的时代新人的目标。

（二）思政课教师中国共产党百年精神谱系教育投入有限

高校思政课教师是高校培根铸魂、启智润心的排头兵，是弘扬主旋律、阐释新思想的宣传队。发挥好高校思政课教师的作用，对于将中国共产党百年精神谱系融入高校思政课教学具有十分积极的意义。但是，当前部分高校思政课教师对中国共产党百年精神谱系教育的投入有限。一方面，从外部条件来看，高校思政课教师的中国共产党百年精神谱系教育缺少必要的支撑。当前，一些高校传承和弘扬中国共产党百年精神谱系的形式有待创

新，在全校范围内没有形成研究中国共产党百年精神谱系、用中国共产党百年精神谱系育人的良好氛围，除了受缺少足够的政策和资金支持等客观因素的影响，主要原因还在于高校思政课教师对革命精神教育关注少，不能充分意识到自身在立德树人实践中传承红色基因、培育时代新人的时代使命，对大学生革命精神育人投入的时间和精力不足。有学者专门就思想政治理论课中革命精神教育的评价对大学生进行了调查，结果发现半数以上的学生对革命精神教育的评价不高，认为其教学方式单一、缺乏吸引力、教学理论性太强、枯燥无味。另一方面，从内部因素来看，对于高校思政课教师自身而言，部分教师不能充分意识到革命精神教育对于大学生树立正确的意识形态观以及完善"德"和"能"的重要性，对革命精神教育的重视程度不够，从而导致中国共产党百年精神谱系融入高校思政课教学的环节存在教学形式单一、课堂气氛沉闷、教学案例陈旧等问题，极大程度地影响了中国共产党百年精神谱系教育的实效性。一旦高校思政课教师对中国共产党百年精神谱系教育投入不足，不能主动做好红色传人，在课堂中较少讲授革命先辈感人故事和先进事迹，又局限于传统古板的授课教学的固有模式，将很难激发学生的学习兴趣，最终削弱中国共产党百年精神谱系教育在高校思想政治教育中的实效性。

（三）管理人员中国共产党百年精神谱系教育存在认知偏差

高校管理人员在校园生活中扮演着双重角色，既是高校教育管理的实施者，又是大学生成长成才的教育者。在新时代，进一步提高高校管理人员的综合素质，更新办学思路，树立正确的文化观，对正确定位、准确认识中国共产党百年精神谱系在高校思想政治教育中的作用无疑具有重要影响。中国共产党百年精神谱系是高校校园文化的重要组成部分。但在部分高校中，学生科研成果和就业率成为考量学生、考察教师、考核学校的硬性指标，这样的办学观念有失偏颇，也容易使高校功利主义观念滋生，高校的育人价值观受到冲击，革命文化教育、革命精神传承在高校校园文化生活中式微。此外，值得注意的是，一些高校对中国共产党百年精神谱系教育存在认识上的偏差，片面地认为革命文化、革命精神的学习与专业学习关系不密切，对于学生成长的作用和意义不明显，被动地、片面地组织开展革命文化、精神教育活动，责任意识淡薄，这在削弱中国共产党百年精神谱系教育实效的同时，也不利于高校校园文化建设。综合而言，一些高校管理人员对中国共产党百年精神谱系教育存在认知偏差使得中国共产党百年精神谱系融入高校思政课教学遇到了一定阻碍，削弱了革命精神本身所具有的教育价值。

二、培育内容：在内容上未开发挖掘好资源

在新时代，深入贯彻落实习近平关于弘扬中国共产党百年精神谱系和培育时代新人的重要讲话精神，办好人民满意的教育，需要在高校大力传承和弘扬中国共产党百年精神谱系。当前，高校教育者除了融入意识薄弱，也存在对中国共产党百年精神谱系育人课程建设不充分、对中国共产党百年精神谱系育人资源挖掘不到位、对中国共产党百年精神谱系育人实践总结不全面的情况，导致革命精神育人内容匮乏。

（一）中国共产党百年精神谱系育人课程建设不充分

大力弘扬革命精神，积极建设革命精神育人课程，能够为中国共产党百年精神谱系融入时代思想政治教育奠定良好的基础。然而，一些高校在实际中缺乏革命精神育人校本课程，与中国共产党百年精神谱系主题相关的红色课堂有待开发。当前，除了思想政治理论课，尽管部分高校在人文社科类的通识选修课中开设了革命精神教育的相关课程，使大学生可以依据自身的兴趣爱好和专业特点跨专业、跨学科选修，对大学生获取更丰富的知识和塑造更全面的能力起到积极作用，但是在课程内容体系构建方面还存在不足，比如，开发应用具有本土特色的必修课、校本教材和读本还不够丰富。地方文化和校本课程之间是辩证统一的关系，一方面地方文化的精华是校本课程开发的丰富素材和资源；另一方面校本课程为地方文化的深入研究、挖掘和传承提供了机会。所以，高校在充分梳理中国共产党人精神谱系、进一步挖掘中国共产党百年精神谱系育人功能的基础上，依托一定的地方文化和校园文化开发与建设具备中国共产党百年精神谱系教育特色的校本课程，不仅有助于大学生通过系统的课堂教学加深对中国共产党百年精神谱系的认知和认同，而且对于打造独一无二的校园文化品牌具有重要意义。可见，如何立足地方特色，利用办学优势建设好中国共产党百年精神谱系育人课程，特别是校本课程，高校依然面临艰巨任务。

（二）中国共产党百年精神谱系育人资源挖掘不到位

要充分挖掘中国共产党百年精神谱系教育资源，为育人赋能。中国共产党百年精神谱系具有理想信念导向、精神动力激发、道德品格示范、健康心理保障等教育价值，是高校思想政治教育的优质素材。有学者指出，红色文化中折射出的革命先辈们的崇高共产主义理想、坚定革命信念和高尚爱国情感等价值追求，为大学生社会主义核心价值观的培育提供了深厚的教育内涵。在培育和践行社会主义核心价值观过程中，有的高校注重挖掘红色

文化资源并创造性转化为大学生社会主义核心价值观教育资源，以此进一步丰富大学生社会主义核心价值观教育载体，拓宽大学生社会主义核心价值观教育渠道，拓展高校社会主义核心价值观教育的广度和深度，从而实现中国共产党百年精神谱系与社会主义核心价值观的有效融合。但不能否认的是，一些高校利用中国共产党百年精神谱系教育资源育人的成效并不乐观，关键问题在于中国共产党百年精神谱系教育资源尚未受到充分关注和深入挖掘。在一些高校，教育者由于对中国共产党百年精神谱系的了解不全面、不深入，且对中国共产党百年精神谱系的传承和弘扬缺乏主动性，因此在深入挖掘、整理红色历史资源方面不够重视。虽然有的高校已经利用红色资源弘扬中国共产党百年精神谱系，借助本土红色文化优势来提高对当代大学生中国共产党百年精神谱系育人的实效性，但就中国共产党百年精神谱系育人而言，目前在掌握和利用中国共产党百年精神谱系教育资源方面还存在着收集掌握不够全面、整理加工不甚理想、运用施教不太科学等问题。这些问题影响着当代大学生对中国共产党百年精神谱系的认知与认同，制约着中国共产党百年精神谱系融入时代新人培育质量的提升。

（三）中国共产党百年精神谱系育人实践总结不全面

中国共产党百年精神谱系进校园，必将给大学生的思想和精神进行一次彻底的洗礼。在新时代将中国共产党百年精神谱系放置于实现中华民族伟大复兴中国梦的大背景下，利用中国共产党百年精神谱系培养担当民族复兴大任的时代新人，既是高校为党育人、为国育才的时代使命，又是当下大学生思想政治教育的发展要求。长期以来，中国共产党百年精神谱系已经成为中国共产党带领中国人民不断攻坚克难、从胜利走向胜利的强大精神动力。在新的历史条件下，我们仍需要继续传承和弘扬中国共产党百年精神谱系，不断提升当代大学生作为中国人的骨气、志气和底气，争当时代新人，为建成社会主义现代化强国、实现中华民族伟大复兴中国梦而矢志奋斗。从当前各高校的中国共产党百年精神谱系育人实践现状而言，中国共产党百年精神谱系育人实践总结还不够全面，实践成果的理论升华还不够显著。一方面，一些高校在中国共产党百年精神谱系育人实践中运用本土红色资源实现中国共产党百年精神谱系育人的本土化，彰显地方中国共产党百年精神谱系育人的教育价值，但是仍然存在个别形式化的倾向，导致中国共产党百年精神谱系的传承没有真正走进大学生的日常生活，大学生难以将自身的现实生活经历、感受与中国共产党百年精神谱系融合。另一方面，一些高校在推进中国共产党百年精神谱系育人实践、弘扬党的优良传统、加强青年学生的理想信念教育、培育和践行社会主义核心价值观方面发挥了一定的积极作用，但实践总结不够全面，没有注重在实践中破除思想障碍促进中国共产党百年精神谱系育人实践经验有效推广，各高校之间对此工作的交流也较为欠缺。

三、培育方法：在方法的运用上缺少系统性

高校利用中国共产党百年精神谱系培育时代新人是一个从情感认同到意识内化再到行为深化的过程，需要恰当运用各种方法，才能有效提升中国共产党百年精神谱系育人成效，实现中国共产党百年精神谱系教育价值最大化。当前中国共产党百年精神谱系教育效果不理想，主要原因是教育方法不科学，具体表现为理论教育法缺乏有效性、实践体验法缺乏针对性、榜样学习法缺乏持久性。

（一）理论教育法缺乏有效性

在革命精神育人过程中，理论教育法是教育者有目的、有计划地向受教育者进行革命传统教育，引导受教育者树立正确的世界观、人生观、价值观，从而系好人生"第一粒扣子"的方法。它以理论筑牢时代新人的理想信念，主要包括理论讲授、理论学习、理论培训、理论宣传、理论研讨、理论研究等形式。理论教育法是中国共产党百年精神谱系融入高校思政课教学最基本、最常用的方法之一。以科学的理论武装人是新时代高校思想政治教育的基本理念，体现了理论教育法的当代价值。从历史和实践的角度讲，中国共产党的伟大精神是由一个个鲜明具体的"坐标"组成，进而形成了一个可以长久涵养后人的"精神谱系"。在新时代，高校在将中国共产党百年精神谱系融入时代思想政治教育的过程中运用理论教育法，必须讲求有效性，注重对中国共产党的革命精神进行新阐述、新补充、新发展，以高度的理论自觉和时代自觉，从主导思想、价值目标、核心内容、精神形态等方面构建中国共产党百年精神谱系育人的新话语。中国共产党百年精神谱系融入高校思想政治理论课之所以效果还有待提高，是因为教育者没有提高自己的理论水平和践行科学理论的自觉性，运用理论教育法缺乏有效性。

（二）实践体验法缺乏针对性

在中国共产党百年精神谱系育人过程中，实践体验法是教育者有目的、有计划地组织受教育者开展红色体验主题社会实践活动，引导受教育者在实践中感悟中国共产党百年精神谱系，提升思想境界，增强内在情感的方法。它以中国共产党百年精神谱系传承实践活

动提升时代新人的责任感和使命感，主要包括红色游学教育、追寻红色记忆、青年红色筑梦之旅等活动形式，充分反映出用中国共产党百年精神谱系涵养大学生奋斗品质和担当意识的时代价值。在大学生中国共产党百年精神谱系教育中，必须坚持理论与实践相统一的原则，着眼于新时代人才培养的情感需求，真正将中国共产党百年精神谱系传承与高校思想政治教育有机结合起来。因此，契合社会发展需要和满足青年大学生的成长需要是选择大学生革命传统教育实践基地的基本要求。当前各高校利用各种形式传承红色基因的实践活动正如火如荼展开，但是在选择大学生革命传统教育基地时一些高校存在"一刀切"现象，导致运用实践体验法缺乏针对性，没有能够根据受教育者的实际选择合适的实践体验方式，最终导致"蜻蜓点水""走马观花"的形式主义，从而降低了大学生对中国共产党百年精神谱系的认同感。

（三）榜样学习法缺乏持久性

在中国共产党百年精神谱系育人过程中，榜样学习法是教育者有目的、有计划地用革命先辈、英雄人物、先进模范的崇高思想、道德品质、优良作风、模范行为影响和感染受教育者的思想、感情和行为的方法。它是通过树立革命先辈、英雄人物、先进模范的先进典型，促使大学生牢记他们为中国革命事业付出的鲜血和汗水，牢记新中国来之不易，并将从榜样典型中的学习所得转化为自己的实际行动。革命先辈、英雄人物、先进模范是民族英雄，是中华民族的脊梁，他们的事迹和精神是激励我们前行的强大力量。榜样的力量，不仅在于感动，更在于带动。广大青年学生深入学习革命先辈、英雄人物、先进模范的感人故事和先进事迹，能够从中汲取精神营养，继承与弘扬其精神，激发前行的力量，不断增强责任感和使命感。在中国共产党百年精神谱系育人实践中，高校应运用榜样学习法长期做好革命先辈、英雄人物、先进模范的榜样宣传，建立榜样学习的时间表、计划单、责任牌，使受教育者坚持不懈地向榜样学习，持续促进将榜样力量转化为生活实践，巩固学习成果。然而，有的高校在运用榜样学习法时缺乏持久性，没有形成榜样学习的长效机制，造成大学生对中国共产党百年精神谱系的学习积极性不高，难以产生良好的教育效果。

四、培育环境：深受内外部复杂环境的影响

马克思和恩格斯认为，人与环境是相互影响的。当前，新兴媒体舆论引导难度加大、不良社会思潮泛滥、经济环境负面影响持续发酵等都给中国共产党百年精神谱系教育带来

了挑战，不容忽视。

（一）新兴媒体舆论引导难度加大

随着 5G、人工智能等新兴技术发展突飞猛进，互联网极大地丰富了人们的精神文化生活，网络新兴媒体已经成为最主要、最广泛的传播场域。在新兴媒体的快速发展中，虚拟世界也存在舆论交锋和意识形态、价值观念等方面的激烈斗争。新兴媒体自身常有的即时性、互动性等特征有利于各种思潮和主张在网络空间中进行传播、博弈和斗争。各种细分的思想格局也愈发活跃，并持续发力，为网络舆情管控带来新挑战。当前，网络新兴媒体传播的舆论引导难度不断加大，特别是多元文化的碰撞、多种思潮的冲突，对我国主流意识形态造成了一定影响，不利于中国共产党百年精神谱系在网络空间的进一步弘扬。中国共产党百年精神谱系内在地反映着马克思主义的精髓，是社会主义意识形态最为核心的精神要素，高校要加强中国共产党百年精神谱系融入时代思想政治教育，营造风清气正的网络舆论环境。

（二）不良社会思潮泛滥

当前，不良社会思潮的传播影响着大学生对中国共产党百年精神谱系教育的接受。一方面，泛娱乐主义消解大学生对中国共产党百年精神谱系的理性认识，继而影响中国共产党百年精神谱系的传承与发展。资本与娱乐的结合催生了泛娱乐主义。青年容易接受新鲜事物，同时也容易受泛娱乐主义的误导，对其正确价值观的树立尤其是对社会主流价值认同带来困扰。在网络和自媒体的推动下，娱乐休闲抢占着大学生的时间和精力，影响着大学生关注或者挖掘信息背后所蕴含的真实意义，影响着大学生理解和传承革命精神，甚至降低对中国共产党百年精神谱系的认同。在信息全球化的大背景下，各种社会思潮交锋，西方一些不良势力借助网络恶意散布历史虚无主义，企图否定中国共产党的历史，抹黑中国共产党领导的历史必然性。对于身心还未完全成熟的大学生而言，如果对这种错误思潮不注意加以辨析，就容易出现共产主义理想和信念动摇的现象。一些人通过网络恶搞、诽谤英雄，抹黑英雄形象，是对民族共同记忆、民族精神的亵渎和侵犯，是在肆意抹黑中国共产党的历史、中华人民共和国的历史。这些与主流价值观念相悖的思想与行为，将导致革命精神教育如同无源之水、无本之木，教育的效果更是无从谈起。

（三）经济环境负面影响持续发酵

市场经济是一把双刃剑，对大学生的道德观念形成既有积极影响，也有消极影响。在消极影响下，一些正处于人生"拔节孕穗期"的大学生的价值观容易受到错误的商品意识和货币观念的影响，诱发拜金主义、享乐主义观念的滋长，在过度追求物质财富中逐渐迷失自我，最终放弃精神层面的充实和提高，使精神价值受到强烈的冲击。当市场经济对大学生价值观产生消极影响及危害时，中国共产党百年精神谱系蕴含的艰苦奋斗、责任担当等优良道德品质和作风会逐渐被淡化和遗忘，那将给中国共产党百年精神谱系融入时代思想政治教育带来严峻的挑战，不利于精心引导和栽培具有奋斗品质和担当精神的新时代大学生。因此，我们要营造良好的市场经济环境。

第四章

现代高校网络思政课变革研究

在互联网信息技术的进步和大数据时代的到来，对高校思政课教学产生了深远影响，带来了新的机遇和挑战，是当前思想政治教育无法回避的一个重大课题，同时也是中国共产党百年精神谱系融入思政课教学不可或缺的一环。本章针对网络时代特点，对当代我国高校网络思想政治教育工作进行了分析和研究。

第一节　网络时代下的高校思政课发展

一、高校网络思想政治教育中的"人机互动"

新时代，计算机信息技术在高校网络思想政治教育中的普遍应用，打破了传统思想政治教育的局限，同时也给高校网络思想政治教育带来了新的挑战。在新形势、新背景下，教育者和受教育者两大主体形成了"教育者—机—受教育者"或者"受教育者—机—教育者"的双向互动模式，而"人机互动"将有效促进思想政治教育的发展与进步。因此，应该提出相应的措施来构建和谐的"人机关系"，促进高校网络思想政治教育的发展。

（一）网络"人机互动"的概况

"人机互动"作为一个整体性的概念，目前主要运用于人机工程学、机器人学、现代生物工程学和计算机科学等领域，表达的是人与机相互作用的理论、方式和技术。计算机技术逐渐进步与发展，关于"人机互动"的研究也备受人们关注。"人机互动"不仅仅在专业领域被人们知晓，在人们的日常生活中，也因计算机、互联网、自媒体的普遍使用和社会形势的变革而家喻户晓，如 2008 年微软公司创始人比尔·盖茨预测未来 5 年人机互动方式将发生重大变革，现有的鼠标和键盘将被更为直观和自然的技术所取代，在当时这一权威预测使人们对"人机互动"的前景更为乐观，为此在相关领域也投入了更多的研究。事实也证明，经过多年的技术更迭，现如今的"人机互动"确实更为直观和自然。显然，"人机互动"是作为一个技术命题而普遍存在于人们生活中的，但事实上，"人机互动"不仅是一个技术命题，更是一个哲学命题，而且是一个对人的生存和发展具有重要意义的基础性哲学命题，它是人类生存和发展的基础，是人类社会建构的前提，也应成为人类思辨的触角触及的领地。

（二）高校网络思想政治教育中"人机互动"面临的挑战

1. "资讯无屏障"，增加选择困难度

在高速发展的信息时代，网络紧密介入人们的生活，它将大量的信息汇聚在一起，取之不尽，用之不竭。但是各种信息的汇集，增加了大学生选择的困难性：一是网络信息的海量性。随时代的发展，人们的欲望和需求逐渐增加，网络系统为了满足人们的多种需求，将人们可能会寻找的相关信息尽可能地全部罗列出来，这样使系统本身不能对大学生所需的信息进行更加合适的筛选。二是网络世界的开放性。网络是人们进行交流和沟通的重要平台，人们可以随意发表言论、交流看法，而网络中不可避免存在一些粗俗、低级的信息，导致大学生在使用网络时不能尽快筛选出合适、精确的信息。而且大多数大学生对信息的真假无法准确分辨，致使有些时候选择的信息有一部分甚至大部分都是"假"的，这将给大学生接下来的学习和工作带来很大的影响。

2. "空间无屏障"，加大传播诱导性

新时代，网络信息的传播渠道十分广泛，不同地区、不同意识形态、不同年龄、不同职业、不同阅历的人可以同时在线匿名交流，使网上的交往环境变得相当复杂，对高校网络思想政治教育的影响也很大。一是网络传播开放共享。网络信息丰富多彩，其中也存在许多低俗、落后甚至反动的信息。大学生的价值观还不成熟，不健康的信息会对大学生的身心发展产生极大影响。二是网络谣言力量强大。网络世界千变万化，功能强大，一些别有用心的人通过捏造"假"图片、"假"视频等来传播谣言，以此来发泄自身的负面情绪或达到娱乐众人的目的，然而这些网络谣言极易引起社会混乱。网络传播的信息量过于庞大，大学生辨别能力不足，致使很多大学生难以摆脱网络谣言的影响，受其蒙蔽，有的甚至走向极端，这对高校网络思想政治教育来说是一种挑战。

3. "区域无屏障"，加强西方渗透性

思想政治教育是指社会或社会群体用一定的思想观念、政治观念、道德规范对其成

员施加有目的、有计划、有组织的影响，使他们形成符合一定社会、一定阶级所需要的思想品德的社会实践活动。随着网络在全球范围内的互联互通，网络成为西方国家进行意识形态渗透的主要方式。一是利用"微产品"进行信息渗透。近年来，西方国家利用自媒体传播信息，打开了"西化""分化"主流意识形态的突破口。同时，利用网络宣传非马克思主义与反马克思主义思想，企图有计划、有目的地瓦解社会主义意识形态。二是利用"微产品"进行文化渗透。例如，美国电影、电视等广泛传播，尤其是好莱坞影片颇有影响，传播着西方国家的文化及人权、民主等价值观念。大学生在使用网络时，其意识形态会间接地受到影响，不利于社会主义核心价值观的传播和思想政治教育实效性的发挥。

（三）高校网络思想政治教育中"人机互动"的价值建构

1. 塑造大学生正确的价值观念，构建"标准"人机关系

当前大学生的价值观主要存在缺乏远大理想，轻视道德培养，索取意识增强，渴望名利等问题，因此要通过"人机互动"加强对大学生价值观的塑造。首先，要树立崇高理想。高校网络思想政治教育应充分利用人机关联，给大学生传播正能量且"精准滴灌"，使其逐渐树立崇高理想。其次，注重理论知识的学习。网络资源可以引导大学生进行自我教育，处理好国家、集体和个人的关系。要指导大学生合理使用网络资源。教师可以通过网络授课、知识点补充等，让大学生在上网的过程中自发接受教育，不断扎实理论功底。最后，要塑造健全的人格。健全的人格是实现人生价值，培养正确的价值观念的前提。要正确引导大学生利用网络资源，将思想道德修养与大学生身心发展相结合，使其积极适应新的环境，培养健康的心理素质，发挥主体性，并将其体现在生活的点点滴滴中，努力塑造健全的人格。

2. 培育大学生高尚的道德观念，构建"文明"人机关系

面对多元社会思潮和文化的影响，大学生的德育观念发生了很大变化。大学生的德育教育对其人生价值观的形成是必要的，因此加强大学生的德育教育很是关键。首先，要将大学生的德育教育和社会教育相结合。营造良好的社会环境对大学生进行德育教育，及时制止不健康的社会舆论的传播蔓延，引导学生形成良好的德育规范。其次，优化学校的德育教育环境。大学生德育教育是一个长期的过程，要建立网络德育教育平台，加强教师的德育教育，实施定期网络培训，使其学习新方法、新模式，对大学生进行良好的德育教育。最后，正确引导大学生的道德情感发展。大学生道德观念的培养在某种程度上受到其内心道德情感的驱使。因此，要对大学生道德情感进行正确引导，培育正确的道德观念，

使其能够将内心的复杂情感进行合理的宣泄。

3. 增强网络传播的法治观，构建"绿色"人机关系

网络空间的法治建设对网络的发展十分重要，要加强对社交网络和即时通信工具等的引导和管理，规范网上信息传播秩序，培育文明理性的网络环境。增强网络的法治建设，首先，要严格贯彻网络法制条例。完善网络法治建设，健全网络法规体系，引导大学生远离网络违法犯罪行为，并对网络违法犯罪行为严惩不贷，真正做到有法可依、有法必依、执法必严、违法必究。其次，要抓好重点环节的管理。有些商家在网络中任意发布信息，甚至涉及政治敏感、个人隐私等问题。要坚持利用和管理两手抓，加大对日常监督和校园网站工作人员的技术培训，坚决抵制粗俗、低端网络信息的传播。最后，要构建网络文化管理新格局。要依靠政府机构、高校管理、大学生的共同努力来加强校园互联网的管理。要采取分级管理，发挥好政府机构、高校管理、大学生的集体作用，督促互联网健康运行，营造和谐的校园网络环境。

二、高校网络思想政治教育中的大数据

高校网络思想政治教育要提升自身的科学性与实效性，就必须顺大数据之势而变，充分认识与挖掘大数据的潜在价值，在寻求二者战略契合的基础上，通过树立大数据思维，提高主体信息素养，构建多元主体协同共育格局，建立大数据危机应对措施等方式助力高校网络思想政治教育的优化，增强高校网络思想政治教育的前瞻性、全局性、针对性。

高校网络思想政治教育应把握国家实施大数据战略的机遇，主动提升自身的现代化水平，科学利用大数据，实现大数据对高校网络思想政治教育的助推作用，获得自身的优化与新发展。

（一）大数据助力高校网络思想政治教育的内涵

1. 大数据的概念界定

大数据之"大"并非仅指数量上的庞大，这个"大"是一个动态而复杂的概念。麦肯锡咨询公司对大数据的定义是：大数据是指大小超出了传统数据库软件工具的抓取、储存、管理和分析能力的数据群。维克·托迈尔－舍恩伯格认为："大数据是人们获得新的认知，创造新的价值的源泉；大数据还是改变市场、组织机构以及政府与公民关系的

方法。"

大数据的特征可以用"4V"来概括。"4V"是指大数据容量（Volume），多数据类型（Variety），高数据处理速度（Velocity），低密度数据使用价值（Value）。同时，IBM认为大数据还具备精准性（Veracity）特性，从而构成了"5V"特性。大数据的低密度价值特点强调了大数据价值分布散乱，要求人们在使用大数据过程中应具备敏锐的洞察力、明智的决策力及非凡的优化能力，对数据进行有效的辨识、加工与处理，从而增强数据有效性与价值性。

2. 大数据助力高校网络思想政治教育的内涵解读

高校网络思想政治教育是指"以思想政治理论知识与传播学为理论基础，在网络等新兴媒体平台上所开展的思想政治教育"，是利用控制、传播等网络信息手段，在充分了解当前计算机网络和新兴媒体知识的前提下，正确引导和帮助大学生获取各种相关信息，并保证客观性和全面性，使大学生可以自由地选择那些正确的信息来吸收，进一步强化思想政治教育的目的和手段。高校网络思想政治教育将教育阵地拓展到了网络，创新与丰富了教育形式，是高校思想政治教育的网络化表征。所谓大数据助力高校网络思想政治教育，就是指将大数据的理念与技术应用于高校网络思想政治教育的全过程，将大数据的技术性优势转化为高校网络思想政治教育的功能性优势，形成数据化新特征，推动我国高校网络思想政治教育各个环节的全面优化与升级。

（二）大数据与高校网络思想政治教育的战略契合

要对大数据与高校网络思想政治教育进行科学理性的分析，找到二者的战略契合点，让数据变得更有价值、更专业，从而助力高校网络思想政治教育的优化。

1. 大数据的多类型与高校网络思想政治教育多主体需要相契合

多类型是指大数据来源多、种类多、构成复杂，这就需要教育主体在多元、多变的数据间发现其内在联系。

凡是主动履行网络思想政治教育职能，自觉实施和开展网络思想政治教育的，就是网络思想政治教育主体。强调高校网络思想政治教育主体的多元化，既包括传统主体的通力合作，也包括大学生骨干、社会力量的协同参与。"网络社群"作为学生网络聚集的主要形式，以"共同、共鸣、共通"为价值导向，强调思想的共鸣与精神的认同，能强化大学生群体与社会力量在高校网络思想政治教育中的作用。

大数据的多类型特点与高校网络思想政治教育主体多元化需求是高度契合的。大数据的主要处理类型是非结构化数据，其社群化、体验化的突出特性，不仅能提供多类型的数据源还能随时随地了解大学生网络个体及大学生网络社群的发展动态，进行相关性分析预测发展趋势，迎合高校网络思想政治教育主体多元化的实践需要，实现各多元主体之间资源的共享与信息的互通，促成高校主导、学生骨干参与、社会网民补充的多元主体协同共育新局面。

2. 大数据的高速度与高校网络思想政治教育时效性需要相契合

大数据的高速度一方面是指快速收集高速增长的数据，保证了数据的实时性；另一方面是指及时、快速处理手机数据，保证了数据的价值性。大数据与新媒体的动态融合，能及时、快速的感知与抓取大学生相关数据信息，为高校网络思想政治教育时效性提供强大技术支持。

高校网络思想政治教育需要多元主体利用大数据的高速度特性来快速获取学生相关信息，尤其面对网络舆情等突发事件，更需要获得及时、准确的信息进行有效决策与快速行动，从而避免事态扩大，防止大学生思想认识领域出现混乱与偏差。而智能手机的普及与互联网技术的发展，对高校网络思想政治教育的时效性提出了更高要求。高校网络思想政治教育主体通过及时获取大学生相关数据，处理数据，发布或传播信息体现了思想政治教育的主体性，调动了多元主体的积极参与性，为其参与高校网络思想政治教育提供了便利。

3. 大数据的大规模与高校网络思想政治教育整体性需要相契合

网络空间虚拟化、去中心化，加剧了高校网络思想政治教育的复杂性，决定了必须用整体性思维去系统开展高校网络思想政治教育。网络思想政治教育应涉及大学生的各方面，贯穿于大学生活的始终，为社会主义建设事业培养政治坚定、思想过硬的合格建设者与可靠接班人，这是关系到国家发展与未来的长期性、整体性教育工作。在网络空间中西方普世价值观、新自由主义等错误思潮泛滥，同时在网络空间还充斥着大量的赌博诈骗、淫秽暴力、种族歧视等信息，使得整个网络空间浑浊复杂，如果任由其肆意泛滥，将会极大污染与破坏网络生态环境，侵蚀大学生的思想，影响国家安全与稳定。

大数据的信息来源于大学生的全样本原始信息，对其进行分析，能够全面完整的反映大学生思想与行为，预测其发展趋势，有利于高校网络思想政治教育者客观地提出系统的教育要求。利用大数据技术对隐藏于网络信息中的各类社会思潮进行监控与分析，主动揭露错误社会思潮的真实面目与危害性，及时进行正确的思想引导，防止恶性传播，从而有效掌控思想政治教育的网络阵地。

4. 大数据的精准性与高校网络思想政治教育的精准性需要相契合

高校网络思想政治教育的精准性，强调数据收集与分析完整性的同时，更要求对研究对象进行分类与分层，细分实际情况与客观需求，提高教育的针对性。

将大学生网络行为轨迹进行原始数据呈现，从全面的第一手资料中了解他们的兴趣爱好、关注热点、思想动向，推导其行为模式，有利于增强高校网络思想政治教育的针对性与实效性。此外，大数据在数据的挖掘、储存、分析过程中强调主动性与精准性，从而帮助高校网络思想政治教育主体透过庞杂的数据现象，触摸事物的本质真相，研判事物发展趋势，从而精准预知大学生思想与行为的发展动向。

同时也应当看到，大数据价值分散、零乱，降低了有效数据的价值密度，加大了高校网络思想政治教育的复杂性。因而，对隐藏正能量的信息要进一步开发、利用，对隐藏负能量的信息要立即控制、处理，避免负面信息的扩散对大学生产生消极影响。

大数据在给高校思想政治教育带来前所未有的技术优势的同时，也带来了风险与挑战。大数据时代的来临加剧了高校网络思想政治教育话语权转移的危险、去中心化的危险、教育主体话语权威优势削弱的风险。因此，谁能守住网络阵地的主导权，把控网络信息的话语权，谁就掌握了高校网络思想政治教育的主动权，利用大数据技术助力高校网络思想政治教育势在必行。

三、高校网络思想政治教育中的易班平台

近年来，在国家经济持续发展的环境和背景下，信息技术的发展速度非常惊人。在我国教育教学领域中，网络技术的运用更是非常普遍。网络现已成为人们日常生活不可或缺的重要组成部分，很多大学生沉溺于网络，网络的各种思潮对大学生的思想产生了很大的影响。易班是进行学生思想政治教育工作的重要平台，高校教师只有着力建设好易班平台，并将易班平台的作用和价值挖掘出来，才能帮助高校更好地实施思想政治教育，提升思想政治教育的效果和质量。

（一）易班平台的概念及内涵

易班平台具体来讲就是基于新媒体网络技术，具有教育教学、文化传播、娱乐休闲、信息发布等多种功能和作用的互动性网络平台。在高校建立的易班平台工作服务站，旨在使高校校园文化活动变得更加丰富多彩。

易班平台最为主要的功能就是班级功能，它能让每个进入易班的学生找到自己相对应

的班级，并能辅助辅导员管理整个班级。班级功能可以分为话题、相册、网盘等模块。话题模块功能很强大，每个加入班级的学生和辅导员（管理员）都可以在话题模块发布事务通知、班级决策、意见征求、帮助寻求、活动组织、投票选举、班委评选等消息。相册是永久无限的，每个加入班级的学生都能在相册中上传图片与大家分享。网盘也是永久无限的，每个加入班级的学生都可以在网盘中分享学习资料，还可以提交作业。

易班还有个能体现网友活跃度的榜单——社区榜单。社区榜单每天会自动更新相关数据，能够让网友及时了解网站其他用户的相关信息。

易班是一个先进的思想教育平台，也是有效解决日常事务的工具和开展各种活动的有效方法和途径。其具有范围广、影响大、效果好、功能多、速度快、使用方便、多互动、多途径等特征及优点。在高校思想政治教育过程中，建设易班平台能够有效解决思想政治教育资源匮乏，实时性、互动性不高的问题。

通过易班平台高校网络思想政治教育得到了更好地开展和进行，学生通过易班平台能够学习和了解国家政策、时事政治、社会热点问题等。在易班平台上，学生只需花费很少的时间就能获得丰富的、有用的、正确的信息资料，对学生树立正确的三观有很大的帮助，能够切实提升高校思想政治教育的有效性。

（二）基于易班平台建设的网络思想政治教育新模式实现路径

如今，互联网已经渗透到人们日常的学习、生活和工作当中，并已经成为人们生活和学习不可或缺的重要内容。在高校网络思想政治教育新模式下，不断建设和完善易班平台，能够有效地推动高校网络思想政治教育得到更好的开展，并能够促进网络思想政治教育教学效果和质量得到更好的提升。

1. 将网络思想政治教育与学生的生活实际相结合

为了更好地提升网络思想政治教育效果，高校可以通过易班平台建设，将网络思想政治教育内容融入学生的生活。当前，网络已成为当代大学生生活的主要旋律和内容，学生可以在易班平台上进行话题讨论、信息分享等。同时，高校思想政治教师也可以借助这一优势，结合学生的心理需要和特点创新多种教育方式，以大学生关心的时事政治和社会热点问题为切入点，采取不同的网络思想政治教育方法。此外，教师可以与学生在易班平台上进行互动和交流，在话题探讨方面给予学生积极的思想引导，这样可以更好地提升思想政治教育的效果。高校辅导员也可以通过易班平台与学生进行一对一的线上交流，与学生及时沟通，全面掌握学生的思想动态，帮助学生解决学习和生活上遇到的困难，及时纠正和调整学生的错误思想和观念，促进高校网络思想政治教育效果和质量的有效提升。

2. 丰富网络思想政治教育内容

易班平台有着大量、丰富的网络信息资源，高校进行网络思想政治教育时可以充分运用易班平台的信息资源，不断丰富网络思想政治教育内容，还可以根据学生的兴趣激发学生学习的积极性，促进学生更加积极、主动地去学习网络思想政治教育内容，提升网络思想政治教育效率。与此同时，运用易班平台的资源和信息能够有效弥补高校传统思想政治教育中的不足，可以以学生为中心进行有针对性的网络思想政治教育，通过师生之间的互动和交流，帮助高校思想政治教师和辅导员了解学生的心理动态，进而更好地实施网络思想政治教育，提高网络思想政治教育的质量和效果。

3. 运用易班平台加强师生的互动和交流

学生在易班平台可以随时随地了解和掌握多种教育信息，教师也可以参与学生的讨论，以时事政治、热点问题为切入点，让学生表达自己的思想和观点，积极、主动与其他同学进行讨论，这样教师就能够更加全面地了解学生的思想倾向，在交流互动中及时对学生进行正确的思想引导，使学生树立正确的三观，保持正确的思想政治立场，有效提高大学生的思想政治素养。

4. 与时俱进转变思想政治教育理念

高校思想政治教师要与时俱进地转变思想理念，更好地践行网络思想政治教育新模式，学习先进的思想政治教育手段，通过自主学习和培训等途径，切实提升自身专业能力及综合素养，还可以充分结合学生的现状和个性特征进行教学理念和方法的革新，使自己能够更好地驾驭网络思想政治教育工作，并在易班平台上更好地运用教育资源，将积极的、正确的教育思想传递给学生，使学生能够更加坚定自己的政治立场，树立正确的三观，提升高校网络思想政治教育的效果和质量。

随着社会经济的快速发展，网络现在已经成为人们日常生活中不可或缺的重要组成部分，但由于大学生尚未步入社会，缺乏生活阅历，思想和心智尚不成熟，极易受网络不良信息和思潮的影响，不利于其正确三观的树立和养成。因此，高校思想政治教师要不断进行教学理念和教学模式创新，不断建设和完善易班平台，为学生提供一个更加安全、纯净的网络学习环境，使学生在易班平台中能够更好地了解时事政治、热点问题，以及经济发展形势，并能够让学生在网络思想政治教育过程中更好地形成积极、乐观的人生态度，更加坚定自己的政治立场不动摇，始终维护国家的利益不动摇。同时，高校思想政治教师还应该提升高校网络思想政治教育质量，为社会经济发展提供更多高素质、高品质的人才。

四、二次元视阈下的高校网络思想政治教育

在经济、科技和文化发展的三重影响下，高校大学生逐渐成为二次元文化的主力军。二次元文化在自身价值取向、形式、反馈机制、满足学生自主性需求等方面具有吸引大学生的内在优势，这与高校网络思想政治教育追求的效果相契合。与此同时，要坚持思想政治教育的主导性，用发展的眼光看待二者之间的契合，线上教育与线下教育并举，在保证引领地位的前提下增强高校网络思想政治教育的时代感和吸引力。

（一）二次元文化概念及现状

从目前在中国火爆的新兴文化产业来看，二次元文化已经普遍进入中国大众的视野，并且已然成为青少年的"第二人生"。二次元文化最早起源于日本，改革开放后传入中国，经历了从合法大众传播到非法盗版传播，从群体传播再到社交网络传播等几个阶段，并从一种小众文化发展成为在青年群体中影响力较大的青年亚文化。二次元，在日语中指的是二维的平面虚拟世界，以动画、漫画等二维图像进行传播。经过中国的本土化改造，尤其是随着我国经济的高速发展，科技实力的提高，电视、电影、电脑和手机等也成为传播二次元文化的终端。二次元文化传播内容主要包括 ACGN，即动画、漫画、游戏、轻小说等，并衍生出模型、声优、Cosplay、同人创作等周边产品。

如今，二次元文化以其多种多样的形式和独具一格的特点满足了青年学生群体的内心需要。新时代下要做好青少年网络思想政治教育工作，就要从青年学生的关注点入手，在二次元文化视域下思考高校网络思想政治教育的新特点。

（二）二次元文化与高校网络思想政治教育的契合点

从中国目前的经济、文化产业、网络文化以及传播二次元文化各大平台的发展现状和趋势来看，二次元文化之所以能在以青年学生为主体的人群中得到广泛传播，原因在于其自身的内在优势和张力。探寻二次元文化贴近学生的有效形式、特点和元素，挖掘二次元文化与高校网络思想政治教育之间的契合点，可以成为高校网络思想政治教育打开新局面的突破口。

1. 二次元文化的"真善美"价值取向

二次元作为一种在二维平面中以动漫卡通为主要载体的文化样式，极具创造性。二次元文化利用技术去表达创造者内心的真实情感和审美取向，摆脱了三次元世界中的现实

制约因素。首先，在二次元文化中，虽然借用了三次元现实生活中的总基调，但是它却通过自身独有的二次元"萌""呆""傲娇""唯美"等因素和情节，柔化了现实中的冰冷无情，带有极富想象力的乌托邦色彩，是二次元群体从梦想中的角度看待这个世界的结果。除此之外，二次元群体还将自身无法在现实生活中表达出来的情感和理想寄托在二次元文化所创造出来的角色中。这种二次元文化角色，大部分体现出来的是坚持、努力、积极向上的形象，突出体现了一种"真善美"的世界，一种关于未来美好憧憬的，成长与坚持、努力与梦想的世界，具有较强的励志色彩。这与思想政治教育所提倡的积极向上的取向并不相悖。从高校网络思想政治教育的对象来看，大学生处在青年阶段，阅历不够丰富，对人生和世界的看法没有完全成熟，价值观尚不稳定。二次元文化用独特的形式去表达和创造对"真善美"的向往，其实是青少年群体对思想政治教育所提倡的社会主义核心价值观的另一种解读。虽然这种解读方式带有一定的虚幻性，但二次元文化的内在审美取向与思想政治教育所倡导的社会主义核心价值观等积极内容并不是完全矛盾的，而是具有一定的耦合性，这是二者之间产生契合的基础。

2. 二次元文化的多彩表现形式

作为一种深受青年学生喜欢的文化样式，二次元有着鲜明、多彩的表现形式。其一，二次元是一种利用二维平面展示世界的文化，用户对其视觉效果的要求非常严格。尤其是随着科学技术的不断发展，二次元文化突破了传统的纸媒和电视等媒体形式，利用先进的影像技术，将高度科技化的影像与漫画完美融合。文字、图片、视频以及人物场景视觉感被高度还原为三次元世界，具有很强的信息直观性和视觉冲击力。其二，在二次元文化的各种形式中，Cosplay是对众多青年学生具有较大吸引力的一种形式。Cosplay即Costume Play（角色扮演）。刚开始时Cosplay只出现在游乐园的装扮卡通人偶中，现在的Cosplay一般是指利用服装、小视频、化妆、道具、摄影后期技术等来扮演二次元角色的一种形式。近年来，随着喜爱二次元文化人群数量的增多和文化作品中角色的生活化，各大高校以Cosplay为主题的学生社团、比赛和活动越来越多，引起了不少学生的兴趣。其三，以同人创作为标志的二次元文化是其创作群体充分发挥个人才智和创造力的体现。"同人"专指在二次元文化中不受商业影响，而是专注于相同兴趣的自我创作群体。除了原创作品外，近些年来在中国市场上出现了一批又一批二次创作的二次元作品。这是二次元用户将以往的作品或人物进行翻新，赋予自己的理解并再创作的过程。在这里，二次元用户集消费者和生产者于一身，既消费、学习了别人的作品，也表达了自己的独特理解。其中，青年学生的思维灵活，跳跃性强，是二次元创作的主力军。

高校网络思想政治教育能否在复杂多元的网络空间中牢牢把握住领导权和居于绝对优势地位，关键在于高校网络思想政治教育是否具有足够的吸引力和影响力。从青年群体的特征来看，他们爱好广泛、思维活跃，对于新鲜、酷炫的事物有着莫名的喜爱。因此，高校网络思想政治教育应当借鉴二次元文化丰富多彩的形式特点，利用网络的开放性，变枯燥的理论灌输为生动的文化熏陶，以达到感染学生的目的。传统的思想政治教育课采用的是老师课堂授课、PPT展示、学生课堂交流等形式，现有的网络思想政治教育也多数是利用慕课、红色网站等形式传播理论，都难以达到预期的授课目标。其原因在于现有的网络思想政治教育只是将传统的课堂授课改为网络上课，对学生的权威感和压迫感没有改变，其主动吸引力并没有增加。借鉴二次元文化，改革网络思想政治教育，势在必行。首先，从借鉴二次元文化的视觉角度来说，高校网络思想政治教育可以通过制作二次元化、亲切感强、还原度高、贴合时代前沿的二次元人物或二次元影像、漫画作品，将理论内容用叙事性、二次元人物化等形式表达出来，学生在观看作品时能够起到潜移默化的教育效果。其次，从借鉴二次元文化的角色扮演形式来看，高校网络思想政治教育可以采取角色扮演先进人物、学习榜样、历史风云人物等方式来提高学生对民族史和党史的了解。从满足学生的体验感和好奇心入手，增强学生的自主学习意识，完成从排斥思想政治教育到自觉接受的转变。最后，从借鉴二次元文化的同人创作和二次创作的形式来看，高校网络思想政治教育应该向青年学生提供符合思想政治教育要求的创作平台和空间，以网络协同创作的方式进行高校网络思想政治教育作品的创新。这样既培养了学生的创新意识，又满足了学生自我创造与表达的需求，还为高校网络思想政治教育创作二次元人物、角色和作品提供了源源不断的素材。

3. 二次元文化的"弹幕"交流反馈机制

"弹幕"是指提供给用户在观看影像动漫或直播的过程中，实时、同步地发布留言和评论的一种新技术。弹幕以时间为基准呈现在视频中，弹幕出现的时间点与发表评论的用户观看时间点相同。这种技术提供给观看该作品用户之间交流和反馈的平台，其最重要特征是作品传播与用户的反馈同时发生，打破了以往评论板块与内容板块不能同步的局限。这不仅为用户提供了交流的新渠道，增加了传播环节的趣味性，同时也为后台人员提供了接收用户反馈的平台，为提高用户体验开拓了新路径。

传统课堂授课和高校网络思想政治教育一般以"机械说教，我说你听"为主，形式老旧，学生只是被动的接受教育，缺少主动参与的机会，话语权小且地位偏低；师生之间缺少平等、有效的沟通渠道，学生未必认同或者理解教育者的观点、方法，但也不会主动提问或是提出反驳，只是麻木地予以接受。长此以往，老师与学生之间的距离将越来越远，导致高校思想政治教育方式逐渐滞后，学生的消极思想逐渐积累，许多时候只有问题爆发后高校管理层才会有所察觉。做好高校思想政治教育工作离不开对学生思想动态的把握，尤其在多元化和虚拟化的网络空间中，必须建立和完善师生之间的交流反馈机制，切实把握受教育者的态度、需求和目的，以及相关问题所产生的影响力或压力。借鉴二次元文化的交流反馈机制，高校网络思想政治教育可以在网络课程中加入"弹幕"环节，使同学在观看各种课程录像和思想政治教育二次元动漫影像时，可以随时表达自己的想法和观感，做到传授环节和反馈交流环节的统一。首先，"弹幕"交流反馈机制是掌握学生思想动态的新窗口。对于思想政治教育工作者来说，对受教育对象思想状况的了解是进行教育的前提，只有了解、摸清对象的问题和特征才能制定合理的教育方案和对策。"弹幕"交流反馈机制的及时性、同步性和虚拟性，比面对面访谈、调查问卷等更能够真实、大量地收集和了解学生对于教育内容、形式的真实需求，对于学习内容的理解程度，以及对教师授课水平的反馈，成为掌握学生思想动态的新窗口。其次，"弹幕"交流反馈机制是化解学生思想问题的新渠道。"弹幕"除了能够及时观察学生的思想状况和收集信息以外，教育工作者还可以充分利用其速度快、及时性的特点，对网络中的各种错误思想和学生疑虑进行及时的反馈和解答。"弹幕"的匿名性还可以避免学生对老师解答的本能排斥。教育工作者可以借助"弹幕"的匿名性和自身理论修养上的科学性、正确性，成为网络空间的意见领袖和学生追随的对象。

4. 二次元文化对高校学生自主性需求的满足

二次元文化以其特有的形式和特征得到了广大高校青年学生的关注和追随，这与传统媒介形成了鲜明的对比。二次元在文化作品上支持用户自主创新和二次创作，在相互交流上方便用户随时随地进行表达，在形式上尊重用户的体验感，在情感上帮助用户建立趣缘社团……这一系列的形式和特征满足了高校学生强烈的自我表现需求，尊重了学生的话语权和地位感，使学生的自主性得到彰显。

高校学生是社会上知识层次较高的青年群体，从年龄和能力来看，他们在社会化过程中具有更为强烈的个性化需求。尤其在信息网络时代，他们在信息获取的丰富性与及时性上，在与虚拟社会的感情亲近度上等都具有天然的优势。在更大的信息、文化选择范围下，学生的自主选择和自我实现的意向进一步增强，社会化的受教方式明显改变。在传统受教模式下，受教者可以选择接受的内容和方式较少，教育者处于权威、主导的地位，往往采用单向灌输、强制消化的方式向受教者传播知识。在网络时代，由外部权威施加压力使人接受的教育方式已经让位于以教育的标准化、双向选择和受教者的自主性等为特征的新的教育方式。大学生不再满足于被动地接受信息，而是更乐于成为舆论的参与者甚至是引导者，渴望成为新的"意见领袖"。从借鉴二次元文化，尊重高校学生的自主性来看，高校思想政治教育工作者首先要改变自己在学生心目中的高傲、冷漠、权威的形象，在态度上做到亲切友好，在理论讲解上使用大众化的语言，在教育形式上贴近学生的生活实际和喜好，在关系上保持平等地位等，这样才能有效地避免高校思想政治工作处于"失语"状态；其次，在实际的教育过程中要时刻保持尊重学生自主性的态度，在每个环节中都让学生的意愿得到充分表达，注重培育和引导学生的话语表达方式。在网络时代下，"人人即媒介"已经成为一种不可阻挡的趋势。尤其在高校网络思想政治教育中，忽视学生的自主性必然会引发学生的反感情绪。重视学生的意愿表达和加强对其的正确引导，将是顺应时代发展，尊重青年成长规律的一种必然选择。

五、"5W"模式下的高校网络思想政治教育

随着网络技术的发展，网络思想政治教育是各高校开展思想政治教育的重要方法与途径，要想网络思想政治教育实现创新与发展，就要从网络传播上寻找突破口。本节从传播学"5W"模式，即传播者、传播内容、传播媒介、受传者、传播反馈这五方面着手，分析讨论从各环节协同提升高校网络思想政治教育的教育效果。具体而言，就是提升传播者的意识与素养，坚持内容为王是根本，高效整合网络优势，激发学生兴趣，重视学生主体地位，建立网络思想政治教育全程评估机制，全方位的促进高校网络思想政治教育工作的开展。

网络技术以及新兴媒体的高速发展，使得传播学在社会文化生活中得到了广泛的应用，也使得高校网络思想政治教育发生了改变。而"5W"传播模式是传播学中的重要理论之一，以传播学的视角看高校网络思想政治教育工作，它实则就是一个完整的传播过程。主要包括传播者、传播内容、传播媒介、受传者、传播反馈这五方面，要想更好地占据网络思想政治教育的主阵地，实现高校思想政治教育的创新与发展，就要这五个环节逐一提高、协调配合，最终实现高校网络思想政治教育工作的全面提升。

（一）提升传播者的意识与素养

高校教师是网络思想政治教育的主要实施者，是整个传播过程中进行信息收集、加工以及传递的人，他们担负着思想政治教育传播内容的选择、传播进程的控制，以及引

领学生学习的任务。高校教师意识形态高低、思想水平以及对网络技术的操作能力等直接影响着大学生网络思想政治教育的开展，因此在意识上需要提升以下几点：①提升政治意识，拥有坚定的政治立场。在信息爆炸的网络时代，传播者也就是高校教师必须要有明辨是非、甄别网络信息的能力，始终拥护和学习党和国家的路线、方针、政策以及决议，自觉践行社会主义核心价值观，身体力行。这样才能培养出政治立场坚定、网络道德高、能够明辨是非、博学多才的当代大学生。②提升主动占据网络思想政治教育阵地的意识。当前，高校教师主要面对的是"00后"的大学生，从当前思想政治教育效果来看，传统的高校思想政治教育方式收效甚微，这就要求高校教师必须转变思维，重视网络开展思想政治教育的有效性和必要性，提升服务学生、学生为主的意识，意识到利用网络可以真正做到学生在哪儿、思想政治工作就在哪儿，使学生工作得以更好地开展。③提升媒介素养。作为传播者面对"网络原住民"的大学生要熟练使用各类网络传播平台，利用这些传播平台了解学生的关注点、兴趣点以及喜闻乐见的事件等。除此之外，还要掌握更多的网络虚拟空间监管、网络信息清理与屏蔽等网络专业知识，了解基本的网络维护知识。高校网络思想政治教育内容的多样性、话语的复杂性、方式的多样性等要求传播者要有议程设置、舆情监控及引导、内容选择等能力。只有提升了传播者的意识与素养，才能使网络思想政治教育无处不在，才能激发学生兴趣，形成良性持续互动。

（二）坚持内容为王是根本

不管网络技术如何高速发展，大数据如何强大，都无法改变内容为王的定则。

面对新媒体带来的海量思想政治教育内容时，能够吸引学生眼球、引发学生注意，使其愿意花费时间进行深度了解和学习的前提就是内容足够精彩、足够吸引人，而这也正是高校开展网络思想政治教育工作的根本。提升内容的质量要做到如下三点：①传播内容要从学生出发。在自媒体时代，大学生同步进行着思想的接收与输出，这就倒逼高校在开展网络思想政治教育时，其内容要从学生出发，要了解学生的需求与期待，改变以往"高、大、空"的陈旧意识，充分靠近学生、接近学生，做到从学生中来到学生中去，只有建立在学生基础上的教育内容，才能真正被接收，从而获取更好的效果。②内容也要"蹭热点"。在开展网络思想政治教育时要充分利用各重大节假日的特殊时间节点，重大事件的舆论关注力，立足实际并结合当下的时代特征和学生特点，通过网络与学生进行讨论，引发学生对社会现象、制度等展开自主思考，有利于激发自主深度学习的开展，这样不仅可以提高学生自身的思考能力，也可以增强学生对道德问题的判断，更有利于加强学生对高校思想政治教育内容的理解。③传播内容要贴近学生。网络的高使用率使得网络思想政治教育随时随地、无处不在。网络思想政治教育内容要接近学生的学习和现实生活，要接地气，要从学生喜闻乐见的事情出发，要从学生所关心的事情出发，这样做的目的在于吸引学生的注意力，在生活和学习中持续不断进行思想政治教育内容输入，不知不觉中影响学生的思想、价值观念以及生活方式，引导学生健康发展，帮助学生适应社会生活。

（三）高效整合网络优势

网络思想政治教育就是以网络为传播媒介开展思想政治教育。要分析考虑当前网络背景下思想政治教育的现状，高效整合利用网络的优势，有针对性地提高思想政治教育的效果需要做到以下几点：①整合重组学生碎片化时间。网络思想政治教育的兴起除了新媒体与科学技术快速发展的因素，也是由于在高校中开展思想政治教育的时间较短暂、不固定等原因，不如专业技能课程时间完整和固定，那么在此背景下就要求高校积极利用网络要整合重组学生的碎片化时间，形成学生使用网络、思想政治就在进行的状态，开发"每日一句""每日短视频""今日点评""今日热点推送"等一系列简短的信息推送，充分整合利用学生的碎片时间，与其他游戏、购物、聊天软件抢占时间。②借用大数据合力教育。微博、微信、QQ等是常用于开展网络思想政治教育的载体，而在大数据时代，大数据为这些载体提供了信息收集、计算与分析的功能，使其所传播的信息更具备说服力和科学性。这就说明大数据可以使网络思想政治教育开展得更加深入、全面，也能够更好地了解学生的性格和兴趣点，使高校教师在开展网络思想政治教育时能够做到有针对性的信息推送。只是在借助大数据的同时，要注意大数据可能会带来的负面影响，需要教师对推送情况有所把控，避免长时间单一内容的信息推送，要配合其他方式多题材、多类型向学生推送信息。③自主搭建校园传播平台。选取和培养在高校中具有影响力的学生、教师，用他们的影响力吸引学生，选取他们感兴趣的内容开展思想政治宣传活动，以达到教育的目的。教师做引领，发动掌握网络技术的大学生建设德育与思想政治网站，从学生喜闻乐见的事情入手，弘扬网络思想政治教育的主旋律，发挥网络平台的思想政治引领作用，最终实现提高大学生网络思想政治水平的目的。

（四）激发学生兴趣，重视学生主体地位

在高校网络思想政治教育工作中，必须要充分尊重和认可大学的主体作用，并且积极发挥大学生在网络思想政治教育中的主体作用。一方面，要激发学生思想政治学习的

兴趣。兴趣是让活动得以持续发展的原生动力，也是当前高校在开展网络思想政治教育工作时必须首要考虑的核心问题，要充分了解学生的需求、兴趣，以及学生的困难点，创造让学生自己参与网络思想政治教育工作的机会，调动学生的积极性和主动性，树立学生主体意识，使其自愿、主动参与到学习中。另一方面，要重视大学生的主体地位，全面提升其自主学习、教育、传播的能力。在自媒体的背景下，学生拥有了更多的话语权，面对海量信息有着更多的选择权，因此在网络思想政治教育整个过程学生既是信息的接收者又是信息的传播者，这也改变了以往"教师教，学生学"的单一模式，形成了多项互动的传播方式。在这样的模式下，学生有了更多独立思考的空间，其学习积极性也得到了提升。要想提高学生的主体能力，需要高校教师给予及时的、正确的引导，做好议程设置和舆论引导工作，提供更多的交流机会。随着大学生阅历和知识水平的提升，其能力也会相应得到提升。

（五）建立网络思想政治教育全程评估机制

网络思想政治教育在当下发挥着越来越重要的作用，各高校都在积极地提出各类方法更好地推进网络思想政治教育工作的开展，工作的开展必然有效果评估，高校网络思想政治教育工作也不例外。成功与否，学生评价如何，存在哪些问题，该如何有针对性地提高思想政治教育都是高校应当考虑的问题。这也正是传播学中的传播效果反馈环节，这个环节对应到高校网络思想政治教育工作中，需要主要思考的是如何建立一个完整的效果监测与检验机制，用以检验高校网络思想政治教育工作的成功与否。网络思想政治教育评估机制的建立可从以下几方面入手：①网络思想政治教育方案的评估。高校要成立思想政治工作小组对网络思想政治教育方案进行审核，并给予政策、场地和资金等支持。②网络思想政治教育过程的把控。要安排精通网络的，如高校计算机与信息学院的教师对网络思想政治教育过程进行把控。网络的开放性，学生的自主性都给整个教育过程带来了极大的不可预期性，高校网络思想政治教育工作者要有舆情敏感度和专业技能知识才能更好地开展工作。③学生评价机制。学生是对高校工作最有发言权的群体，网络思想政治教育工作开展过后，应当及时启动评价机制。④效果检验与测评。网络思想政治教育并不是学生观看视频，满足学时就完成了所有的工作。要真正地将工作落到实处，就要将网络思想政治教育工作与学生的日常管理工作结合起来，做到有机整合、无缝对接；更要在一定阶段组织学生自己开展知识竞赛、主题演讲等一系列的活动，在检验学生学习效果的同时更能让学生学有所用。

综上所述，网络技术的不断革新带来了网络思想政治教育的动态演变，传播学也得到了广泛应用，高校网络思政课是以网络为传播媒介的、完整的传播过程，需要高校中负责网络思想政治教育的教师从各个环节严格把控，从整体上提升高校网络思想政治教育的效果。

第二节　思想政治教育的网络传播效果

思想政治教育网络传播效果，这一概念有狭义和广义之分。从狭义角度看，网络传播过程的具体效果是思想政治教育网络传播效果的主要研究内容，而研究整个传播过程所产生的效果则是广义角度的。我们主要是从狭义的角度来使用思想政治教育网络传播效果这一概念的。从本质上讲，这是由于思想政治教育网络传播实属一种说服性传播，以经过宣传使传播受众认同和接受某种观点或进行某种实践活动为目的。因此，从狭义的角度来看，思想政治教育网络传播效果是指思想政治教育网络传播者通过网络发出信息，经媒介传至传播受众引起传播受众的认知、态度及行为的变化，通常意味着这一过程在多大程度上实现了传播者的意图和目的。

思想政治教育网络传播的最终目标是要获得良好的效果，但传播者的意志往往不能左右效果的产生，有时可能会出现与传播者的意愿背道而驰的结果。这是由于网络传播效果的形成和发展存在一个比较漫长而复杂的心理过程和社会过程，并且有许多影响因素。因此，为了取得思想政治教育网络传播活动的良好效果，就需要对效果的形成过程及其影响因素有一个明确而深刻的认识。

一、思想政治教育网络传播效果的形成过程

（一）心理过程

在传播效果的研究中，国外学者对效果形成的心理过程提出了不同的阶段分类法。例如，美国心理学家霍夫兰将其分为注意、理解、意见和态度的变化、行动四个阶段；同样的，德弗勒也将其分为四个阶段，分别是浏览媒介、依赖媒介、参与媒介、产生效果；而罗杰斯和休梅克则将其分为知晓、兴趣、评价、试用、采用五个阶段。学者们的提法各

异，但总体上依据效果发生的逻辑顺序或表现阶段，可将思想政治教育网络传播效果形成的心理过程归纳为以下三个层面。

第一，认知层面上的效果。

所谓认知层面上的效果，是指人们的知觉与记忆系统受到外部信息的刺激，引起人们知识量和知识构成发生了相应改变，形成认知层面上的效果。彭兰（2017）认为，可以从作用效果角度来衡量网络传播效果，作用效果是指所传播的内容在传播受众端发生的反响。彭兰同时提出，作用效果包括引起传播受众注意的程度、激发传播受众获取的程度、影响传播受众态度的程度以及影响传播受众行为的程度四种表现方式。而认知层面上的效果与引起传播受众注意的程度和激发传播受众获取的程度是吻合的。思想政治教育网络信息刺激传播受众的直觉和记忆系统，这是引起传播受众注意的表现，"注意"只是表明传播受众感知到了信息的存在，而信息要产生作用，往往需要被传播受众接收、阅读、讨论。在网络中，传播受众可以通过点击、搜索、下载等方式获取信息，便会引起知识量的增加和知识结构的变化，这一心理过程就是认知层面所达到的效果。

第二，情绪和态度上的效果。

外部多种信息作用于人们的某种观念或价值体系，而引起情绪或感情的变化，形成情绪和态度层面上的效果。依据上述，第二个层面对应作用效果中的影响传播受众态度的程度。引起传播受众情绪与态度的变化，是实现传播真正影响人的前提条件。在网络环境中，分析传播受众态度的变化可以通过网络的各类意见表达渠道，但此种分析不应该仅仅局限于静态的评价，还要进行动态的比较；除此之外，也可以借助多种调查而进行有针对性的研究。网络传播对传播受众态度的影响既是短暂的，也是长期的。

第三，行动层面上的效果。

认知、情绪及态度的变化通过人们的言行表现出来，逐渐形成行动层面上的效果，第三个层面对应的是作用效果中影响传播受众行为的程度。传播对人的行为的改变，是一种更深刻长远的影响，而一些影响效果是能够直观被感受到的。一般情况下，由网络传播引发的某种活动，更多体现的是网络对于大多数人的短期作用结果。但是，对于个体行为的长远影响，是一个尤为重要的研究方向。

思想政治教育网络传播效果形成的心理过程，是传播受众接受思想政治教育网络信息时的一种主观能动过程，因此，客观地掌握接受的心理机制显得至关重要。一般来说，接受的心理机制主要由接受心态、接受动力、接受能力三个部分构成。思想政治教育网络传播效果形成的心理过程是一个十分复杂而漫长的过程，以传播受众的接受心理机制为着眼点，能更深入、更全面地认识思想政治教育网络传播效果，并对思想政治教育网络传播效果的提升奠定丰厚的理论基础。

（二）社会过程

思想政治教育网络传播的信息，既有直接流向传播受众的，也有一些是经过社会过程传播开来的。对于思想政治教育传播效果的社会形成过程，国外一些学者的研究主要涉及三种流程：首先，在早期的研究中，信息的流程是通过"枪弹论"模式进行把握的，即媒介直接与传播受众接触，像枪弹一样射中传播受众。其次，就是拉扎斯费尔德和贝雷尔森等人的"二段流程"模式，他们认为大众传播要经过意见领袖这个中间环节，而并不是直接"流"向一般传播受众，即出现了"大众传播→意见领袖→一般传播受众"这样一个传播顺序。最后，美国的罗杰斯等人对"二段流程"模式进行了创新。罗杰斯发现作为信息传递的"信息流"，信息由传播媒介直接传向一般传播受众，可以是一级的；而作为影响或效果的产生与波及过程中的"影响流"，需通过人际传播中许多环节的过滤与筛选，则是多级的。于是，信息的传播由最初的"两级传播"模式扩展为"几级"或"多级"的传播模式。

这些理论研究揭示了思想政治教育网络传播效果的产生，同样是一个非常复杂的过程，其间必然存在众多的中介环节和制约因素，单一的传播并不能影响人们的思想观念。

第一，社会网络。

社会中实践者及其关系的集合称为社会网络，其是由多个节点与每个节点之间的连线组成的集合。在现代网络中，网站可以做到从上至下的点对面传播，而普通个体却不能。大多数情况下，普通个体发布信息是借助于某些网络的节点，这些节点上的网络信息能引发巨大的社会感染力和影响力，其间势必潜藏着一种隐形传播的网络，这种虚拟的社会关系网络就是指人们的社会网络。在虚拟的社会网络平台中，人们获取信息通常要凭借社会关系网络，同时借助这个网络进行信息的过滤与筛选。如，QQ 和微信中的好友，微博和短视频平台上的关注对象及粉丝。在网络虚拟空间中，这就意味着每个网络用户都有属于自己的社会网络，而大量个体的社会网络交汇在一起，又会形成一个庞大而复杂的社会网络。社会网络传播的过程就是媒介直接到传播受众的过程，正是传播学中的"枪弹"模式。

第二，意见领袖。

意见领袖是指人际传播网络中的"活跃分子"，不仅为他人提供信息，而且是对他人施加影响的一类人。在传播效果的形成过程中，意见领袖发挥着十分重要的筛选或中介作用，他们的使命在于将信息分散给传播受众，形成信息传递的两级传播。随着互联网的普及，传统意义上的意见领袖的作用发生了微妙的变化，尤其新媒体的迅速兴起、繁荣，给予了意见领袖全新的活动平台，对社会舆论的形成和引导产生了规模较大的影响。在网络传播过程中，意见领袖充当着信息的传递者与信息源头的把关者的双重身份，其不仅仅负责扩散信息，也掌握着操控信息与意见走向的权利。在特定的网络信息传播活动中，意见领袖的出现可以使网络传播的声势更为浩大，有利于从整体上提升网络传播的影响力。当然，意见领袖对网络信息传播的效果并不总是积极的，但认同意见领袖的存在这一现实，才能对其效果进行深入的研究。

第三，自组织。

"自组织"是指一个系统在内在机制的驱动下，自行从简单向复杂、从粗糙向细致方向发展，不断地提高自身的复杂度和精细度的过程。通常情况下，网络用户进入网络空间，起初都是自发的、随机的，随着时间的推移，个体与个体之间逐渐出现了交集，甚至在某个时间、某些空间中，会出现网络用户间的协同配合，这种协同也有可能变得井井有条。在网络的自组织运行中，经常发生能量交换，在绝大多数情况下，让社会看到其行动效果是自组织进行网络传播的初始目标，它的内部能量积蓄的最终目的是向外界释放。于是，许多自组织的能量释放达到一定程度后，会对相关自组织产生影响，并引起主流媒体与社会各界的关注，使自组织的能量转化为社会能量。从"影响流"角度分析自组织，可以发现作为人际传播的一种特殊形式，自组织所产生的影响是多方面、多层次的，这与罗杰斯的"几级"或"多级"传播模式是相统一的。

二、思想政治教育网络传播的积极效果

一般而言，学术界研究思想政治教育网络传播的效果，旨在提高传播的积极效果，减少甚至根除消极效果。思想政治教育在网络传播的过程中，是否符合传播者的主观意图，是否对社会产生积极影响，这是区分积极效果与消极效果的主要依据。思想政治教育网络传播的积极效果，主要包含以下几方面。

（一）思想政治教育的内容不断完善

目前，网络技术发展已经较为成熟，网络平台上的信息资源蜂拥而出，巨大的信息容量和丰富的信息种类，以至于被人们用"海量"一词加以描述，数据库就是一个典型的例

子。对于思想政治教育网络传播受众来说，可以通过手机、移动电脑等实时获取线下获取不到的信息资源，还可以随时随地了解国外先进的知识理论和热点新闻事件。同时，当前网络集文字、图片、音频、视频于一体，使思想政治教育资源更生动化、形象化。另外，从传播者的角度来看，通过网络平台可以洞察传播受众在互动中的主要思想倾向，进一步了解传播受众的整体状态，从而有助于制订下一步的传播计划，在一定程度上使思想政治教育的内容得到完善。

（二）思想政治教育及时性效果得到提升

与传统的大众传播相比，网络传播更加快速、更加及时，在一定程度上提高了人们的办事效率，当然也会对思想政治教育产生积极效果。在参与思想政治教育网络传播活动中，传播受众可以对学校或工作单位的某方面管理发表言论和看法，也可以对国内外的各种时事事件进行理论探讨；与此同时，通过思想政治教育网络平台，传播者能够及时获取传播受众的这些信息，觉察传播受众在思想政治教育网络传播的过程中存在的疑难问题与障碍，进而及时选用相应的处理办法。针对网络上出现的不良信息传播，传播者也可以进行及时拦截并加以修正，从而引导传播受众树立正确的世界观、人生观和价值观，提升传播受众的自身素养与政治觉悟。因此，借助网络平台进行思想政治教育传播活动，可以极大地提升传播的及时性效果。

（三）传播受众参与度提高

网络具有开放性、虚拟性以及信息传播交互性等特点。一方面，开放性和虚拟性意味着任意一个网络用户都能够成为信息的发布者，可以利用网络平台发布公开信息。传播受众也可以匿名评论，无须在乎他人看到自己的留言。于是，相比传统的思想政治教育手段，思想政治教育网络传播受众参与人数更加广泛。另一方面，信息传播交互性意味着传播者与传播受众之间可以进行即时互动或互换地位。传播受众可以获取自身认为有价值的信息，教育传播者也可以随时获取到宝贵的传播受众回馈信息，从而达到传播者与传播受众两者之间的即时互动的效果。与此同时，传播者与传播受众之间可以进行位置的交换，传播受众可以积极投入思想政治教育网络平台的搭建与运作中，能够直观地了解网络媒体平台运作的总体过程。因此，网络不仅可以为传播受众提供一个宽松的、自由的交流与学习平台，而且也能激起传播受众的积极性和主动性，吸引他们自觉参与和踊跃维护。

三、思想政治教育网络传播的消极效果

（一）在一定程度上冲击了传播受众的思想观念和价值选择

网络传播的匿名性、多渠道等特点，使得思想政治教育网络传播在许多平台，如微博、微信、移动短视频等都容易扩散或转载某些庸俗、带有攻击性和牟利性的网络舆论。网络中的舆论具有传播速度快、范围广的特点，因此存在很大的危害性。它们不只削弱了网络信息的可信度，使思想政治教育网络传播效果的提升难上加难，而且也带来一系列更为严峻的社会负面影响，如个体形象会因为不正确的价值观念和思想倾向的舆论而受到伤害；同样，这些消极的网络舆论也会扭曲群体和社会的发展轨迹，阻碍社会和谐稳定与快速进步等问题。一方面，由于网络信息传播的即时性、快速性以及传播者"把关人"的缺席，使得一些信息在网上发表时处于一种预告状态，与报纸、电视的"预告新闻"相比，传统的大众媒体的预告新闻是经过充分核实后才发布的，再者加上网络责任约束的淡化，网民对信息即时性、反常性与轰动性的追求，要远远超过对信息真实性的考虑和把握。另一方面，由于参与思想政治教育网络传播的社会角色构成的多样性与复杂性，公众的批判意识大为减弱，使得主观化、目的化的流言大量发布，广为流传。目前网络传播中，年轻用户居多，其批判意识较弱，极易受到一些不良思想意识的诱导。

（二）忽视了传播受众的主体需要

"内容为王"是非常重要的互联网思维。随着网络技术的不断发展革新，海量的网络信息涌入人们的生活，而这些信息中真正符合传播受众口味的并不多，大多为脱离生活实际、"去现实化"的教条，漠视了传播受众的主体需求，从而导致传播受众的接受效果不佳。在互联网的运营中也非常注重"口碑"，而要在"口碑式传播"的互联网环境中拥有更多关注度，就需要认真研究传播受众主体的需求，随时关注传播受众的喜好变化，依靠极致化的产品体验和综合服务，才能赢得更多用户的青睐。同样，思想政治教育网络传播者想要获得更广泛传播受众的认可，就必须提供符合其工作和学习合理需求、解决其思想现实困惑，以及引领其向上、向善发展的教育内容。只有传播受众拥有了好的受教育体验，他们才会在纷繁复杂的网络信息中阅读思想政治教育网络传播的内容，并主动成为传播者。但仍有部分教育传播者尚未认识到这一点，依旧照搬传统思想政治教育传播的老思路和旧措施，认为建个网站、设个公众号，将原来的教育内容照搬上去，就算完成了思想政治教

育网络传播的任务。殊不知，这样的内容设置在没有管理体制约束、没有教育工作者强迫监督的环境中，只会被束之高阁，对思想政治教育网络传播的有效开展造成严重的阻碍。

（三）舆论分散，教育质量不高

目前，大多数思想政治工作者意识到网络载体的应用对开展思想政治教育传播的重要性，许多党政机关、学校、企事业单位等都创建了官方网站、微博、微信等公众平台，并以此为载体快速发布通知、传递信息、举办活动等，为思想政治教育网络传播的有效开展拓展了多种新门路。特别是微博、微信等自媒体平台，使传播者与传播受众之间的交流互动更密切了，为传播受众了解、探讨社会热点和时政新闻提供了快捷方便的渠道。

网络载体的广泛运用为思想政治教育网络传播的有效开展创设了良好的平台和环境。虽然网络载体为传播受众思想政治教育网络传播的开展带来诸多便利，但其运作方面仍会出现许多新情况、新问题。各种载体各自为营，难以形成一个"同心圆"，提升传播受众的综合体验相对比较困难，进而影响思想政治教育网络传播的效果。目前各党政机关、学校、企业单位等虽然在多渠道、多平台的网络载体建设方面作出了大量的尝试，但多数网络载体是各自发展，未能达到网络资源的共建共享、优势互补。

随着数字技术的迅速发展，用户可选择的新媒体平台也越来越多。除微信公众号、微博平台外，还有腾讯视频、B 站等综合视频平台，抖音、快手小视频平台，知乎、头条、学习强国等知识性平台，以及喜马拉雅、得到等音频 App。思想政治教育载体的样态一直被这些不断发展的网络平台重构着，但教育效果的好坏并非在于载体的多少。每个载体平台都有自己的运行特征和规律，载体间如果能形成有效的配合，就可以取得良好的舆论效果。而现状是，一方面，官方的载体平台之间配合较差；另一方面，即便开通了微博、微信账号，官方核心平台与它们之间的互动性也较少，没有形成合力，影响网络平台的有效传播。

第三节　高校思政教育网络阵地的开发

在当下这个网络时代中，互联网与社会、学校与社会、线上与线下的界限已经不明显，这为做好高校思想政治工作提出新的课题。网络思想政治教育阵地的开辟、建设、筑牢、净化和巩固，既是做好网络思政工作的必然要求，也是推进高等教育治理能力现代化的客观需要。

一、开辟网络阵地：建设主题网站，突出网站特色并扩大影响力

建设思想政治教育主题网站是信息技术发展对高等教育提出的新课题，也是网络思想政治教育的重要手段、重要载体。其作用在于能够紧抓教育客体需求，服务学生于网络，增进主客体互动、丰富校园文化建设方式，拓宽服务学生新途径。

（一）主题网站建设中存在的主要问题

从实践中看，目前高校大学生思想政治教育网络阵地建设有两个问题较为突出。一是阵地意识缺乏、协作精神不足。在各高校，普遍建立了各自的网络思想政治教育平台，但同一个省、同一个市内平台建设缺乏整合、条块分割、合力不足。学生网民浏览使用积极性不高、互动效果不明显，多为单向宣传、报道、通知、公示等功能，思想政治教育主题网站在学校门户网站、各大网站中所占比重较小，访问量少，边缘化情况严重，个别网站缺乏"人文关怀"，缺乏对青年群体思想政治教育的引导和持续关怀。二是开放有余、坚守能力不足。一些高校思想政治教育平台建成后，网站内容更新较慢，一劳永逸。网络板块、语言风格依然传承传统思想政治教育的说教与硬性灌输，内容枯燥，形式单一。有的网络平台对于社会中有争议的焦点、热点问题缺乏时效性引导，对于大学生群体中一些庸俗、低俗、媚俗的不良倾向不能及时加以纠偏，极大地阻碍了社会主义核心价值观理念的形成和巩固，不利于形成广大青年学生正确的世界观、价值观和人生观。

（二）主题网站的建设和发展

1. 增加内容丰富性，提高质量打造品牌

思想政治教育主题网站建设要符合自身的方向定位，服务于大学生的成长成才，服从于党的教育根本要求，服务于推动高等教育持续发展。对栏目设置与更新要进行充分调研和动态管理。心理健康教育、思想理论教育、政治教育、道德教育等都是思想政治教育应涵盖的基本内容。首先，关于科学理论的宣传与推广。这一方面内容可以参考"学习强国"APP，将马克思列宁主义、毛泽东思想和中国特色社会主义理论体系，特别是习近平新时代中国特色社会主义思想的内容、理论成果以合适的形式、栏目用于网站建设，聚焦

国家社会发展、社会民生的热点、焦点对党和国家的方针政策进行解读与宣传。科学理论的宣传与普及应注意互联网的宣传形式，不能只是传统思想政治教育内容的"易地搬迁"，要结合互联网传播方式和互联网时代网民的接受方式。可以参考《习近平新时代中国特色社会主义思想学习纲要》有声书等网络传播形式丰富专题网站，提高网络传播的内容质量，打造品牌，扩大影响力和传播力。其次，要对中华民族五千多年优秀传统文化进行深度挖掘、传播与普及，以青年学生乐于、易于接受的方式进行宣传，推广"经典咏流传""中国诗词大会""百家讲坛"等优秀节目，以优秀传统文化涵养大学生素养，充盈他们的精神世界，让他们与古人、圣贤、智者进行跨时空对话与讨论，在网络时代的成长中汲取传统智慧和传统力量。最后，利用网络传播校园文化，利用网上论坛、网上新闻、电子公告向学生网民传播思想政治教育的内容和活动，引起广泛关注和积极参与。主动制作适合新兴媒体传播的网络产品和优秀文化作品，推动优质文化资源、教育资源在更大范围内普及共享。主题网站的栏目设置要根据客观形势变化和大学生反馈情况进行调整，增设改版、取消、扩充，动态调整，动态监测，通过后台数据了解大学生的关注度和参与度。

2. 扩大服务的功能性，促进形式多样性

思想政治教育网络阵地建设，需要不断丰富网络内容，促进形式多样，增加服务功能。大学生的入学指导、生活服务、勤工俭学、组织发展、毕业就业、心理疏解等与学生密切联系的现实内容都可以充分利用网络，以此提高服务质量和教育品质。网站可以通过设立形式多样的服务板块，通过服务学生拉近与他们的距离，吸引他们更多关注思想政治教育网站，形成对主题网站的持续关注，从而认同高校思想政治教育工作的价值和意义，提高思想政治工作的针对性、有效性和前瞻性。"灌输"的方法是思想政治教育中一个直接手段，但过多单纯地灌输会让"网络原住民"的"00后"产生抵触情绪甚至是反感。思想政治教育与服务功能相得益彰，只有这样，才不会造成思想政治教育只是单纯政治说教，而无关实际问题的解决。这种结合既是对思想政治教育网上网下原则相统一的贯彻，更是为了提高网络阵地建设的有效性。人心是最大的政治。做网上工作，不能见网不见人，必须下大力气解决实际问题，在实际问题解决中提升思想政治教育的效度，把大学生网民凝聚到高校的思想政治教育工作中。

3. 增强信息内容的思想性，保证信息的质量

网络具有政治社会化功能，高校思想政治教育网络阵地的建设在增加信息流量，丰富内容形式同时，更要注重信息的政治性、思想性。网络思想政治教育阵地要借助宣传，引导大学生关注世界局势、国家发展社会进步、民生福祉。通过有效网络内容传播，引

导广大学生弄清楚中国共产党为什么"能"、马克思主义为什么"行"、中国特色社会主义为什么"好"等基本道理。启迪学生对国家前途和命运进行思考，启迪学生对个人成长关注并反思，启迪学生聚焦社会现实且能激浊扬清。网络阵地建设的关键是扩大传播力、公信力、影响力，克服现实活动中的小众参与，微众受益。当前，"四史"学习教育是党的政治生活中的一项重要任务，网络阵地建设要紧密围绕这个主题，通过学习宣传引导学生树立正确的国家观、历史观、民族观、文化观。革命故事、英雄事迹、名家解读、理论争鸣、论坛讲座都可以运用到高校思想政治教育网络阵地建设中，突出网络阵地信息的主导性。

随着我国高校网络思想政治教育工作的不断发展，一批高校在主题网站建设中取得了显著成绩，网站建设质量高，在广大青年学生和社会中具有一定的影响力。如教育部的"中国大学生在线"网站、辽宁省的"大学生在线联盟"、北京大学2001年创建的"红旗在线"网站、山东大学的"学生在线"网站、山东理工大学的"青春在线"网站。杭州电子工业学院创建的中国红色网站联盟网站更是以"联盟"形式对思想政治教育主体网站分散的资源进行整合尝试，有效实现思想政治教育网络平台"1＋1＞2"的功效。

二、建设网络阵地：善用底线思维，增强高校网络思政的引导力

中共十八大以来，习近平总书记多次强调，要善于运用底线思维的方法，凡事从坏处准备，努力争取最好的结果。运用底线思维，坚持"有守"和"有为"密切配合，有效提升高校思想政治教育的网络引导力，防范大学生思想政治教育中的"黑天鹅"事件和"灰犀牛"事件，更好地应对网络时代诸多新挑战、新问题。

（一）坚守底线思维，做好守土有责

网络时代，高校思想政治教育主体固守网络阵地，严阵以待，审时度势，积极应对，除了应有明确的态度和坚定的立场外，还要树立三个"意识"。

1. 阵地意识

《中共中央关于加强和改进思想政治工作的若干意见》中明确指出："在新的历史时期，思想领域的矛盾和斗争错综复杂，有时还表现得相当激烈，思想领域的阵地马克思主义不去占领，非马克思主义和反马克思主义的东西必然去占领。"网络的开放性、虚拟性和跨

文化性无疑使大学生思想政治教育形势更加严峻和紧迫，网络信息的不可控和教育对象掌控难度的增大都给这项工作带来极大挑战。这种情况下，思想政治教育主体能否坚定地主动宣传、普及马克思主义理论，坚守好自己的舆论宣传阵地，能否在网络战场上以一种全新的迎战姿态面对挑战，以创新的网络语言争取更多的青年学生，固守高校这块圣地，坚决抵制一切恶意诋毁中国特色社会主义和中国共产党的言论和思想，能够面对乱世而不乱，稳住阵脚，砥砺前行，是对一个高校思想政治工作者的重要考验。

2. 安全意识

网络时代，网络具有开放性、共享性、超时空性和隐蔽性等特点，这样的特点也为西方霸权主义、文化殖民主义、意识形态的渗透与传播提供了便利，埋下安全隐患。首先，思想政治教育主体要进行不断的自我教育、自我约束，要有高度的忧患意识和较强的免疫力，要有政治敏锐性和高度的警觉，特别是关系到意识形态领域的问题。其次，思想政治教育主体要担负起教育、引导学生合理使用网络、正确使用网络，自觉分辨、甄别、过滤网上信息，抵制网上反动、不良的信息的侵蚀，引导学生网络言行遵守相关法律法规、管理制度的约束，加强网络道德自律。正如评论员曹林所说："当下横亘在人群中最幽深的分野，已经不是信息多寡所形成的'知沟'，而是判断力强弱所分化出的'智沟'。"

3. 学习意识

人，需要确立一个终身学习的意识，并具有不断学习、不断完善和提升自我的能力，在网络时代，这个要求变得更加突出。高校思想政治教育主体较快适应网络教育环境，除了具有丰富的思想政治教育理论知识，还要系统学习、熟练掌握网络技术、信息技术等新技术手段。另一方面，为更好地拉近和教育客体的距离，也要学会"网言网语"，学习大学生常用的各种应用软件、网络交流平台，以平等的姿态与学生多交流多学习，贴近大学生；要学习网络心理学，了解大学生的思想动态和网络言行，创新思想政治教育工作方式和方法，并将之与互联网技术有效结合，提高教育成效。

（二）运用底线思维，争取有所作为

高校思想政治教育工作是一个系统工程，需要全校教育、教学、管理、服务各部门教职员工齐动员、齐上阵。但这个过程中，思想政治理论课教师无论从职责所在，还是从所学专长上讲都应该成为思想政治教育的主力军。尤其在思想政治教育网络阵地的建设中，更应不辱使命，有效利用网络平台更好地延伸思想政治教育阵地，扩大思想政治教育影响的成果。

1. 延展思政课教师讲台，做马克思主义大众普及的宣讲员

宣传马克思主义，是高校"思政课"教师的本职工作。在网络时代，网络上的错误思潮，"大V"和"公知"的强势话语，个别西方国家的"别有用心"都需要思政课教师充分利用专业优势，利用多种渠道、多种载体、多种形式，开辟讲台外的第二阵地，坚定不移地宣讲马克思主义，宣传党的路线、方针、政策。思政课教师可以利用专业优势，或通过开办个人微信公众号进行定点定向宣传，也可以利用网页、微信、微博QQ开展马克思主义理论、马克思主义中国化理论的普及和推广。也可以以普通网民的身份对大学生的需求进行答疑解惑，为大学生现实问题的诠释和解决提供坚实的理论基础和实践依托。利用建党百年华诞的契机，在线上线下讲好党史故事，带领青年学生真实回顾中国共产党百年的筚路蓝缕，百年的辉煌成就，真实还原党的建立和发展史上优秀党员和英雄人物事迹。高校思政课教师不仅"传道、授业、解惑"，高校思政教师是富有神圣历史使命的一个特殊群体，对于青年学生的培养，对于社会主义意识形态的宣传和构建负有不可推卸的责任。高校思政课教师将教书育人的阵地从课堂延伸到网络，抓住各种机会，采用网民喜闻乐见的方式和通俗易懂的话语，适时适地适宜地宣传马克思主义，将使思政课教师的职业效用发挥到最大化。

2. 关注网络意识形态热点，做网络舆论的引导者和网评员

意识形态是变化的、动态的。从宏观上看，意识形态变化是缓慢的、是滞后于经济基础的变化的。但是在微观上、在局部上，它的变化又是剧烈的，有时是瞬息万变的，有时也可能在局部时段、局部地区掀起波澜。从实际工作看，网络意识形态热点，既有唇枪舌剑的隔空对峙，也有现实事件发酵在网络的反映。网络信息传播中依旧存在"沉默的螺旋"现象，即强势的发言会让有反对意见的一方，在压倒性的数量优势面前变得沉默观望，而这种沉默会使事态发展更加倾斜于意见占大多数的一方，最终形成绝对优势。如果强势的发言、绝对的优势声音是非理性、非主流、非正义的，那么良好的网络生态必将遭到破坏，长此以往，网络中将乌烟瘴气、浑浊不堪。因此，作为高校思政课教师，要敢于并勇于在强势声音中发出不同的主流声音，不能做"沉默的羔羊"，不能做息事宁人的"和事佬"，要充分发挥专业优势，为混乱的网络争执提供正确导向进行有理有利有节的斗争，引导网络舆论生态的良性发展，自觉承担起一个意识形态教育工作者应有的责任，为净化网络舆论生态环境做出应有的贡献。

3. 积极参与网上网下意识形态斗争，做捍卫真理的战士

当前，意识形态斗争形势尖锐。线下青年学生对马克思主义理论学习，思想政治教育

课程学习存在兴趣不高，冷漠、藐视甚至排斥，对理想信念不屑一顾、对信仰置之不谈的现象。

马克思主义理论课程在一些高校不被重视，一些专业课教师对思政课开设缺乏足够重视，课程思政的理念和工作推进在很多专业教师中还没有落实落地；一些学生认为思政课学分过高，排课在一二节实属没必要。总之，思政课在现实中冷遇不少、冷嘲不断。由于缺乏自信，一些思政课教师为迎合学生，放弃马克思主义理论的宣传，在课堂上哗众取宠，无原则、无纪律地胡讲乱讲，无意义的"抬头率"换来的是学生对思政课的愈加不重视；更有教师在课堂上、网络上恣意发表不负责的反主流意识形态的言论；也有教师将现实遭遇、个人负面情绪带入课堂教学和网络言论中，对我国主流意识形态进行曲解和误读。在线上，一些"大V""公知"，公然攻击我们的党，攻击我党的路线、方针政策，否定改革开放以来我们所取得的巨大成就，夸大政策失误、组织不力，夸大负面影响，夸大阴暗面，以偏概全，以点带面，恶意上纲上线。对此，思政课教师要敢于向错误言论宣战，站稳政治立场，坚定理想信念，做马克思主义的坚定信仰者和中国共产党的忠实拥护者。更应该通过有理论深度的评说、对现实思考的观点阐述、有重量的文章推出，向网上网下的错误思想、错误言论、不当行为"开战"，做捍卫真理的"斗士"。

三、筑牢网络阵地：运用议程设置，重塑思想政治教育的话语权

议程设置理论，是传播学中研究传播主体在传播过程中发挥主导作用的理论依据。所谓"议程设置"，是指媒介选择社会议题遵循一定的价值观念和利益取向，并按一定规则给予程度不同的关注；人们对某些议题重要性的重视程度，受到了议题被关注频率与强度的显著影响。这也就意味着媒介可能无法影响人们怎么想，却可以影响人们去想什么通过议程的设置可以将社会注意力引导至特定的方向。

网络时代，高校思想政治教育主导地位动摇，一方面是由于"无屏障"空间带来海量信息冲击；另一方面则是外在不利环境影响下，高校自身思想政治教育宣传态势、内容冲击力、效果影响力等内在原因所导致的竞争相对弱势。因此，重塑高校思想政治教育的话语权，需要教育者充分学习、灵活运用议程设置理论，即便在信息膨胀，"人人都是麦克风"的新形势下，也可以多发声、发重音、刷耳目、浸心灵。

（一）把握网络议程设置下的高校思政工作

提高大学生网络思想政治教育实效性，应主动设置大学生关注的"网络议题"。如果主流的话题议程不被积极、主动设置，一些非主流、非主旋律的主题就可能抢占主战场，抢占思想政治教育的高地。做好议程设置要把握以下几个关键。

1. 议程设置的常态化

高校思想政治教育工作具有长期性，教育开展过程中既不能"去意识形态化"，也不能"泛意识形态化"，日常管理及思想政治教育不能冲淡意识形态教育的主旨，马克思主义和共产主义信仰、中国特色社会主义理论体系、理想信念、非马克思主义思潮批判等，议题要常更常新，从不同层面、不同角度、不同切入突出主题，积极引导大学生接受并坚守主流意识形态，引导学生正确辨析非马克思主义、非主流意识形态的本质和危害。

2. 议程设置的时机把握

在党和国家一些重要时间节点，一些重大事件发生时，高校要精准把握抢占最佳时机，设置与之内容相关的议程，吸引大学生的关注，特别是争论性大、疑惑较多的问题，高校主流声音一定第一时间准确发声、权威发声，抢占舆论引导先机。比如抗击新冠肺炎中的人与自然关系的反思，人道主义、国际主义精神体现；袁隆平院士和孟启超院士离世后对于科学家精神的讨论；等等。

3. 议程设置的导向需求

网络环境下，网络议程设置的最大特点是改变传统媒体条件下的单向性，高校的思想政治教育工作要充分考虑教育对象网络行为的信息需求、学习需求、精神心理需求、社交需求、娱乐需求等，以学生为核心，尊重学生的平等主体地位，以学生需求作为设置核心，主动介入学生关注的社会议题讨论并发言。

4. 议程设置的生活化

传统媒体时代，高校思想政治教育多为从上至下，过于刚性，习惯于正面、直接、显性、强制的方式。网络时代，思想政治教育议程设置应坚持贴近生活、贴近实际、贴近学生，关注现实生活，洞悉大学生内心世界，主旋律不束之高阁，回归大学生现实生活，但又不能偏离思想引导的主线。

（二）议程设置后的互动凝聚

议程设置，就是由教育者选取弘扬主旋律、激发正能量、能调动大学生积极性的议题，通过持久广泛的讨论，不断强化渗透，在鱼目混珠的网络环境中激浊扬清。进行议程设置，教育者不能"一设了之"，要在充分尊重教育客体地位的基础上，与之开展平等的交流。传统媒体时代，交流是一对多、上对下，而网络时代交流突出多对多、点对点、面对面。大学生喜欢并享受于网络环境的一个重要原因就是可以独立其中，并能以"符号"的身份，充分表达、自由抒发，没有权威的压力，没有世俗的限制。在宽松与自由的网络环境下不可避免地会带来傲慢与偏见、失真与失言、偏激与不理性，甚至可能在"沉默的螺旋"的效应下，形成巨大的舆论洪流，而这股洪流也许只是大多数的意见而并非正确的声音。

因此，议程设置的环境形成后，讨论、辩论需要思想正确的"意见领袖"出现发声。关于意见领袖的培育，可以从两方面着手，一是教育者在与学生长时间的交流、沟通中，逐步使自己成为深受学生欢迎、信赖、认同、有一定网络影响力的"意见领袖"。二是在网络行为中，发现、有目的地培养学生"意见领袖"，与教育者的"意见领袖"相比，学生中的这部分人更有引导优势，他们的身份不用转换，话语无须刻意，只是平时要加强这部分同学的网络发言主导性，提升他们的发言质量，为他们创造良好的发言环境，通过他们直接或间接的影响带动其他大学生网民，提高核心价值认同。与前两种校内意见领袖不同，还有一种集中在校外的网络意见领袖。随着互联网的快速发展，包括新媒体从业人员和网络意见领袖在内的网络人士大量涌现。在这两个群体中，有些经营网络、是"搭台"的，有些网上发声、是"唱戏"的，往往能左右互联网的议题，能量不可小觑。

（三）《人民日报》等公众微信号的启示

网络时代"用户至上"，尊重用户、服务用户、满足需求是这一时代的要求，从信息稀缺的传统媒介环境到信息过剩的网络环境，用户如何定位，用户兴趣点是什么，用户的行为轨迹怎样，依托网络技术，这些都可以寻到答案，而答案正是网络信息传播主体要关注的、切入的。

近几年，很多党媒创办了微信公众号，"新华网""求是网""人民日报""求是手机报"等主流公众号都颇受好评，以《人民日报》公众微信号为例，下设栏目有"来了，新闻早班车""标题新闻""提醒""健康""荐读""关注""实用""夜读"。全天分5时、8时、13时、18时、21时、22时六个时段进行微信推送，内容以国家时政要闻为主线，衣食住行、市井百态、经济政治文化社会生态、日常生活、热点焦点、国内国际、心理自助等。党的十九大召开期间，该公众号更是加推了"快讯"栏目。传播方式则包括文字、视频、音频、动画、图片，画面冲击力强，视觉效果好，文字主旋律明确，正能量满满。二十四节气、传统节日、领导人讲话精编都很有特色和文化底蕴。譬如，一篇《"不要人夸颜色好，只留清气满乾坤"火了，一起火的还有这些话》，就将习近平总书记在中共中央政治局常委同中外记者见面时援引的话，以视频原声，原典《墨梅》以及释义，包括习近平总书记那些发自肺腑的话做了精心编排。整篇文章读下来，使人对我国传统文化、新时代党的领导人执政宣言、执政决心和信心有了生动而深刻的理解，阅读后充满激情，民族自尊心和自豪感油然而生。《人民日报》公众微信号的建设为高校网络阵地建设提供了可资借鉴的经验。

高校发展离不开网络，网络对于拓展教育内容，丰富传播手段，提升传播效果发挥着重要作用。高校在使用互联网过程中存在工具化、功利化倾向，各类网络阵地服务教育教学管理多，关注学校发展、校园文化和校园活动多，对思想政治教育常规活动、例行活动多，对于平日生活中的时事评论、热点跟踪、焦点聚焦、社会思潮、思想动态、网络争鸣等乏于关注和网络引导，只是在一些历史事件纪念日、重要的政治活动时才给予较为全面的关注。从《人民日报》公众号的传播效果看，教育主体"要增强议题设置能力，该说的说到位，该热的热起来，该冷的冷下去"。既要关注与大学生息息相关的日常生活，关注他们的成长成才，又要注重对他们政治意识的培养、核心价值观的培育。思想政治教育工作要把握网络传播移动化、社交化、可视化的趋势，要在重塑思想政治教育话语权上下功夫，在传播话语体系上下功夫，要贴近学生网民，善于运用它们喜欢、习惯的网言网语，在乐于接受和易于理解上下功夫。只有教育客体听得懂、听得进、听得明白，正面宣传和主流价值的网络传播效果才能不断提升，用户规模不断扩大、用户黏性不断增强。"做好网上舆论工作是一项长期任务，要创新改进网上宣传，运用网络传播规律，弘扬主旋律，激发正能量，大力培育和践行社会主义核心价值观，把握好网上舆论引导的时、度、效，使网络空间清朗起来。"

四、净化网络阵地：加强监督管理，优化思想政治教育网络环境

企业，是以营利为目的的经济组织，互联网企业是借助互联网模式发展起来的新型经济组织。借助互联网模式，中国经济模式持续转型升级并取得巨大成效。无论是共享经济、消费升级、金融科技等新的业态，还是大数据、区块链、人工智能等新技术，中国互联网企业都在其中扮演了推动者和建设者的角色。企业发展追求经济效益无可厚非，但仍需履行责任，即经济责任、法律责任、道德责任、社会责任。为了追求点击率传播黄暴信息、电商平台的不正当竞争和假冒伪劣、网约车平台的不规范管理、搜索引擎的竞价排

名、外卖餐饮的无证经营和食品安全问题，这些现象的共性都是一味追逐经济利益，罔顾职业道德和社会责任。对网络乱象的整治、对互联网企业的监管，是网络空间综合治理的必然要求，也是助力大学校园文化建设，为大学生思想政治教育营造良好的社会网络教育环境创造条件。

（一）加强法制建设，推进监管法制化和规范化

法律法规作为规范一切社会关系的根本手段。实现互联网企业良性发展，法律层面及相关部门的监管与规范必不可少。近年来，我国在互联网监管领域不断成熟和完善，出台了《互联网信息搜索服务管理规定》《关于进一步加强管理制止虚假新闻的通知》《网络安全法》《中华人民共和国电子商务法》《云计算服务安全评估办法》《儿童个人信息网络保护规定》《数据安全管理办法》等。这些互联网法律法规多规范的问题全面，规范对象覆盖网络传播全过程。这些法律法规实施都表明互联网不是法外之地。在一系列法律文件的指导下，我国互联网治理力度不断加大，成效显著。以 2019 年为例，我国开展的网络专项行动有清理恶意移动应用程序、APP 乱象专项整治、约谈百度搜狐、"剑网 2019"专项行动、网络音频专项整治、约谈主要网约车、顺风车平台公司、推进青少年网络防沉迷、APP 违法违规收集个人信息专项治理等。网络治理行动根据行为的不同性质和影响程度，采取不同的处理，依法行政约谈、警告、暂停更新、关闭或移送司法机关。

今后，在坚持依法治网、依法办网的基本原则下，要加强网络立法的预见性、执法的可操作性以及对网络违法犯罪的惩戒性和强制性。在准确把握网络发展趋势和发展规律的前提下，充实关于互联网犯罪的条款。明确新型互联网犯罪的立案标准，补充举证范畴，明确各类电子犯罪的量刑标准。对于跨地区的互联网犯罪，确立相关案件的管辖原则明确互联网企业在思想政治教育方面的"禁区"和责任；在规则、条例方面，制定相关行业规则，确立互联网企业的责任追溯机制和奖惩机制。

（二）压实主体责任，加强内容和安全审查

网络社会，内容为王。自《网络信息内容生态治理规定》施行以来，我国各大互联网企业基于自身特点，"认真梳理薄弱环节和漏洞短板，从机制、队伍、产品、技术等不同维度发力展开内容治理行动，多措并举推动生态治理"。

今天，网络与人们的生活愈加紧密，社交媒体应用平台充斥着海量的 UGC 内容（用户生产内容），如果企业只是作为第三方提供平台容易导致低门槛准入后，各类杂音噪音

充斥，负能量聚合。作为责任主体的互联网企业应担起内容管理的责任，加强内容把控和安全审核，增加人力资源投入，扩充审核队伍，加大审核力度，优化内容推荐算法。微博平台的"蔚蓝计划"，腾讯公司的"清风计划"等网络内容生态整治行动均取得了很好的成绩，确保了自身平台健康发展，不给低俗恶搞内容提供传播渠道，弘扬社会主义核心价值观，净化了网络大空间，为高校网络思想政治教育营造了良好的网络氛围。此外，网络社会中，个人信息的管理也是企业主体责任的重要内容。一些互联网企业为了经济利益打包出售用户信息，还有企业对信息管理不善，造成用户隐私的泄露。互联网企业应增强安全意识，正确使用用户个人信息，不给网络不法行为提供可乘之机。

企业文化是一个企业的灵魂，是企业蓬勃发展的精神动力。互联网企业应加强企业文化建设，落实主体责任。"大思政"格局中网络企业责任重大。通过企业教育强化舆论导向，突出正能量；在培育合格员工过程中注重把握员工的思想动态，不断强化其主流意识形态、社会主义核心价值观，以及对党的领导、对党的路线方针政策的高度认同；企业可以定期开展时政座谈会、职工政治培训、职业道德演讲赛等活动。

加强互联网企业监管，需要政府监督、企业出力，也需要社会监督。建立平台互联网企业征信数据库，适时向大众公布失信企业名单，限制失信企业发展和扩大；利用信息技术创新监督途径，推动互联网企业适时发布社会责任报告，网民通过报告随时了解并监督互联网企业的社会责任履行情况，都不失为有效监管的主要举措。2019年，十六家网站、平台共同签署了《共同抵制网络谣言承诺书》；2020年，中央网信办违法和不良信息举报平台上线新版官方网站和"网络举报"APP。

五、巩固网络阵地：注重科学引导，指导大学生正确参与网络实践

网络突破了时间和空间的限制，给大学生提供了生活学习的平台，但网络信息的泛滥、复杂也给大学生带来了巨大的负面影响，不利于大学生正确参与网络实践。加强大学生网络行为引导，引导他们正确鉴别、有效获取、高效利用网络信息，十分必要。

（一）加强大学生网络政治参与的引导

互联网对社会的深刻影响，不仅表现在经济、文化、社会生活等领域，这种影响体现在政治话语体系、政治参与方面。"00后"大学生关注自身发展，在网络社会力求个体与网络社会平衡发展，他们通过互联网积极进行政治参与、政治表达。这种参与是民主观念

影响下，大学生作为社会公民主动投入政治生活的表现。事实上，网络的扁平化、平等性、互动性为这种参与提供了可能。正如曼纽尔·卡斯特所说："在互联网和社会共同的演化过程中，我们生活中的政治范围已经被大大改变了。权力基本上围绕着代码和信息内容的生产和传播进行。"

技术对政治的赋权被互联网无限放大、叠加、倍增。大学生政治参与体现在政治选举、政治结社、政治监督、政治表达等，网络政治参与活动中，政治表达的形式最为广泛、最为直接。受政治理论水平和分析能力的限制，大学生的政治表达比较容易现象化，缺乏本质的透析。其政治表达也易于受到他人及群体的影响。"网络对许多人而言，正是极端主义的温床，因为志同道合的人可以在网上轻易且频繁地沟通，但听不到不同的意见，持续暴露于极端的立场中，听取这些人的意见会让人逐渐相信这个立场。各种原来无既定想法的人，因为他们所见不同，最后会各自走向极端，造成分裂的结果，或者铸成大错并带来混乱。"这就是"群体极化"现象。因此，要加强政治性网络舆论科学引导、培育网络政治文化良好生态，提高大学生的政治素养，引导大学生在法治轨道上理性政治表达，有序进行网络政治参与。

（二）加强大学生网络实践道德自律的引导

受主客观因素影响，高校学生网络实践中道德缺失情况严重制约大学生成长、破坏健康网络环境的营造以及网络社会有序发展。随心所欲的表达、不加辨析的转发、不文明网络用语的使用、网络暴力的肆无忌惮网络成瘾、虚拟和现实社会的错位、道德责任缺失、网络欺凌等都是网络道德缺失的表现。

加强大学生网络实践道德自律，从内部规范其行为，是大学生正确参与网络实践的基础。教育者必须把培育和弘扬社会主义核心价值观作为着眼点，继承和发扬中华民族传统文化，广泛开展社会主义核心价值观宣传教育，引导大学生树立正确的道德观念，提高自身的道德素养，自觉抵制有害的网络实践行为。引导大学生遵守法律法规，提高大学生遵守法规的自觉性，规范其网络实践行为，通过加强对大学生的法治教育，指导他们形成一定的网络法治观念。习近平总书记在全国高校思想政治工作会议中强调："高校教师要坚持教育者先受教育，努力成为先进思想文化传播者、党执政的坚定支持者，更好地担起学生健康成长指导者和引路人的责任。"教师的网络道德表现是大学生的一面镜子。在实际教育中，教育者发挥示范表率作用，有意识地引导大学生形成正确的权利义务观念，使其在网络世界中正确行使权利并履行相应义务，做一个知法守法的合格网民。

第五章

大学生思想政治教育认同探究

第一节　思想政治教育认同概念解析

　　思想政治教育认同这一概念是由"思想政治教育"（种差）和"认同"（属）构成的偏正结构，上文已对思想政治教育概念的基本内涵进行解读，接下来要梳理认同这一概念的基本内涵，然后按照"属加种差"原则对其进行界定。

一、认同概念释义

（一）认同的词源学释义

　　从词源学上考察，认同一词译自英文的"identity"，而"identity"一词起源于拉丁文idem，意为"相同的"。"identity"在英文中有多种含义。作为可数名词，根据《英语大词典》的解释，其基本含义包括四种：一是身份、本身；二是同一人、同一物；三是同一（性）、相同（处）、一致（处）；四是个性、特性。根据《新牛津英汉双解大词典》的解释，其基本含义包括四种：一是身份、本体；二是同一性、一致；三是恒等运算；四是恒等（式）。而根据《朗文当代高级英语辞典》（第六版）的解释，其基本含义包括三种：一是身份；二是（区别人或群体的）特性；三是（两件事物的）相同、一致。可以看出，这几部英文权威词典，都包含了"身份""同一""一致"等字样的含义。对于"identity"的界定，学界目前有许多不同答案，尚未达成共识。一般而言，在汉语学术研究领域，哲学语境中往往用"同一性"这个术语来翻译"identity"，而在某些社会科学中则根据不同的语境分别使用"身份"和"认同"这两个概念来表述"identity"的含义。《现代汉语大词典》对于"认同"的定义，一是承认是同一的；二是认可、赞同。在中文的理解中，"认同"不仅是一种状态、趋势，更是一种行为和过程。由于中英文语义的某种差异，对于英文"identity"的汉译，需要结合具体的语境进行确定。从"identity"的语义出发，我们认为"认同"的基本含义有两个方面，即同一性、相似性和差异性、个性。其中，差异性和个性是认同的根本含义，因为只有当事物之间、人与人之间、思想观念之间存在着不同和差异，人们才会谈论认同，社会才会存在认同问题。

（二）认同的学科化阐释

"认同"是一个较为复杂的概念，学术界对其含义见仁见智，尚无统一的说法。"认同"最初是一个心理学的概念。从 20 世纪 60 年代开始，西方学者将其在社会学、政治学、哲学、民族学、文化学、人类学等诸多领域中广泛应用。"认同"在不同学科领域以及在同一学科领域中，因为理解的角度不同，其内涵存在着较大的差异。

西方学者中最早使用"认同"概念的是奥地利心理学家弗洛伊德，他把认同看作一个心理过程，是个人向另一个人或团体的价值、规范与面貌去模仿、内化并形成自己的行为模式的过程，认同是个体与他人有情感联系的原初形式。后来，人格发展八阶段理论的提出者、美国心理学家埃里克森把认同理论系统化，他从自我与他人的关系角度，将认同看作一个逐步形成结构，是一种自我同一性和历史连续性感觉，是对在生命周期的不同阶段发生的内驱力和社会压力的反应。可见，"认同"最早作为一个心理学概念，它根源于个人与他人之间的关系，更多的是指自我认同，即自我认识、自我肯定的过程。换言之，认同是指个体获得他者的承认以及对这种承认的确认，是个体人格形成的基础。

在埃里克森之后，随着现代性的发展，认同概念逐渐突破心理学的范畴，被越来越多的西方学者广泛应用于社会学、哲学、政治学等领域，认同成为社会生活中的普遍现象和问题。法国后现代主义学者韦克斯指出："认同乃有关隶属（belonging），即关于你和一些人有何共同之处，以及关于你和他者有何区别之处。……认同是有关于你的生活关系，你与他者复杂的牵连。"后来，德国学者哈贝马斯指出："认同归于相互理解、共享知识、彼此信任、两相符合的主观际相互依存。认同以对可领会性、真实性、真诚性、正确性这些相应的有效性要求的认可为基础。"美国学者亨廷顿在对"认同"进行界定时也持类似观点，他指出，"在绝大多数情况下，identity 都是建构起来的概念。人们是在程度不等的压力、诱因或自由选择的情况下，决定自己的 identity 的"。由此可见，认同是一个积极建构的过程及其结果，是在不同主体之间的相互沟通、交流过程中建构的，认同强调的是个人或者群体的自我建构，即强调认同承载者的主体性、能动性和自我反思能力。这里所说的自我建构，应包括个人在社会中获得成员身份即自我认同和个体对群体的接纳即社会认同这两个方面。认同是在自我认同和社会认同两个维度上的双向建构。

在广泛借鉴国外学者关于认同研究相关成果基础上，国内一些学者对于认同概念的理解也提出了一些有价值的看法。社会心理学家沙莲香认为，认同是维系人格与社会及文化之间互动的内在力量，从而维系人格统一和一贯性的内在力量，因此，这个概念又用来表示主体性、归属感。教育心理学家冯忠良认为，认同作为社会规范的一种接受水平，一般指行为主体在认识、情感上与行为上对规范趋于一致，从而产生自愿对规范遵从的现象。社会学家李友梅认为，认同是一个"求同"与"存异"同时发生的过程，通过"存异"实现"自我证明"、自我身份的确认，通过"求同"实现"去个性化"和自我的情感归属。中国台湾学者江宜桦先生经过细致分析认为，"认同"概念在汉语中主要有三种含义：其一是同一、等同，指不同时空条件下某种事物与另一事物为相同事物的现象，描述事物的一贯性；其二是确认、归属，指个体或群体通过辨识自己的特色，确定自己属于哪一种类属、不属于哪一种类属的活动，表达个体或群体的归属性；其三是赞同、同意，指主体对某个组织、团体或观点持支持、赞同或肯定的态度或判断，表达个体或群体对事物或观点的肯定性。

综上所述，认同的本质就是指主体通过"自我"与"他者"之间的"求同"与"存异"，最终完成对自我的身份确认和情感归属。个人在社会生活中只有完成了自我肯定及自我身份感的确认，才能最终实现对社会共同体的认同，即最终形成对社会的情感归属、对社会普遍规则的遵循及对个体行为的约束。因此，关于认同的定义可以概括为：现代社会体现中的主体（个体或群体）在社会生活中，基于自我身份确认基础上产生的对外界对象的情感和意识上的归属感，以及在社会生活中主体基于自身的利益和价值需要而积极支持、参与认识对象的实践行为和过程。其含义可归结为两个层面：心理（归属）层面的认同和实践（行动）层面的认同。简言之，认同是一定个体或群体对外界人或事物的一种肯定性的心理反应和行为表达，即对某一现象承认、认可并且自愿地按其规范行事。总之，认同就是一个从心理层面的归属到实践层面的支持的演化过程。在本质上它是一种趋同的过程，即主体对他者在思想上和行动上的趋同过程。从其特征来看，认同具有主体建构性、发展变动性、社会互动性等基本特征。

二、思想政治教育认同内涵释义

（一）思想政治教育认同的内涵

思想政治教育认同是"思想政治教育"和"认同"叠加的名称，但其内涵不是这两个概念的简单拼接。科学理解和界定思想政治教育认同的内涵，首先要明确思想政治教育认同与思想政治教育的关系，明确思想政治教育认同在思想政治教育中的地位和作用。认同问题既是实现思想政治教育实效性的前提和关键，又是思想政治教育存在和发展合法性的基础。从思想政治教育的内涵看，思想政治教育作为一种社会政治实践活动，其本身就内含了认同的环节；换言之，思想政治教育认同是思想政治教育的应有之义。张耀灿、郑永廷等人将认同与受教育者的主体性紧密联系，认为"思想政治教育接受过程的核心是主体认同，这是以价值认同为导向、利益认同和心理认同为基础形成的理性认同过程"。孙其昂在研究思想政治教育内部规律时认为，"思想政治教育实际上就是思想政治教育者有目的、有计划、有组织地帮助和引导教育对象认同和接受社会公共理性，并形成一种符合社会主张的思想政治品德素质，从而付诸实践活动"。沈壮海在分析思想政治教育对象的意识活动有效性时指出，"积极的情感活动，表现为思想政治教育对象对教育者情感上接近、尊重、信任，对教育内容及其所表达的思想政治教育目的的认同、接纳与强烈的追求、实践欲望"。以上学者虽然没有直接定义思想政治教育认同，却触及了思想政治教育认同的要义问题，指明了思想政治教育认同在思想政治教育实践中的重要性。

魏永军在其《思想政治教育认同研究》一文中指出，思想政治教育认同问题，是思想政治教育认同主体在处理"自我"与思想政治教育认同客体关系过程中所产生的一种情感和意识上的归属，从而自觉地根据思想政治教育认同客体的要求来规范约束自己的思想和行为。这一界定主要从心理学角度来探讨思想政治教育认同的发生、发展规律，具有一定的先创性。王易、朱小娟认为，思想政治教育认同就是认同主体出于自身利益需要的考虑，对思想政治教育自觉自愿的承认、认可、赞同乃至尊崇的倾向性态度，并主动根据思想政治教育的要求来规约自己的言行举止，以求自身思想和行为与思想政治教育要求趋于一致的活动过程。魏永强、郑大俊认为，思想政治教育认同就是认同主体对思想政治教育系统认可和赞同的心理活动，进而调整自己的行为举止，达到思想行为与思想政治教育要求一致性。倪瑞华则认为，思想政治教育认同是指教育主体和教育客体对作为客体的思想政治教育性质、作用、功能的认知、赞成、接受，确立信仰并转化为自己的实践行动，是经由感性到理性、由内而外的过程。这些观点主要是从个体与社会的差异性出发，认为认同是个体思想与行为趋同社会要求的过程。不难看出，上述各种界定较多受认同的心理学本义影响，一方面，体现了思想政治教育学发展过程中对心理学、教育学等学科的兼容并蓄和借鉴；但另一方面，从完善性上看，还有某些方面值得商榷。这些定义总体上显得较为笼统、抽象，没有厘清思想政治教育要素中的认同主体、认同客体及其关系，没有突出受教育者的主动性、自主性、需求性、实践性等主体性特点，也没有体现思想政治教育学科的话语特征、学科特征。

综合上述定义，我们认为，思想政治教育认同可以作出如下界定：思想政治教育认同是指受教育者基于自身和社会的需要，在教育者引导和教育环境影响下，主动、自觉地认知、理解、接受、同化一定的阶级、政党、社会群体的思想观念、政治观点、道德和法律规范，形成情感和精神上的归属感和一致性，并内化为自身的思想、政治、品德等素质，外化为符合社会需要的行为和习惯的实践活动。这一概念界定包含如下意蕴：一是在根源上，社会需要与个人需要是思想政治教育认同产生的原因。二是在结构上，思想政治教育认同是由认同主体、客体、介体、环体等基本要素构成的复杂系统，是由不同要素共同作用与影响的结果。三是在过程上，思想政治教育认同是一个内化与外化辩证统一的过程。思想政治教育认同首先是认同主体在认知基础上对认同客体认可、接纳。但只有内心的认同是远远不够的，内化的观念、观点、规范还必须转化为行为习惯。四是在本质上，思想政治教育认同是精神性与实践性相统一的活动。

在探讨大学生思想政治教育认同这一概念时，学术界经常提及大学生思想政治认同、大学生政治认同教育或大学生思想政治认同教育，它们与大学生思想政治教育认同有何关系？实际上，这几个概念之间既有区别又有联系。大学生思想政治认同是指大学生对相关思想政治观念的认同，与大学生思想政治教育认同相比，这一概念并未明确通过何种途径实现大学生思想政治认同；也就是说，大学生思想政治认同是自发的还是自觉的实现，是通过自我习得还是他人教育引导生成的，人们并不知晓。因此，这一概念具有很大的包容性，大学生思想政治教育认同是对这一概念的拓展和具体化，指明大学生在思想政治教育过程中通过自我的认知、理解、接受和同化，实现了对相关思想政治观念的认同。大学生政治认同教育，是指高校和其他教育主体运用中国共产党的政治理论、政治思想和政治价值观念对大学生群体进行的有目的、有计划、有组织的教育活动，目的是使大学生群体逐渐形成符合中国特色社会主义事业发展和党长期执政需要的政治认同。大学生政治认同教育关系到大学生政治认同的产生、延续和巩固，其内容主要是对中国共产党领导和执政的认同教育和对中国特色社会主义理论、道路、制度的认同教育。目的是使大学生群体接受中国特色社会主义，并真正内化为自身的政治信仰，指导自身的实践活动和政治行为。从这个定义可以看出，相比大学生思想政治认同教育，大学生政治认同教育是侧重于对大学生政治认同维度的教育，教育的内容主要是相关的政治体系，而大学生思想政治认同教育不仅对大学生进行相关政治体系的认同教育，还包括思想观念、道德品质等方面的认同教育。大学生思想政治教育认同和大学生思想政治认同教育两个概念，仅仅是对调了其中的"认同"和"教育"两个词，但是内涵却有着很大的不同。大学生思想政治教育认同是指大学生基于自身和社会的需要，在教育者引导和相关教育环境影响下，主动、自觉地认知、理解、接受、同化一定的阶级、政党、社会群体的思想观念、政治观点、道德和法律规范，并形成情感和精神上的归属感和一致性，并内化为自身的思想、政治、品德等素质，外化为符合社会需要的行为和习惯的思想政治教育实践活动。而大学生思想政治认同教育是指高校和其他教育主体运用相关思想观点、政治观念、道德规范对大学生群体进行的有目的、有计划、有组织的教育活动，目的是使大学生群体逐渐形成符合中国特色社会主义事业发展和党长期执政需要的思想政治认同。某种意义上，大学生思想政治认同教育是对大学生思想政治教育内涵的适当扩展，和大学生思想政治教育认同相比，其更加强调教育者的主导地位，没有凸显出大学生作为受教育者的主体地位。大学生在思想政治教育过程中，作为认知和实践的主体，不是被动的认可和接受教育者传授的知识、理论、观念，而是基于自身和社会的需要进行主动筛选、认知、理解和内化，最终外化为一种行为和习惯。因此，大学生思想政治教育认同比大学生思想政治认同教育的提法更加符合现代教育理念，更加能够体现大学生的主体地位，也更有可能提高大学生思想政治教育的实际效果。不过，就通过特定的教育途径和方法来增强大学生思想政治观念认同的目的而言，二者又存在着一定程度的契合关系。在相关文献的概念使用中，两个术语互用的现象也不鲜见。

（二）思想政治教育认同本质

思想政治教育认同本质是思想政治教育认同过程中最普遍、最稳定的特性，它始终贯穿于思想政治教育认同整个过程，是思想政治教育认同各种现象的存在根据。我们认为思想政治教育认同本质可从以下三方面来把握。

第一，思想政治教育认同的需求性。思想政治教育认同应该同时满足认同主体个人发展需求和社会发展需求。从个人发展需求来看，个人的全面发展离不开社会环境，个体在社会中学习社会知识，个人只有接受、认可、认同与社会发展一致的价值规范，从而形成良好的社会规范意识和融入社会，与社会发展保持一致，才能获得更多的社会资源与支持条件，才能在社会中发展和完善自我，进而实现个人的要求、理想、自身价值。从社会发展需求来看，社会的稳定、和谐发展，有赖于社会每个成员接受、认同社会规范、价值准则、理想信念，产生社会身份感与归属感。正是促进每个社会成员获得、认同与内化社会规范、价值观，才能形成共同的社会精神与价值观念，产生推动社会发展的凝聚力与向心力，在社会不同领域提供持续发展的动力，促进社会和谐和整体进一步发展。

第二，思想政治教育认同的政治性。所谓思想政治教育认同的政治性，也就是它的意识形态性本质。从社会需要考虑，思想政治教育认同的目的，就是一定阶级和集团通过教育者的引导、教育、影响，促使认同主体对思想观念、政治观点、道德和法律规范等客体的认同，形成符合特定社会意识形态要求的思想品德和行为习惯。这一认同过程不是自主自发形成的，而是一定阶级和集团通过教育者有意识、有计划、有组织地对认同主体施加影响的结果。有意识、有计划、有组织地对认同主体施加影响，既是思想观念、政治观点、道德和法律规范作为意识形态被认同主体认同、接受、吸收的过程，也是意识形态作为客体主体化过程，是意识形态掌握群众（认同主体）的过程。

第三，思想政治教育认同的实践性。思想政治教育认同本质上是认同主体在追求一致性、明确归属感中改造思想政治品德和行为的实践活动，实践性是思想政治教育认同的又一本质特征。思想政治教育认同过程是改造人的主观世界、促进主观世界与社会要求等客观世界统一又保持自我一致性的过程。同时，个体成长与发展过程中，始终和社会发展密切相关，每个人都是社会关系性存在。个人需要按照预设的社会身份，习得一定的社会规范和价值观念，内化为自己的思想政治品德，外化为社会要求与角色期待的行为与习惯，才能融入社会，得到其他社会成员的认同、肯定和接纳、尊重，获得归属感、安全感和意义感。

第二节　思想政治教育认同的类型

认同是一种心理满足状态，也是一种主观性的意义建构，更是一种现代性的话语。所以，讲到认同的类型，可以从多方面来区分。如，从认同的指向来分，有个人认同和社会认同；如从认同的对象来分，有民族认同、国家认同及身份认同；如，从认同的领域来分，有文化认同、政治认同等。在这些分类形式的基础上，思想政治教育认同又有其特殊性。要较好地划分思想政治教育认同的类型，一定要考虑认同的主体、客体，尤其要考虑塑造认同的环境、途径及其所要达到的效果。针对大学生这一特殊的认同主体，针对大学的思想政治教育课堂及校园环境，尤其是针对要把大学生塑造成社会主义现代化建设的合格建设者与可靠接班人这一思想政治教育认同的目标，思想政治教育认同的塑造必须是采取"软"的方式，注重感情熏陶、价值引领、利益激励及政治导引，塑造大学生正确的世界观、价值观与人生观，使大学生义无反顾地投身于中华民族伟大复兴的中国梦的伟业中去。有鉴于此，我们分别从情感认同、价值认同、利益认同及政治认同等四种类型入手，先进行概念及内涵的厘清，为后文探讨思想政治认同模式打下基础。

一、情感认同

要弄清楚什么是"情感认同"，首先就要弄清楚什么是"情感"。所谓"情感"，就是"指人对待事物的肯定与否定、满意与不满意、享受和厌恶等态度的内心体验"。情感有两层内涵：一是从个体存在的层面上说，情感是个体生命对待客观事物的一种内心体验，它与个人的存在相伴始终，可以说"一个人的情感结构决定了一个人的存在范畴"。二是从社会发展的层面上说，情感是人类社会发展的推动者、社会结构和文化的生成者，可以说"情感是推动社会变革的重要力量，更是人类社会结构和社会文化生成的承担者"。

既然"情感"与个人的存在关系密切，又与社会发展息息相关，那么，一个好的情感表达不管是对个人，还是对社会都是至关重要的。问题是，如何形成一个好的情感表达呢？关于这个问题，涉及两方面：一是沟通，相互沟通是情感互动的一个重要环节。只有实现相互沟通，人们才能够知道对方的想法，避免在想象中造成误解；才能够有针对性地采取措施，解决问题，达成目标。二是理解，只有建立在彼此相互理解基础之上的情感表达，才是真诚的、可靠的，才能够产生强烈的情感共鸣。

"情感认同"就是人们在情感上对与其发生联系的客观事物所产生的认可、肯定、赞同、喜爱、追寻的生命态度。在一定条件下，当人们认同其与客观事物所建立的联系，并且愿意保持这种联系，同时对该事物抱有强烈的兴趣和更大的期待，也乐于接受来自该事物对其自身所带来的影响，即是心理学上所说的"情感认同"。

思想政治教育的情感认同则是指受教育者对思想政治教育具有一种认可、赞同、喜爱并加以追寻的生命态度，在接受教育的过程中生发出积极的情感体验和浓厚的兴趣，并愿意接受其陶冶和影响。"情感认同"是达到思想政治教育目的的重要媒介。就思想政治教育来说，受教育者主要依靠理性领会和掌握教育内容，但可以通过情感使教育内容转化为自身内在意识和外在行动的中介。在教育过程中，施教者如果能深入了解学生的思想世界和情感动态，尊重、关爱与呵护学生，并及时解决学生的思想困惑和情感困境，就能使教育内容入情、入理、入耳，并化为受教育者自觉的行动。青年学生的情感往往表现出热情而敏感、激烈而易逝、极富情境性的特质，因此，教育工作者要善于创建良性丰富的情感表达环境，让学生在健康的情感体验中形成深层的、稳定的情感，从而正确支配其行为；同时，让施教者和被教育者在彼此间情感的"共鸣"中，获得良好的教育效果。所以，情感"共振"是思想政治教育中，加深情感体验，培育健康的、深层的、稳定的情感机制的重要途径。具体来说，"情感认同"在培育和践行社会主义核心价值观方面具有重要作用，主要表现在以下三方面：其一，就其与社会主义核心价值观的关系来讲，社会主义核心价值观必须反映广大民众的情感需求，必须转化为广大民众广泛的情感认同，才能为广大民众接受和践行。其二，"情感认同"在公民选举中具有重要意义。公民对于国家的责任感，对于候选人的认同或不认同和对于政党的忠诚都是政治认同形成过程的重要情感因素。当公民有政治责任感或者对政党、政党候选人有一定情感的时候，民众会去投票，而不会只考虑投票行为的成本和收益。其三，在社会主义集体认同的建构过程中，情感发挥了极其关键的作用。在培育和增进人们对社会主义核心价值观的亲近感上，情感认同有助于整合不同社会群体力量实现集体性的价值认同，建立多元情感体验机制，推进社会主义核心价值观多层次的培育和践行。

二、价值认同

要弄清楚什么是"价值认同"，首先要弄清楚什么是"价值"。所谓"价值"，就是指主体投射到客体上的东西。作为哲学范畴的"价值"，是指客体能够满足主体需要的效用关系，即表示客体的属性和功能与主体需要间的一种效应关系，主客体间的这种需要的满足和被满足的效用关系是在实践中建构起来的。由此来看，价值既是一种心理信念，也是一种效应关系。马克思主义也认为价值是建立在实践基础上的主体和客体之间的关系，其间，客体属性借助于它满足主体需要的能力被评估。由于价值主体的需要是在社会中产生的，对实在的各种物质现象和观念现象的评价作为社会上有意义的因素起作用，这使人能够让他自己在周围世界中自由地取物，并在创造活动的过程中改变它。如果客体没有某种现实的或潜在的有用属性，或主体没有某种现实或潜在的身心需要，价值都不会产生。所谓"价值认同"，就是指个体或社会共同体经由彼此的交往实践而在观念上形成对某一价值或某类价值的认可和共享，既是共同价值观念的形成和达成价值共识，又是人们对自身在社会生活中的价值定位和定向，确立自己的价值目标指导自己的价值选择。

价值认同具有个体差异性。不同的人有不同的价值认同，即使对于同样价值的认同，价值认同的产生也存在差异。有的人的价值认同是基于自身独立思考的结果，有的人的价值认同受他人和社会观念的影响较深，有的人甚至不假思索地盲目地去认同某种价值。虽然价值认同存在个体差异性，但是广义上的价值认同，在多数情况下是建立在理念趋同的基础之上的，尤其表现在对真理的价值认同不存在认同冲突，对真理的价值认同具有普适性。

在思想政治教育的价值认同中，施教者和受教育者是价值主体，思想政治教育是价值客体，在这一对价值的主体和客体的效用关系中，施教者和受教育者作为价值主体就有价值目标追求、价值行为选择等需要，而思想政治教育能够满足价值主体进行价值引领去追求高尚的价值目标，以及在行为上作出正确的价值选择。具体来说，针对大学生社会主义核心价值观的培育和践行，针对大学生中国梦价值认同的引领，一方面，高校思想政治教育要针对大学生的认知、情感、信念及行为等不同的情况进行有针对性的引领；另一方面，对于一些具有真理性的价值，或带有底线伦理和硬性标准的东西，高校思想政治教育一定要坚持价值的趋同与统一。只有这样，我们才能使思想政治教育在价值认同上做到灵活性与原则性的辩证统一，从而提升大学生对思想政治教育的认同度，提高思想政治教育在大学"立德树人"方面的地位与价值。

三、利益认同

要弄清楚什么是"利益认同"，首先要弄清楚什么是"利益"。所谓"利益"，就是指能满足自身生存和发展需要的一切积极因素或有利条件，既有有形的物质东西，又有无形的精神因素，包括金钱、权势、色欲、情感、荣誉、名气、国家地位、领土、主权等；它受客观规律的制约，同时又受主观感受的影响，能够带来愉悦感。从构成要素来看，人的需要是利益形成的基础，人们在从事社会活动和追求利益满足的过程中所结成的社会关系是利益形成的中介，人们的社会实践活动则是利益实现的基本手段和客观基础。因此，利益诉求就是社会活动主体以需要为根本动因，以一定的社会关系为中介，以社会实践为手段，最终使需要得以满足的过程。

从一般人性的角度来看，人的需要是动态发展的。也就是说，一种需要的满足，总是不断刺激另一种需要的产生，因而人的利益诉求不断攀升，始终存在。从这个意义上讲，人类无限的利益诉求构成了人类社会发展的持久动力。一般来讲，利益分为个体利益和集体利益。由于"个体"和"集体"属于不同的利益主体，相互之间存在不同的利益追求，因此，"个体利益"和"集体利益"往往出现冲突，有时候冲突还很激烈、尖锐。不过，利益的冲突可以通过利益机制和利益关系的调整得到较好的解决。个体利益只有服从集体利益才能很好地得到满足，集体利益只要有充分考虑到个人利益才能充分实现。

所谓"利益认同"，就是指对利益满足和利益分化认可的良性社会心态，它包括两个不可分割的方面：一是社会利益公平正义的制度规范的确立及其确认；二是个体对社会利益结构、利益合理分配的心理认可及对适度利益差别的心理同意。

对于思想政治教育来说，利益认同是指能满足利益主体的需要和帮助实现利益主体的诉求和期盼，并对社会利益现状具有正确的认知和良性的心态。一方面，对于集体这一利益主体来说，思想政治教育能够促进人们形成集体主义价值观念，为实现集体的利益而奋斗和奉献；另一方面，对于个体这一利益主体来说，思想政治教育促进个体形成正确义利观，正确认识个人利益与集体利益的辩证关系，尊重和充分实现个体利益，尤其是能满足青年学生的需要并促进其顺利地成长成才。

当代大学生的利益认同，就个人来讲，要尊重其个人利益认同；但当代大学生也是一个很重要的集体，故其集体利益认同也应受到尊重。尤其是对于大学生自己，更要处理好"个人利益"认同与"集体利益"认同的关系。比如，"奖学金分配"涉及"个人利益"比较多，而"学费""住宿费"以及"伙食费"涉的则是"集体利益"。只有秉持制度的"公平正义"及"利益结构"的合理性，当代大学生的利益认同才能得到良性建构。

高校思想政治教育的重要功能之一就是形塑大学生正确的利益认同，比如，批判社会上存在的错误的利益倾向，树立大学生正确的利益观，为大学生建立正当的利益维护机制。最重要的是，要通过思想政治教育，把大学生培养成"助人为乐""舍己为人""大公无私"以及具有爱国主义、集体主义精神的新时代公民。

四、政治认同

要弄清楚什么是"政治认同"，首先就要弄清楚什么是"政治"。所谓"政治"，就指政府、政党、社会团体进行社会治理的行为或维护统治的行为或社会团体进行集体决策的一个过程，尤指对于某一政治实体的统治，也指对于国内外事物之监督与管制，是一种牵动社会全体成员的利益并支配其行为的社会力量。

所谓"政治认同"，就是人们在社会政治生活中产生的一种与人们的心理活动有密切关系的感情和意识上的归属感，或者在一定的社会中确定自己的身份，并自觉地以组织及过程的规范来规范自己的政治行为。政治认同涉及认同主体、政治体系及其所处社会环境。政治认同就是在这三者的互动中形成：其一，政治认同是认同主体影响相关政治体系以及探寻政治价值、实践政治理念、实现利益需求的过程；其二，政治认同是认同主体对一定政治体系的政治情感、政治态度和政治行为的综合反应行为；其三，政治认同受其周围社会环境的影响，这些社会环境包括人自身所积累的历史文化传统、人在社会中所处的社会经济地位、人在社会交际中所建构起来的人情网络等。

政治认同具有多元性。在主体层面，认同主体的利益需求、价值诉求、认同能力、思维习惯、行为方式千差万别，也使得政治认同不尽相同。关键是，认同主体的认知能力和主观意识影响其对政治体系的认知。在客体层面，处于不同客观情境中的不同的认同主体会产生不同的政治认同，即使处于同一认知情境中的认同主体也会产生不同的政治认同。环境的开放程度、经济社会发展程度、信息的传播渠道及信息传播工具的现代化程度等都会影响人们对政治体系的认知。同时，政治体系运行效果的差别也会影响政治认同的差异，即政治认同状况与政治体系各基本要素之间的有机结合及政治体系在实践中的有效运行密不可分。

从政治主体的角度而言，政治认同涉及两个层次的问题：其一，领导集团能够普遍认识到自己的政治行为，特别是各种资源的配置和使用必须符合社会发展规律，必须符合人民群众的根本利益，必须防止少数人的特殊利益、局部利益凌驾于多数人的共同利益和全局利益之上；其二，普通民众对现存政治制度、政治指导思想及其实践一致承认和接受，对政治领导者的政治行为普遍赞成，至少是容忍。坦率地讲，这两方面实际上涉及政治评价问题：从领导人层面看，是一个自我评价问题；从普通民众层面看，是一个认同程度问题。当然，评价标准的形成与评价主体既有的政治认知、政治情感和政治生活实践密切相关。

政治认同是对一个政治运行体系的认同，政治运行体系是由国家、民族、政党、制度、体制、政府、政策等多种要素所构成的，因此，政治认同主要体现为国家认同、民族认同、政党认同、制度认同等。对于思想政治教育来说，主要是帮助青年学生确立正确的政治认同，具体上就是认同我国的社会主义国家，认同伟大的中华民族，认同中国特色社会主义制度，认同中国共产党的领导，认同我党的路线方针政策等。

当代大学生无疑是政治认同的主体，就塑造他们的思想政治教育认同而言，在政治认同方面，以下三点比较关键：其一，通过思想政治教育的课堂、互联网、自媒体及社会实践等多渠道增强大学生对政治体系的理性认知。其二，通过思想政治教育的课堂、互联网、自媒体及社会实践等多渠道来提升大学生对社会主义核心价值观、对中华民族伟大复兴的中国梦等价值理念的理解。其三，提升大学生在政治方面的参与意识，一方面，感同身受，增进理解；另一方面，也可以使大学生为致力于促进政治系统优化、改善政治系统运行环境的建设事业而努力，从而在情感上增强大学生的政治认同感。

上文简要地分析了思想政治教育认同的四种类型，即情感认同、价值认同、利益认同、政治认同的概念及内涵。实际上，这四种认同类型并不是孤立存在的，而是密切相关的。第一，就价值认同与情感认同的关系而言，价值认同是情感认同的外在表现，情感认同是实现价值认同的关键前提。第二，就利益认同与价值认同的关系而言，价值认同的关键在于利益认同，而利益认同的本质是价值认同。第三，就政治认同与利益认同的关系而言，利益认同是政治认同的核心，政治认同是利益认同的最终结果。当然，这四科认同类型还有其他关系存在。总之，在这四种认同类型的相互联系和相互作用下，大学生的思想政治教育认同获得了提升途径，为进一步打造思想政治教育认同的模式奠定了基础。

第三节 思想政治教育认同的实践路径

一、全面提升传授主体的职业能力

在思想政治教育领域，传授主体是教育活动的组织者和实施者，其职业能力的高低直接决定着教育的质量和效果，从而直接影响着受教育者对教育的认同。由于现代社会的急剧变革和教育改革的不断深化，社会对教育者即传授主体的职业能力要求越来越高。传授主体只有全面提升自身的职业能力，包括自我教育能力、教学科研能力、个人魅力等，才能在最大程度上被教育对象尊重和接纳，这也是思想政治教育认同取得成功的基础和前提。

（一）自我教育能力

传授主体是思想政治教育内容的认同者和掌握者，必须具有扎实的马克思主义理论基础和较高水准的马克思主义理论素养，才能真正成为认同主体思想政治方面的领路人。由于马克思主义是博大精深、发展开放的理论体系，教育者只有反复学习、深入研究，才能不断从中汲取思想营养，而要做到这一点，教育者必须提升自我教育能力。

第一，真信、真懂是提高自我教育能力的前提。作为一名教育者，必须对自己教授的理论和知识真信真懂，才能引导受教育者真学、真懂、真信。思想政治理论课教师更应如此。让人信首先得自己信。真信、真懂，才能真讲、敢讲。比如，在思想政治理论课教学过程中，哪个教师真信马列，讲的道理就理直气壮，就具有说服力、感染力，就受到学生的尊重和欢迎，就会对学生产生巨大的影响。坚定马克思主义信仰是所有思想政治教育工作者最基本最重要的政治素养，也是对高校思想政治理论课教师的根本要求。思想政治教育工作者必须全面树立坚定不移的马克思主义信仰，敢于同"去马""非马""贬马""伪马"等各种错误思潮作斗争，毫不动摇地传播马克思主义；同时还要在"真懂"上下功夫，这就需要具备持久的自我教育能力，通过不断学习、研究来提升自身政治理论水平，"理直气壮"开好思想政治理论课、讲好思想政治理论课。

第二，真学、真用是提高自我教育能力的关键。"教人者必先受教"。养成自我教育意识和提升自我教育能力是任何教育工作者必须具备的最基本的素质。对于一名思想政治教育工作者来说，提升自我教育的意愿和能力的关键是真学真用马克思主义。真学，就是认真扎实地学、系统全面地学，就像习近平总书记所倡导的，要老老实实在读原著、学原文、悟原理上下一番苦功夫、硬功夫、细功夫，弄懂、吃透马克思主义的基本内容和精神实质，而且做到深学深悟、常学常新。如果一个思想政治教育工作者自己都没把马克思主义基本原理和党的大政方针吃透弄懂，就不能用马克思主义的立场、观点、方法分析问题、解决问题，就不能解答学生疑虑和困惑，就不能说服学生，更不用说引导其做到"四个正确认识"、不断增强"四个意识"和牢固树立"四个自信"了。因此，思想政治教育工作者应该埋下头来原原本本地学习和研读经典著作，不断夯实马克思主义理论功底、提高马克思主义理论素养。真用，就是真正做到理论联系实际，善于运用马克思主义基本原理发现分析解决问题，善于把抽象的理论转化成看得见、摸得着的东西，以"接地气"的话语形式传播马克思主义，做到"以透彻的学理分析回应学生，以彻底的思想理论说服学生，用真理的强大力量引导学生"，从而"激励学生自觉把个人的理想追求融入国家和民族的事业中，勇做走在时代前列的奋进者、开拓者；正确认识远大抱负和脚踏实地，珍惜韶华、脚踏实地，把远大抱负落实到实际行动中，让勤奋学习成为青春飞扬的动力，让增长本领成为青春搏击的能量。"

（二）教学科研能力

一般来说，会教书的教师是好教师，会进行研究的教师是好教师，既会教书又会研究的教师是更好的教师。打造思想政治教育"金课"，提升思想政治教育的实效性，对于教育者来说，必须兼备教学能力与科研能力。教学与科研不是"两张皮"，而是一个具有内在联系的不可分割的统一体，即"教学与科研互动，教学与科研相长"。

第一，提升教学能力。教学能力是指教育者成功从事教育教学工作必须具备的各种能力的集合体，对教学的质量和效果有着十分直接的关系。提升教学能力，一是要深入理解教学的基本内容和基本精神，在教学内容上多钻研，熟练掌握教学内容，精心设计教学教案，把握好重难点等环节。二是提高教育教学的组织管理能力，其中包括善于与学生交往的能力、善于发动学生积极参与学习活动、激发学生学习动机的能力、善于营造课堂教学环境的能力、善于组织形式多样的教学活动的能力、善于管理课堂教学中学生学习行为与纪律的能力、善于反馈、调控课堂教学的能力、善于评价课堂教学，激励学生学习的能力、善于处理偶发事件的应变能力、较强的人格、情绪的感染力等。三是增强创新能力。教育工作者的创新能力，是指教师在现代教育观指导下，能进行教育教学探索和科研实践活动，从而创造出符合教育规律且能产生积极效益的新理论、新方法的能力。一个具有创新能力的教师，会不断学习、汲取先进教育教学理念，积极改革传统教育教学模式，以主动求变创新的方式来适应学生之变，教育之变，这样的教育教学方式一定深受学生欢迎，学生对教育教学的认可度和满意度也一定会高。四是不断改进教学方式丰富教学手段的能力。教学方式陈旧而单一是导致教学效率低、学生认同度不高的一个重要原因。教师要善于根据教学内容采取多元化教学方式方法，如启发式、专题式、辩论式、案例式等；同时还需要熟练运用现代信息技术，如多媒体、网络等进行教学来提高课堂教学实效性。五是应具备的其他方面的能力。除了上述必须具备的教学能力外，一名优秀的思想政治教育工作者还应具备教学评价与反思能力、将文本语言转化成自己的口头语言的能力、教材体系向教学体系转化的能力，等等。

第二，提升科研能力。当前我国思想政治教育工作取得了很大进步，但也不同程度地存在着教学效果不理想的状况，其原因是多个方面存在的，包括社会大环境的问题、学生自身的问题、领导重视程度不够的问题、师资力量不足问题、经费不足的问题等，但是从部分思想政治教育工作者自身来讲，主要原因之一还是在于教学过程中科研含量不高、科研投入不足以及自身科研意识不强。如何切实提高思想政治教育教学中的科研含量，是思想政治教育工作者必须面对和亟须解决的一个问题。一是要高度重视科研能力的提升。教学能力的提高离不开科研能力的支撑。只有在教学过程中做好科研工作，才能够提升思想政治教育工作的深度和水平。思想政治教育工作者要加强个人科研能力建设，紧紧围绕学科专业与所教课程潜心科研，以科研实践来促进教学实践，以高水平的科研成果来教育学生。二是要正确处理好科研与教学的关系。教学是基础，科研是支撑。教学与科研既不相互矛盾，也不能相互替代。思想政治教育工作者要把教学与科研有效结合起来，将教学和科研工作的比重合理分配。绝不能因为科研任务而忽视教学工作或拒绝承担教学任务。思想政治教育的科研并不是以科研为目的，其落脚点还是要回归到教学上，是提高教育教学质量的重要途径。

（三）个人魅力

个人魅力是一个教育者内在素质和外在表现的有机统一，是其在工作、学习和生活中表现出来的内在的、持久的、连续的感召力和吸引力，是其个性品质、个人修养、职业操守、业务能力和理性精神等素质的综合体现，主要包括学识魅力、人格魅力、情感魅力与语言魅力等。教育活动的基本规律表明，受教育者喜欢一门课程，往往是从喜欢讲授这门课程的教育者开始的。教育者自身的个人魅力不管是在其教学活动过程中还是在受教育者的成长成才过程中，都有着举足轻重的地位，很大程度上影响着受教育者对教育内容的认同和内化。增进思想政治教育的认同，教育主体需要努力提升个人魅力。

第一，提升学识魅力。学识魅力是传授主体的内在知识水平和知识运用能力的综合体现，主要包括扎实的基础知识、广泛的人文知识、厚实的理论功底以及获取并运用知识的创新能力。学识魅力是教书育人的坚实基础，与教学效果是正相关关系，对受教育者学习兴趣的培养、提升对教育主体的认同感具有重要作用。由于思想政治教育认同的内容丰富多样，兼具政治性和学理性、价值性和知识性、理论性和实践性等特征，这就给思想政治教育传授主体在道德水平和业务能力上提出了高要求，包括要具备深厚的学识素养等。提升传授主体的学识素养，除了要系统研读马克思主义经典文献、打好扎实的理论功底外，还需要学习和掌握广博的人文社会科学知识，努力做到"要给学生一杯水，老师要有一桶水"，而且还要通过不断学习和充电确保"水源"充沛、永不干涸。拥有丰富的理论知识储备，将其融会贯通于教学之中，教育者才能旁征博引、深入浅出、入木三分，才能"不怕问""说得清""问不倒""难不倒"，才能在讲台上真正讲得理直气壮。有了这样的学识魅力，教育者才能赢得学生的认同，思想政治教育的认同才能达到"水到渠成"的效果。

　　第二，积极塑造人格魅力。人格魅力是一个人的道德、品质、思想信念、行为模式等综合体现出的一种吸引力、号召力、凝聚力和认同度。教育者的人格魅力在育人过程中有着独特的、其他因素所不可替代的功能。教育者高尚的人格常常会得到受教育者的尊重、赞许和仰慕甚至崇拜，其产生的吸引力和感染力对受教育者的影响是巨大的、深远的，甚至在有些方面会影响受教育者的一生。有教育工作者将人格魅力形容为"最根本的教育力"，其感召力胜过豪言壮语、千言万语。无论是思想政治理论课教师，还是其他思想政治教育工作者，应有意识地不断增强自己的人格魅力，成为塑造学生品格、品行、品位的"大先生"。一是要提高道德修养，提升人格品质，做一个道德情操高尚的人。古人说："其身正，不令而行；其身不正，虽令不从。"一位好的教育者，必须肯于为人师表，时时刻刻以职业道德标准规范自己的言行。二是要有扎实的学识。思想政治教育工作者要像习近平总书记所强调的那样："牢固树立终身学习理念，加强学习，拓宽视野，更新知识，不断提高业务能力和教育教学质量，努力成为业务精湛、学生喜爱的高素质教师。"三是要有仁爱之心。习近平总书记在同北京师范大学师生代表座谈时指出："教育是一门'仁而爱人'的事业，爱是教育的灵魂，没有爱就没有教育。好老师应该是仁师，没有爱心的人不可能成为好老师。"作为一名教育者，就应该无条件地热爱每一个学生，既要严格要求，又要尊重、理解和宽容学生。

　　第三，努力培养情感魅力。教师的情感魅力，是指教师自身独特的气质、风度、审美情趣和精神状态，以对学生的尊重和热爱为中心，体现在对教育事业的忠诚和执着，对教学工作的热情和投入，对学生的关爱和尊重等方面。实践证明，教师的情感魅力对教学的成败至关重要。施教者如果发挥好情感魅力，不仅能够更好地激发受教育者的学习兴趣和求知欲望，而且还能够拉近彼此间的距离并建立良好的关系，从而更有利于促进受教育者对教育活动的配合以及对教育内容的认同。着力提高思想政治教育的认同度，需要传授主体培育和提升情感魅力。一是要有深厚的职业情感，即热爱国家、热爱教育事业、热爱学生。二是在传授思想政治教育内容的过程中要有情感温度，即以情感为出发点，做到以情感人，以情动人，以情育人，在情感互融的基础上，使思想政治教育的亲和力、感染力和实效性得到增强。总之，就像习近平总书记在学校思想政治理论课教师座谈会上所要求的那样，情怀要深，要有社会主义家国情怀，心中始终装着学生，让思想政治教育工作充满温度。

　　第四，必须具备语言魅力。语言是沟通的桥梁。对于一名教育工作者而言，教育教学的成败在很大程度上取决于教育者的语言艺术水平。富有魅力的教学语言是增强课堂吸引力、说服力和感染力的关键因素。思想政治教育的认同要取得理想的效果，传授主体的语言表达至关重要。传授主体必须要高度重视传授语言艺术，努力提高自身的语言魅力。语言魅力的塑造非一日之功，需要传授主体在日常的教育活动中大力锤炼自己的教学语言，掌握一定的语言艺术与技巧，如"幽默语言"的艺术、"情感语言"的艺术、"委婉说话"的艺术、"生动语言"的艺术、"体态语言"的艺术、"网络语言"的艺术以及各种思想政治语言应用的艺术等，做到把科学理论说"通"、说"准"、说"活"、说"趣"、说"美"。总之，就是能够运用接地气的语言实现马克思主义理论的大众化、通俗化。

除了上述四个主要方面外，思想政治在教育传授主体的个人魅力还包括形象魅力、个性魅力等。思想政治教育的传授主体只有不断提高自身魅力，才能赢得受教育者的喜爱和尊重并使其真正爱上这门课程。只有真心喜爱这门课，受教育者才能接受、认同教育者所传播的思想政治观念、道德原则、行为规范等思想政治教育的内容，并自觉将其作为自己的精神引领和行为指南，真正做到内化于心，外化于行。

二、积极发挥认同主体的主观能动性

认同主体是思想政治教育认同的出发点和落脚点，其思想状态也是传授主体进行思想政治教育认同的基本依据。因此，积极发挥认同主体的主观能动性对于增强思想政治教育认同的有效性起着十分关键的作用。而充分发挥认同主体的主观能动性就必须尊重认同主体的主体性地位、遵循认同主体的身心发展规律以及满足认同主体正当合理的利益诉求。

（一）尊重认同主体的主体性地位

发挥认同主体的主观能动性，尊重认同主体的主体性地位，培养具有主体性的大众，是新时代条件下思想政治教育改革的发展理念之一。传统的思想政治教育模式往往忽略了认同主体的主体性地位，认为认同主体必须服从传授主体，两者是没有关联、相互割裂的关系。但在当前思想政治教育改革环境下，传授主体必须考虑到认同主体自身的独立性、自主性、能动性和创造性，尊重认同主体的主体性地位。

尊重认同主体的主体性地位，一是要转变传统思想政治教育模式，更新思想政治教育的观念，确立认同主体的主体性地位。在传统的思想政治教育模式中，我们根本无从谈及尊重认同主体的主体性地位，因为在整个思想政治教育认同过程中，认同主体始终处于被动的地位，在跟着传授主体的思路亦步亦趋。新时代思想政治教育观念，应该是传授主体与认同主体之间平等民主、相互尊重。传授主体应该既是认同主体的师长，又是认同主体的参谋、朋友、顾问。因此，我们要正确认识认同主体的主体性地位，有效建构传授主体与认同主体之间平等、尊重的关系，承认和尊重认同主体的主体性地位。

同时，尊重认同主体的主体性地位，要培养认同主体的主体参与意识，为尊重认同主体的主体性地位奠定良好基础。培养认同主体的主体参与意识，要在认同过程中加强对受教育者进行思想意识上的引导，让他们从多个角度全面认识思想政治教育的内容，要以平等的态度，理解、信任并尊重受教育者，创造出和谐、宽松、相处融洽的认同氛围。另外，还要积极鼓励和支持受教育者对思想政治教育内容发表自己的想法和见解，对受教育者关于思想政治理论内容所表达出不成熟、不全面的看法和观点，不应直接给予否定，应充分地给予认同主体以尊重，引导他们进行自我反思、自发教育，从而使认同主体加深对思想政治理论内容的理解。此外，我们还应针对思想政治理论内容提出的一些问题来鼓励认同主体进行思考和讨论，让他们充分表达出自己的观点，激发出受教育者的主体性思维，培养认同主体的创新能力。当认同主体创新能力被激发出来了，他们也就更能明确自己的主体地位，成为思想政治教育教学活动中真正的、平等的参与者，以及进行自我教育，使得传授主体与认同主体形成良性的互动，让受教育者真正认同这些思想政治理论内容，认同主体的主体性地位才能受到尊重。

（二）遵循认同主体的身心发展规律

积极发挥认同主体的主观能动性，同样也不能忽视认同主体的身心发展规律。新时期的大众群体由于其认同背景不同，其性格特点、心理素质、知识水平以及道德水平等都有所差异，因此在思想政治教育认同过程中，受众之间容易存在认同兴趣不一致、认同目的不相同，认同能力有差异的情况，使得认同主体的身心发展呈现出顺序性、阶段性、不平衡性、差异性等规律性特点。只要思想政治教育工作者遵循个体身心发展的一般规律，选择相应的教育对策，就能获得很好的认同效果。

在思想政治教育认同过程中，教育工作者尤其要重视个体身心发展中的顺序性规律、阶段性规律、不平衡性规律以及个别差异性规律，并恰当运用这些规律对受教育者施加积极的教育影响。其一，传授主体应适应认同主体身心发展的顺序性，思想政治教育认同工作需要循序渐进，不能急于求成，搞"跨越式发展"。现代教育理论认为，人的身心发展是一个由简单到复杂、由量变到质变、由低级到高级的连续不可逆的发展过程。这一规律要求教育工作者在思想政治理论教育内容的设计上要讲究内在逻辑和结构关系，注重系统性、层次性与稳定性等，思想政治教育内容都要遵循由具体到抽象、由简到繁、由低到高的顺序，不能够"揠苗助长""陵节而施"，也不能压抑认同主体的发展、消极地迁就认同主体现有的发展水平。其二，传授主体要适应认同主体身心发展的阶段性规律，注意各阶段之间的"衔接"工作。阶段性规律决定了思想政治教育工作必须要根据受教育者不同的年龄阶段的特点来对症下药，不能简单地搞"一刀切"，在认同的内容、要求和方法上根据不同年龄段的学生区别对待。同时，还要看到不同年龄段的学生之间的联系，不能人为、机械地分开，要注意各年龄段之间的"衔接"工作。其三，传授主体要适应认同主体身心发展的不平衡性规律，加强认同主体身心发展关键期的认同。认同主体身心各个方面的发展存在最佳期或关键期，为了有效地促进认同主体的发展，思想政治教育认同工作要抓住关键期，以求在最短的时间内取得最好的效果。其四，传授主体要根据认同主体身心发展的差异性规律，做到因材施教。差异性规律要求思想政治教育工作不仅要认识认同主体身心发展的共同特征，还应充分重视每个认同主体的个体差异，做到因材施教，将每个人的潜力发挥到极致，选择出最适合、最有效的认同路径，让每个认同主体都能得到最大程度地发展。

（三）满足认同主体正当合理的利益诉求

积极发挥认同主体的主观能动性，还需要满足认同主体正当合理的利益诉求。在对受教育者进行思想政治教育认同的过程中，要使作为认同主体的受教育者能够积极、主动地参与到思想政治理论的认同中来，就应该提供认同主体进行利益诉求的渠道，满足其正当且合乎情理的利益。

认同主体的利益诉求包括宏观层面的诉求和微观层面的诉求两个方面。宏观层面的诉求主要包括经济利益诉求、政治利益诉求等。经济利益的诉求是人生存和发展的基础，是首要的、第一位的利益诉求。在社会主义市场条件下，增加经济收入，提高社会保障水平和物质生活条件，满足生活需要已成为大众最主要、最广泛的经济利益诉求。对于政治利益诉求，它是人民群众当家作主、参与或监督国家公共事务的正当权利。大众的政治利益诉求主要是在坚持四项基本原则的前提下，能够充分享有宪法赋予他们的各项民主权利，参与管理国家和社会事务。

在认同主体微观层面的利益诉求中，主要为精神价值方面的利益诉求。认同主体精神价值方面的诉求包括两个方向，一个是由受教育者关注自身的发展成长产生的利益诉求。认同主体作为思想政治教育认同中重要的构成要素之一，在思想政治教育认同过程中享有特别的权利。具体来说，认同主体要求拥有高水平的教师（传授主体）、合理的知识结构安排（认同客体）、科学的认同方法和手段（认同介体）、浓厚的认同氛围（认同环体）等条件。另一个则是指受教育者在思想政治教育认同中主张对整个认同系统进行评价和监督的利益诉求。他们的主体意识要求其有资格参与传授主体的考核，对传授主体的传授水平和传授质量进行评价。同时，对于开展思想政治教育认同的活动经费，认同主体也认为有资格监督经费的使用和安排等。

满足认同主体正当合理的利益诉求，首先要正确引导认同主体的利益诉求。我们对认同主体的利益诉求不仅要沿着有利于推进中国特色社会主义事业、有利于实现社会主义现代化强国的方向引导，还要通过合法、正当的途径和方式把认同主体的利益诉求表达出来，让其诉求更加合理、合法、合规。其次，要采取积极的态度，保障认同主体正当合理的利益诉求。我们应积极维护认同主体在思想政治教育认同系统中正当的权益，促进认同主体思想政治素质和责任意识的提升，通过树立以受教育者为主体的认同教育理念，广泛地收集、吸纳他们在思想政治教育认同中提出的意见和建议，激发认同主体对学习思想政治理论内容的兴趣和热情。比如，对于开展思想政治教育认同的活动经费和思想政治理论的考务管理安排，都应该按相关的规章办事，给予受教育者充分的自主权，让他们在思想政治教育认同中自我完善、自我发展。最后，要拓宽利益诉求表达渠道，切实解决认同主体提出的正当合理的利益诉求。我们可以通过制度化的形式来制定和完善认同主体利益诉求的法律法规，转变思想政治教育认同工作理念和模式，创新认同主体利益诉求的形式和载体，形成全方位、多层次、宽领域的诉求格局。同时还要充分发挥新媒体的优势，将线上、线下利益诉求渠道同步化，让认同主体充分参与到思想政治教育认同的全过程，从而满足认同主体正当合理的利益诉求。

三、不断优化与创新认同客体

认同客体，即思想政治教育的内容，包括一系列的思想观念、政治观点和道德规范等。认同客体既要继承历史传统，又要充分反映时代发展过程中的新理论、新思想、新要求、新精神。因此，不断优化与创新认同客体是增强思想政治教育有效性的必然要求。在优化和创新认同客体过程中，我们不仅需要注意其优化和创新的基本原则，同时要更加主动和有针对性地对教育内容进行适时调整、更新和优化。

（一）优化与创新认同客体的基本原则

认同客体是被主体所认同的对象，主要是指思想政治教育的内容，优化和创新认同客体需要遵循一定的原则才能有序进行，其基本原则具体体现如下。

第一，贯彻落实党中央对思想政治教育提出的贴近实际、贴近生活、贴近学生的"三贴近"原则。坚持"三贴近"原则是进行优化和创新认同客体的重要前提，对于增强思想政治教育认同具有重要的促进作用。

贴近实际，就是要贴近社会实际，指的是在思想政治教育认同活动中，认同客体要与当前的社会实际保持一致。现阶段，我国社会主义建设正处于决胜全面建成小康社会的关键时期，社会主要矛盾也已经发生了深刻变化。面对当前不断变化的社会形势，认同客体也必须做出相应的调整和改变，将当前国家发展的重大理论问题和遇到的现实问题联系起来，用马克思主义中国化最新的理论成果来补充和完善思想政治理论的内容，从而引导受教育者正确认识当前的社会实际，合理地分析和把握社会发展趋势。同时，我们也应该注意到在补充完善新内容的过程中，也需要及时淘汰与当前社会发展实际不相符合的内容。随着社会实践的深入发展，思想政治教育中一些内容和观点有所陈旧，容易出现思想政治教育内容与社会实际相脱离的情况，从而使认同主体对思想政治教育认同的效果大打折扣。

贴近生活，就是要贴近现实生活，认同客体要关注大众的日常生活，反映社会现实。在思想政治教育认同过程中，思想政治教育内容要根据认同主体的学习、生活的状况作出针对性的安排和调整，紧密与生活实际联系起来，以达到理想的认同效果。但是，当前有相当一部分学生认为思想政治教育的内容都是空泛的大道理，对个人的学习和生活帮助不大，有些人甚至觉得进行思想政治教育的认同毫无意义。要使这种情况有所改观，就必须将思想政治教育认同活动与认同主体的生活实际相结合。具体到认同客体，就是将思想政治教育中的一些观点、原理与生活中具体的现象相结合，特别是与当前国内国际形势和社会热点问题相结合，化抽象为具体。此外，还可以广泛开展贴近社会公众日常生活的座谈会、宣讲会等活动形式，从而让社会公众了解到国内外时政要事和社会热点问题，让思想政治教育认同工作更加切实地贴近现实生活。

贴近学生，就是指思想政治教育认同活动要坚持从学生的思想、心理、情感角度出发，从学生中来，到学生中去。具体到思想政治教育认同上，认同客体自然也要贴近学生这一基本原则。我们对学生进行思想政治教育认同的目的就是提高学生思想政治理论水平和思想道德觉悟，引导学生树立正确的世界观、人生观、价值观。因此，思想政治教育认同的内容就必须要坚持以人为本，贴近学生。学生是思想政治教育认同活动中的最主要的认同主体，所以思想政治教育认同的内容要从学生出发，一是要贴近学生的思想状况，通过思想政治教育让学生了解当前我国社会的发展实际，让学生对我国当前的社会发展现状有充分的思想认识。二是要贴近学生的认知能力，思想政治教育的内容理论要深入浅出，要与学生的认同能力相符合，避免他们难以理解，从而影响他们参与思想政治教育认同的兴趣。三是贴近学生关注的热点，在当前信息时代，社会信息混淆的现象层出不穷，思想政治理论内容要在这些铺天盖地的信息中抓住学生关注的热点，用马克思主义基本原理和观点正确解读和看待这些热点问题和事件，帮助学生树立正确的世界观、人生观、价值观。

第二，坚持真理性原则。在思想政治教育认同过程中，坚持优化和创新认同客体的真理性原则十分重要，这既是思想政治教育认同活动开展的前提，也是认同活动能否取得成效的关键所在。坚持优化和创新认同客体的真理性原则，一是坚持认同客体的科学性。认同客体的本质属性之一就是科学性，因而认同客体反映的是客观事物的本质，符合社会发展进步的趋向和规律。认同客体各方面的内容要形成自身的系统化、科学化的有机体系，克服以依靠经验而形成思想政治教育内容的随意性和零散性。要充分借鉴和运用一切科学成果，使认同客体的内容成为有机统一的整体，真正符合思想政治教育发展的客观规律。二是坚持优化和创新认同客体的真理性原则，还需要认同客体符合社会历史发展规律和人民群众的根本利益。一方面，任何真理，只有符合社会历史发展的规律才能成为真理，才能指导人们的实践活动。优化和创新认同客体，不仅要符合社会发展的实际，还必须实事求是、与时俱进，将为人类社会做出重大贡献的卓越的创新理论成果、马克思主义中国化的最新理论成果及时融入和充实到思想政治理论内容中来。另一方面，人民群众是历史的主体，是社会历史的创造者。坚持认同客体真理性就必须符合人民群众的根本利益，从而发挥其鲜明的价值导向作用，培育人民群众的马克思主义信仰，以实现认同客体真理性与价值性的统一。三是坚持优化和创新认同客体的真理性原则，还需要符合真善美的标准。真善美虽是三个各不相同的概念，但三者既相互独立又彼此联系。美是真和善的最高标准，优化和创新认同客体，不仅要真，还要有善的目的，并最终要以美的形式呈现出来。以前，思想政治教育认同虽然有了善的目的，但由于缺乏美的表现方式，使得本来生动活泼的群众生活和社会实践的思想政治教育活动，最终呈现给认同主体时却变得枯燥、晦涩，遭到认同主体的抵触和排斥。所以，坚持真善美的统一，也是坚持认同客体真理性原则所要遵循的重要标准之一。

第三，坚持创新原则。在优化和创新认同客体时，同样也需要坚持创新原则。创新是思想政治教育的灵魂，也是其保持生机和活力不竭的源泉。思想政治教育认同过程中，认同客体每一部分内容都是时代的产物，都是特定时代的反映和体现。坚持认同客体的创新原则，必须把握两个要求：一是要科学合理地整合认同客体。我们要通过研究认同客体各部分内容结构之间的关联和作用，梳理出各部分内容之间的地位、功能及其相互之间的有机联系，来掌握其核心规律，并在对认同客体有着全面的理解和认识的基础上，优化组合认同客体，不断为思想政治教育注入新的活力，增添新的内容。就思想政治理论教育的内容延伸而言，可以在坚持社会主义核心价值观为主的基础上，更加突出与社会主义职业道德、网络道德、社会公共道德、优秀传统文化等的融合发展。二是要及时更新认同客体。时代在发展，社会在进步，只要不断充实和更新认同客体的内容，认同客体才能得到更高层次的优化和创新，思想政治教育的有效性才能得以体现。在当前认同主体呈现出个性化发展的背景之下，优化和创新认同客体应该在现有基础上进行，深入挖掘当前新时代的新思想、新观念，将习近平新时代中国特色社会主义思想的内涵融入思想政治教育认同当中，为认同客体注入新的内容，从而进一步提高认同客体的理论深度，深化认同主体对新时代中国特色社会主义的理论自信、道路自信、制度自信、文化自信。

（二）思想政治教育的内容

思想政治教育的内容虽然具有相对的稳定性，但不断变化则是常态，这是思想政治教育特点规律的 一种体现，因为随着时代发展和社会变迁一些具体的结论与内容可能会过时，同时反映新时代、新精神、新形势、新要求的创新理论也会不断产生。思想政治教育的内容要及时修正、改变、补充和完善，否则就会缺乏主动性和针对性，最终就会难以得到认同主体的认同。因此，作为思想政治教育认同客体的教育内容必须要适时调整、更新和优化。具体来说，优化和创新认同客体主要是处理好以下几方面关系。

第一，坚持先进性与层次性相结合。思想政治教育认同客体能被认同主体接受在很大程度上取决于其具有理论上的先进性。而对先进理论的教育实施还需要注重层次性，这是由思想政治教育认同的本质属性和内在要求所决定的。优化与创新思想政治教育认同客体，必须要做到先进性与层次性相统一。一是在内容的选取上要突出其先进性。其最重要的标志就是能够与时俱进，顺应时代变化，服从时代需要，体现时代要求。如果内容陈旧落后，不合时宜，远远跟不上时代前进的步伐，这样是不会得到认同的。因此，优化与创新思想政治教育认同的客体必须是引导时代前进又随着时代发展的科学理论。二是在内容设计和实施上要注重层次性。由于人们的年龄阶段不同，所处的社会地位不同，生活经历不同，所受的社会影响和教育不同，这些都会导致人们政治信念、思想觉悟、道德水平的差异性，从而决定着思想政治教育内容的层次性。这种层次性，既表现为横向上的先进、中间、后进等状态层次，又表现为思想境界、觉悟先后、成熟程度的高低层次。因此，思想政治教育要根据受教育者个体的差异，针对不同的教育对象，提出不同层次的思想道德素质和行为规范要求，实施不同的教育内容。比如，对于小学、中学、大学的思想政治教育课程，在教学内容的设置上就要充分考虑其相互间的区别与联系，制定出适合不同层次的教育内容。再如，对于来自农村、社区、企业、机关、科研院所、军队、社会组织等不同的教育对象，在教学内容的安排上同样需要分层设计，做到因地制宜、因人施教，不能搞"整齐划一"和"一刀切"。

第二，坚持主导性与多样性的统一。思想政治教育的多样性强调的是思想政治教育的价值目标取向、教育内容、方法不是单一的、一成不变的，而是多种多样和动态变动的。思想政治教育的主导性与多样性之间有着内在逻辑和辩证统一关系，其中主导性是前提和根本，处于支配地位；多样性是源流和基础，是为主导性服务的，处于从属地位。二者的辩证关系是由统治阶级的阶级属性和社会发展的客观需要决定的。优化与创新思想政治教育认同客体，既不能片面强调主导性而忽略多样性，也不能为了坚持多样性而弱化或淡化主导性，而是要将二者有机结合起来。在坚持主导性上，一是要旗帜鲜明地弘扬主旋律，毫不动摇地坚持马克思主义在思想政治教育认同客体中的指导地位。只有坚持和巩固马克思主义在意识形态领域的指导地位，才能确保思想政治教育不跑偏、不走样。二是要加强毛泽东思想和中国特色社会主义理论体系在思想政治教育认同客体中的中心地位，尤其是习近平新时代中国特色社会主义思想。这一思想和理论体系奠定了构建当代中国政治认同的基础。三是将以社会主义核心价值观为内核的社会主义核心价值体系作为思想政治教育认同客体的重要组成部分，以此来引领和整合社会思潮，扩大社会认同。坚持多样性主要是要坚持思想政治教育内容的多样性。习近平总书记在学校思想政治理论课教师座谈会上明确提出了"八个相统一"，其中包括"要坚持统一性和多样性相统一"。除了主导性内容外，思想政治教育认同客体还应坚持开放包容，批判地继承和弘扬中华民族传统文化，批判地吸收和借鉴国外一切思想文化，使其不断得到充实、丰富和更新，即对我国传统文化，对国外的东西，要坚持古为今用、洋为中用，去粗取精、去伪存真，经过科学的扬弃后使之为我所用。总之，优化与创新思想政治教育认同客体，要坚持主导性和多样性的统一，既要坚持主导性，也要考虑到发展的多样性，反对将二者割裂开来。

第三，坚持人文性与科学性相结合。思想政治教育认同客体的两大基本属性就是人文性和科学性。因此，优化和创新思想政治教育认同客体，必须要坚持科学性与人文性的内在统一，这是因为一方面具有正确、科学、先进的理论是增强思想政治教育吸引力进而达到认同的前提。正如马克思在《黑格尔法哲学批判导言》中所说："理论只要能说服人，就能掌握群众；而理论只要彻底，就能说服人。所谓彻底，就是抓住事物的本质。"马克思主义及其中国化理论就是这样被实践证明了的并将继续被证明的科学真理，建构、优化与创新思想政治教育内容必须要以其为指导和核心内容，真正做到以科学的理论说服人、感召人、武装人。另一方面，由于思想政治教育认同实质上是以人为实践对象的一种特殊的社会实践活动，因而它同时又具有十分鲜明的人文性特征。这一特质决定了只要在思想政治教育中融入人文性内容，适当增加一些文、史、哲、艺等人文知识，使其蕴含、渗透出人文精神和人文情怀、充满人文气息，就必然会提升思想政治教育亲和力和认同力。思想政治教育认同客体的科学性和人文性是相互渗透、相互补充而不是互相排斥与相互冲突的关系。只有将这二者有机结合起来，构建出科学价值与人文价值相匹配、相协调的思想政治教育内容体系，真正达到"科学之真、人文之善、艺术之美"，才能使认同主体对其从心灵深处愿意接受并最终认同。

第四，坚持理论性与实践性相结合。思想政治教育认同的客体实际上是一种反映特定社会和阶级要求的思想关系和理论体系。它不仅以一定的价值原则和行为规范的方式反映当代社会精神追求，而且还要求人们在现实生活中以这样的方式来践行，因而它既是理论的又是实践的。优化与创新认同客体，同样必须坚持理论性与实践性的统一。从理论性层面来讲，思想政治教育认同的客体要具备深刻的精神性、理论性，是在实践中提炼和总结出来的，其生成和发展具有相对的稳定性。从实践性层面来讲，思想政治教育认同的客体不是抽象的、纯思辨的，而是具体的、实践的。一方面，认同客体不能脱离现实生活和社会实践，必须顺应时代发展潮流，紧跟时代步伐，切实反映当前国内外社会的现状与发展要求，不回避社会热点难点问题，按照"现实的逻辑"来展开，否则就会丧失生命力和说服力。另一方面，要使思想政治教育认同客体被接受，还要充分考量认同主体的学习、工作和生活的实践状况，尽量使其贴近并融入认同主体的学习、工作和生活实践。总之，优化与创新认同客体，既要注重理论性，又要考虑实践需要，要尽可能避免抽象、空洞、说教式的教育内容，选择那些既合理论又合实际的教育内容，这样才能增强思想政治教育认同的主动性和积极性。

四、大力推动认同介体的改革创新

认同介体是思想政治教育认同各要素间相互联系的纽带和桥梁。随着社会的发展，教育理念的更新，思想政治教育认同介体的改革创新迫在眉睫。认同介体的改革创新主要包括两个方面：一是在认同方法上要坚持显性教育法和隐性教育法相结合；二是在认同载体上要合理运用传播媒介。只有从这两个方面入手推动认同介体不断改革创新，充分发挥出认同介体的功能与作用，才能使认同主体在思想政治教育接受活动中获得更好的认同效果。

（一）坚持显性教育法与隐性教育法相结合

显性教育法和隐性教育法是思想政治教育两种具有不同内涵和特点的教育方法。其中，显性教育法在思想政治教育认同活动中处于主导和基础地位，发挥着主体作用；隐性教育法在思想政治教育认同活动中处于从属地位，是思想政治教育显性方法不可或缺的重要补充。二者犹如车之两轮、鸟之两翼，相互依存、相互促进，缺一不可。在2019年3月18日召开的学校思想政治理论课教师座谈会上，习近平总书记提出了推动思想政治理论课的改革创新应坚持"八个统一"的具体要求，其中就包括"显性教育和隐性教育相统一"，这为思想政治教育在教学方法上的改革创新指明了方向，提供了重要遵循。提升思想政治教育实效性，增进思想政治教育认同，必须坚持将显性教育法与隐性教育法相结合起来，共同发挥出各自的优势。

坚持显性教育法和隐性教育法相结合，首先就是要坚持显性教育法的主导地位。思想政治教育认同中的显性教育是指传授主体按照教学目标以公开的、有组织、有计划的、直接外显的方式向认同主体表明教育目标、传授教学内容、施加教育影响的一种有形的教育形态。

思想政治教育认同活动中的显性教育形式主要有课堂教育、各种形式的报告会、讲座、演讲与其他宣教活动以及大众传播媒介的宣传教育等。显性教育法常常采用直接化、专门化、正规化的教育渠道和教育方式，具有鲜明的目的性、规范性和系统性，能快捷及时地对认同主体施加直接而有益的教育影响。因而，显性教育法的这种独特方式和传统优势在坚持显性教育法和隐性教育法相结合的过程中发挥着不可替代的作用，长期以来在我国思想政治教育中占据着主导位置。显性教育有着较强的理论导向功能，能够旗帜鲜明地运用主导性理论灌输方式，有目的、有计划地对认同主体开展思想政治教育认同活动，使认同主体认同国家和社会所倡导的主流意识形态的思想观念和价值观念等。在时效性上，显性教育能够利用一切有利的公开场合和掌握的大众传播媒介，凭借具有强制力的显性传播手段全方位地向认同主体传达思想政治教育的主张和要求，以及使认同主体能够迅速了解、接受教育者的思想主张与观念取向，达到立竿见影的认同效果。改革开放以来，各种社会思潮不断涌现，社会意识形态多元共存，受教育者的思想状况深受影响，这对思想政治教育认同工作提出了更高的要求，继续坚持、发挥显性教育法的主体作用并不断改进与发展在增强思想政治教育认同的过程中显得尤为重要。当然，坚持显性教育法的主导地位也并非是一味地强调其主导作用，应该也要把握适度的原则，避免对认同主体进行过度灌输。合理适度地灌输教育内容能够提高学习效率，增强思想政治教育认同效果，而过度灌输教育内容反而会产生厌烦情绪，影响认同主体的学习积极性，也会不利于思想政治教育的有效认同。这是因为当前思想政治教育认同所面临的社会环境发生了深刻而复杂的变化，整个接受群体也发生了明显的变化，如接受习惯、心理特点等，他们思想活动的独立性、主观性、选择性也明显增强，单靠以灌输为特征的传统的、显性思想政治教育方法很难达到预期的认同效果。尤其当代青年学生，他们的道德观念、人生态度、语言风格早已顺应环境的变迁而打上鲜明的时代烙印，如果施教者依然沿用传统的居高临下的"我说你听""满堂灌"和"填鸭式"的方法，很容易导致认同主体产生逆反的心理和抗拒的情绪，甚至可能造成思想政治教育认同的方向产生偏差，增强思想政治教育认同也就无从谈起。因此，显性教育法要发挥出在思想政治教育认同中应有的功能与价值，必须要随着时代特点与受教育者的新变化不断改进和创新，尤其要在科学性、实践性、灵活性、趣味性等方面下功夫。

与此同时，还要注重发挥隐性教育法的独特作用。隐性教育是思想政治教育的另一重要方式，是指教育者隐藏教育的主题和目的，淡化受教育者的角色意识，按预定的教育计划将教育内容渗透到教育对象所处的学习、工作、生活和环境氛围中，引导受教育者去感受和体会，以实现教育目标的一种教育方式。像我们常用的成语，如"耳濡目染""以身作则""潜移默化""孟母三迁""近朱者赤，近墨者黑"等，就是对其最好的诠释。隐性教育是一种间接的、内隐的、渗透的道德教育方法。它的实施不带有强制性，而是利用隐蔽的方式巧妙地将教育内容渗透到教育对象所处的环境、文化、娱乐、舆论、服务、制度、管理等日常生活氛围中，引导受教育者去感受、体味，理解一定的思想意识和道德观念，使之形成自身的道德评价标准和体系，来指导和规范受教育者的言行。

隐性教育的主要特点：一是教育目的和内容的内隐性。显性教育的教育目的和内容都是十分明确的，在实施的过程中具有很强的计划性。在隐性教育中，教育者、教育目标、教育内容并不是明显的，而是存在一定的隐蔽性。受教育者完全没有意识到是在受教育的情况下，通过一定的环境或活动载体，在不知不觉、潜移默化中接受教育内容、达到教育目的。二是教育方式的渗透性。隐性教育载体的渗透性教育功能很强，不仅可以将教育的内容点滴渗透在教学过程中，而且还渗透到受教育者日常生活的方方面面。在教育过程中，教育者可以充分利用受教育者所处的一切教育环境，既包括学科课程和活动课程所覆盖的所有领域，也包括教育物质环境、教育制度环境和教育文化环境，将有关教育的内容和信息渗透给受教育者，对其进行全方位的影响，使其在自觉或不自觉中受到心灵的感染、情感的陶冶和哲理的启迪。三是教育过程的依附性。隐性教育强调的是"隐"，那么其实施必然离不开某种隐身于其中的载体。隐性教育方法的实施载体是丰富多样的，主要有物质文化载体、精神文化载体、活动性载体、社会大环境载体四大类。物质文化载体主要包括受教育者接受教育的自然环境、基础设施及各种教学设施、人文景观等，蕴含其中的人文要素的作用是巨大的。精神文化载体主要指诸如文艺作品、文化遗址、纪念馆、仪式礼仪等能够影响受教育者的精神文化氛围或精神文化活动，还包括规章制度、管理体制等制度文化和社会价值观念、理想信念、行为规范等观念文化。活动性载体主要包括教育活动、文体活动和艺术活动等。社会大环境载体主要包括家庭、组织社团、网络等。教育目的、内容等可以隐藏于各种教育载体之中，借助于这些载体，让受教育者得到很好的熏陶与培养。四是教育途径的自主开放性。隐性教育克服了显性教育所受的时空制约，可以无时无刻地对受教育者进行教育。首先，改变了显性教育中教育对象一直处于被动地位的状况，使其真正转换到主体位置，从而有利于其发挥自主性。这是因为在隐性教育过程中，教育对象是以主体的姿态积极参与教育活动，对教育信息进行自主反映、自主择取、自主整合、自主内化和外化，完全主动接受教育和开展自我教育，无人对其强制和灌输。其次，隐性教育是一种开放的教育，不需要固定的时间，也不需要特定的场所。教育过程不仅发生在课堂和活动中，还发生在众多不同的环境中，甚至在休闲娱乐中就能受到教育。这种非封闭式的，无课堂、跨时空的教育方式充分利用了受教育者的非教学时间，大大提高了教育的效率。

正是基于上述的这些特点，使得隐性教育方法在思想政治教育认同过程中与显性教育方法相比具有自身独特的优势与作用。因此，要增进思想政治教育认同的效果，必须给予隐性教育方法足够的重视，要大力开发和利用好一切隐性教育资源，包括物质形态的、精神形态的、制度形态的，等等。总之，凡是隐性教育可以融入、嵌入、渗入的地方，都要用心用力用情地挖掘和利用，使其与显性教育形成合力，协同作用以提高思想政治教育的整体效应。

（二）合理运用传播媒介

近年来，随着科技的迅猛发展，传播技术的不断突破与更新，传播媒介在思想政治教育认同过程中的作用越来越明显。世界知名传播学家马歇尔·麦克卢汉认为，媒介即技术，可以是人的任何延伸。因此，信息技术的快速发展，特别是网络的普及，为思想政治教育认同活动提供了极为有利的科技条件和物质支撑。思想政治教育认同活动中运用现代传播媒介进行教学，既可以最大限度地扩大思想政治教育认同活动的覆盖面，还能够提高思想政治教育认同的实效性。当然，现代化的传播媒介对思想政治教育认同总体上而言是有益的，但也存在一定的不利影响。传播媒介所反映的内容及其对人民群众认同的影响是复杂的，其传播信息内容上的良莠不齐很容易使传播媒介的教育、引导作用出现偏差。传播媒介的"双刃剑"效应，决定了思想政治教育工作者在运用时一方面要采取切实有效的措施减少其消极影响；另一方面要知晓传播媒介的特质与规律，充分发挥和利用好其在思想政治教育中的明显优势与积极作用。

第一，把握传播技术的时代性特质。随着社会的快速发展，传播技术也在不断更新，以紧跟时代发展的步伐。着力提升思想政治教育的认同度，教育工作者要主动顺应科技进步的潮流，适应媒介传播环境与方式的新变化，熟练运用网络与新媒体技术，如QQ、微博、微信、博客等，积极探索"互联网＋思想政治教育"模式，将思想政治教育认同活动与新媒体技术有机融合起来。

第二，把握传播过程的数据化特质。在当前"大数据"时代背景下，数据化的生存方式更易于人们之间的相互交往和沟通。如何借助于大数据技术来提高教学质量、切实增进政治认同、思想认同、情感认同，是每个思想政治教育工作者需要探索和思考的问题。思想政治教育认同活动需要大数据。教育者可以运用大数据的智能抓取功能从认同活动大数据库中提取出所需要的数据，再运用大数据的计算分析能力分析出认同主体的学习态度、接受的状况及原因等，最后依据这些信息及时调整、改进策略，实行精准施教以增强教育的针对性和实效性。比如，教育者可以根据受教育者的借阅书籍、网页浏览记录甚至是饮食习惯等数据来分析受教育者的学习习惯和生活方式，然后根据认同主体个人特征的数据采取有针对性的施教对策以增强教育的吸引力、说服力和感染力。

第三，把握传播受众的方法论特质。毋庸置疑，大众传媒的快速发展对人们的社会生活产生了巨大的影响。但在理论上，传播的效果并非完全由传播媒介和传播者所决定，很大程度上是受制于受众。因此，受众（即信息传播的接受者）是信息传播链条的一个重要环节，没有受众对信息传播状况的反馈就不能真正了解大众传媒最终效果的好与坏。可见，受众理论不仅是一种方法论，更是传播的意义所在。同样在思想政治教育认同过程中，作为受众的认同主体，其反应与评价是思想政治教育认同的效果的直接反映，同时也是判断思想政治教育内容是否得到有效认同的重要依据。所以，当前开展思想政治教育认同活动，更需要运用受众理论，更多地从认同主体出发，使认同主体和传授主体始终维系着平等的关系，同时要立足于认同的效果及反馈，避免出现思想政治教育过程中"自说自话"的尴尬局面，最大限度地发挥出思想政治教育的功效。

第四，做好媒体深度融合。随着全媒体的不断发展，针对媒体发展变化的这一实际情况，思想政治教育活动需要将传统媒体和新媒体有机融合起来，才能使二者各自发挥出自身的介体优势。推进媒体融合发展实践，必须深入贯彻落实习近平总书记关于媒体融合发展的重要论述，"要运用信息革命成果，加快构建融为一体、合而为一的全媒体传播格局"，"使主流媒体具有强大传播力、引导力、影响力、公信力，形成网上网下同心圆，使全体人民在理想信念、价值理念、道德观念上紧紧团结在一起，让正能量更强劲、主旋律更高昂"。

五、努力营造良好的认同环境

环境因素在思想政治教育认同过程中起到极为重要的作用，这是因为其具有广泛性、层次性、动态性等特征，对思想政治教育认同活动起着动力、导向等作用。认同环境主要包括社会认同环境、校园认同环境、家庭认同环境以及网络认同环境四个方面。努力营造良好的认同环境是开展思想政治教育认同活动的重要保障，也是增强思想政治教育认同的重要路径之一。

（一）营造风清气正的社会环境

营造良好的思想政治教育认同环境，最重要的就是营造风清气正的社会环境。社会环境对思想政治教育认同活动具有导向作用，决定着思想政治教育认同的大方向。一方面，当认同主体所处的社会环境与思想政治教育认同所要求的社会规范相一致时，认同主体对社会规范的认知度就会加强，认同效果会更加明显。反之，当社会环境给予认同主体的影响与思想政治教育认同所要求的社会规范相违背时，认同主体对社会的认知度就会削弱，严重影响思想政治教育的认同效果。另一方面，当认同主体所处的社会环境与思想政治教育认同所要求的目标指向或价值取向等相一致时，认同主体就会更容易地接受相应的教育，其思想品德就会沿着教育所引导的方向发展，认同效果往往"事半功倍"；反之，当社会环境与思想政治教育认同所要求的不同步甚至产生矛盾和冲突时，认同活动就会受到抑制和阻碍，认同效果难免就会"事倍功半"。因此，唯有积极地采取措施，肃清社会上存在的不正之风，为思想政治教育认同营造一个风清气正的社会环境，才能使社会环境与思想政治教育认同所要求的社会规范、目标指向或价值取向相一致，才能有效提升思想政治教育的认同效果。营造风清气正的社会环境，必须从全局考虑，全方位采取有力措施加以解决。

第一，始终坚持以人民为中心的发展理念，努力创造更加公平正义的社会环境。实现思想政治教育的价值认同目标，归根到底是要以利益认同为基础。思想政治教育的认同，从一定意义上说，既是一个利益化的过程，也是利益化的最终结果。思想政治教育认同的这一"铁律"，要求必须始终把人民利益摆在至高无上的地位，实现好、维护好、发展好最广大人民的根本利益。同时，还要认识到，我国社会主要矛盾已发生了历史性变化，人民对美好生活的需要日益增长，这其中当然也包括对公平正义的需求。在调节各方利益关系和处理各种社会矛盾的过程中，只有遵循公平正义的原则，才能获得广泛而持久的社会认同。

第二，完善社会治理体系，优化思想政治教育认同环境。为人民群众营造一个积极、健康、向上的社会环境是我们党和国家义不容辞的责任和义务。我们要通过健全公共安全体系、加快社会治安防控体系、加强社会心理服务体系和加强社区治理体系建设，为人民群众进行思想政治教育认同活动提供保障。具体而言，就是要在全社会树立安全发展理念，弘扬生命至上、安全第一的思想；坚持社会治理理念、体制机制、治理方式上的创新，进一步加快社会治理防控体系建设，保护人民群众人身权、财产权、人格权，为思想政治教育认同提供良好的安全环境；塑造人民群众的健全人格，培育平等、自信、积极、理性的社会心态，为思想政治教育认同营造健康的社会心理环境；发挥城乡社区社会组织作用，在政府治理、社会调节和居民自治的良性互动中积极倡导和组织思想政治教育认同活动，并进一步完善其监督考核机制，推动思想政治教育认同工作良性发展。

第三，以社会主义核心价值观引领公民思想道德建设。良好社会风气的形成和发展离不开社会主义核心价值观的践行。而社会风气与思想政治教育认同之间联系紧密，良好社会风气是思想政治教育认同的助推器，而不良的社会风气则是思想政治教育认同的最大障碍。当前，在社会生活中出现的一些不正之风对思想政治教育认同产生了冲击和影响，甚至带来了危机。加强公民思想道德建设，净化社会风气，必须要用社会主义核心价值观来引领，这是因为社会主义核心价值观是当代中国精神的集中体现，凝结着全体人民共同的价值追求。以社会主义核心价值观为引领，就是要将国家、社会、个人层面的价值要求融入公民思想道德建设全过程和各方面，需要在全社会大力培育和践行社会主义核心价值观。一是强化教育引导。要持续深化社会主义核心价值观宣传教育，增进认知认同、树立鲜明导向、强化示范带动，引导人们把社会主义核心价值观作为明德修身、立德树人的根本遵循。二是加强实践养成。坚持贯穿结合融入、落细落小落实，把社会主义核心价值观要求融入日常生活，使之成为人们日用而不觉的道德规范和行为准则。三是建立健全制度保障。坚持德法兼治，以道德滋养法治精神，以法治体现道德理念，全面贯彻实施宪法，推动社会主义核心价值观融入法治建设，将社会主义核心价值观要求全面体现到中国特色社会主义法律体系中，体现到法律法规立改废释、公共政策制定修订、社会治理改进完善中，为弘扬主流价值提供良好社会环境和制度保障。

第四，加强党风廉政建设，以良好党风推动社会风气的好转。党风、政风与社会风气紧密相连、相互影响。党风决定政风、民风，关系人心向背。当前，党风总的形势是好的，经过党风廉政建设和严厉的反腐败斗争，全面从严治党取得重大胜利。但一些不正之风、不良环境在一定程度上仍然存在严重败坏了社会风气，既损害了党群、干群关系，又损害了党和政府的执政形象。因此，为思想政治教育认同营造良好环境和健康的社会氛围，归根到底要从整治党风入手，努力以优良的党风政风带动全社会风气进一步好转。大力转变党风政风，带动社会风气好转，需要持之以恒抓好党风廉政建设。要按照习近平总书记关于坚持不懈抓好作风建设的要求，在抓常、抓细、抓长上下功夫。

（二）营造文明和谐的校园环境

校园环境对于思想政治教育认同的重要性同样不可忽视。校园环境是开展思想政治教育认同活动的具体场所，对思想政治教育的认同效果有着极其重要的影响。校园环境具有一种有形和无形的感染力，在潜移默化中使人的思想、言行、情趣受到影响。文明和谐的校园环境有益于认同主体的身心健康，使人情趣高雅，积极向上，控制和限制不良风气和行为的滋长。此外，优美高雅、温馨向上的校园环境是一笔宝贵的心理资源，能使认同主体心情愉悦，情绪稳定，产生积极情感；而不良的校园环境则会使人心烦意乱，心理失落、压抑、焦虑，产生消极情感，极大地影响思想政治教育认同的质量。由此可见，营造文明和谐的校园环境对于思想政治教育认同的重要性是不言而喻的。

积极开展校园文化建设，必须建立在广泛开展群众性活动的基础之上，努力营造出浓郁的文化氛围和高雅的艺术情趣，提升校园文化的品位，形成富有特色的校园文化，为营造文明和谐的校园环境创造条件。第一，加强宏观上的指导，把握校园文化发展的主旋律，指导认同主体开展活动时坚持受教育者的自我管理、自我服务、自我发展。第二，要着力推进观念创新，不断增强校园文化活动建设的驱动力和活力。观念上的创新包括学校层面的创新和受教育者层面的创新。学校层面上要大力支持学生校园文化活动，切实加强对校园文化活动的管理，引导认同主体独立自主地开展文化娱乐、理论学习、社会实践等活动。受教育者层面上要树立学习的理念，强化"终身学习""集体学习"的学习意识。将学知识、学技能、学做人与参与校园文化活动结合起来。第三，要推动校园文化活动的内容创新，增强校园文化活动的吸引力。校园文化活动的组织建设要积极探索与社会、学校、企业等之间的联合活动，充分挖掘校园文化的德育功能，提高认同主体的思想道德素质。

同时，加强校园文化建设并不意味着可以忽略校园其他环境的建设。校园环境建设还包括校园景观环境的建设、学术环境的建设以及学习环境的建设，这三个方面的校园环境建设也是建设文明和谐的校园环境必不可少的重要组成部分。我们需要打造出优美的景观环境、浓厚的学术环境、民主的学习环境，并与校园文化建设相结合，提高认同主体的人文素质，从而进一步提高受教育者的认同实效，促进认同主体身心健康、全面发展。

（三）营造充满正能量的家庭环境

一个和睦、温暖的家庭环境对受教育者而言十分重要。家庭环境不仅会影响认同主体的个性发展，还对认同主体的世界观、人生观、价值观的形成和确立具有导向作用。同时，家庭环境也是思想政治教育认同活动的重要环境之一，是建立在父母与子女的血缘关系、经济基础和感情联系等特殊纽带关系的基础上形成，这种纽带关系对认同主体的思想道德素质的形成提供了心理上的安全感和归属感。此外，家庭环境与其他认同环境形成互补，但家庭环境是具有一定程度的文化积淀的场所，也是文化传承的地方，其最明显的特征就是现实性强。认同主体在充满正能量的家庭环境中成长，有利于提高认同主体在思想政治教育认同过程中的积极性、主动性，对增强思想政治教育认同的有效性大有裨益。

营造一个充满正能量的家庭环境，最重要的就是要注重家风建设。培育良好家风对于增强思想政治教育认同具有重要作用。培育良好家风是由多方面有机组成的系统工程，也是一个不懈努力、久久为功的过程，具体而言，就是要把握以下三项原则。

其一，要爱党爱国，确立良好家风准则。我们要自觉将爱党爱国作为家风传统的突出要旨，结合社会实际发展，立好家规，树好家风，担好家责，把爱家和爱党爱国统一起来。同时，我们也要铭记家国情怀，坚守国家富强、民族复兴、人民幸福的坚定信念，在家风中传承民族精神。

其二，要继承优秀传统，为良好家风提供滋养。注重家教家风和家庭美德，是中华民族的优良传统，是党和国家推进社会主义现代化建设的精神动力，更是建设新时代良好家风的丰富源泉。我们要引领传统家风回归带动新时代家风发展，通过国家层面的价值引导、媒体对"正能量"的宣传、社会舆论的引领得以继承和弘扬，并以此为纽带推动传统家庭美德的创新转化和发展，滋养新时代的家风建设。

其三，要严于家教，抓住良好家风的关键。在家庭教育上，家长承担着义不容辞的责任。家长在做好本职工作的基础上，还要十分注重家风的培育。家长要加强对子女的引导和教育，帮助他们树立正确的人生观和价值观、培育积极乐观的生活态度和塑造健康的人格。同时，家长也要严格管理家庭成员，善于处理家务事，营造家庭成员之间尊老爱幼、文明礼貌、和睦融洽的家庭生活氛围。

此外，营造一个充满正能量的家庭环境，还需要家庭教育与学校、社会教育有机结合。思想政治教育认同活动的开展是处在一定的社会环境之中，而社会环境和家庭环境是相辅相成的。社会环境渗透在思想政治教育认同的各个方面，影响认同主体的价值判断。学校作为思想政治教育认同的主要前沿阵地，对受教育者的影响起着主导作用。正确得当处理这三者之间的关系，对于营造充满正能量的家庭环境有着重要的促进作用。家庭教育方面，家长要积极与学校特别是与老师保持联络，建立长效的沟通机制，主动了解学生在学校的学习状态，及时反馈学生在家中的表现情况；学校教育方面老师要努力得到家长的配合和支持，及时向家长反映学生在学校出现的反常举动，帮助家长弥补家庭教育的不足；而社会教育方面也应当加强对社会主义核心价值观的引领和弘扬，为塑造一个充满正能量的家庭环境提供良好的文化氛围。

（四）营造积极向上的网络环境

当今时代，网络已成为人民群众学习、生活中不可缺少的一部分。随着我国经济的持续增长和社会信息化进程的加快，网络环境对认同主体的心理和行为影响越来越大。这种影响是具有双面性的，既给思想政治教育认同带来了新的机遇，也对认同主体、认同客体甚至认同介体提出了新的挑战。因此，我们应按照"积极发展，加强管理，趋利避害，为我所用"的原则，营造一个积极向上的网络环境，为思想政治教育认同提供新的教学平台和教学模式，加快思想政治教育体制的改革与创新，进一步增强思想政治教育认同。

营造一个积极向上的网络环境，我们首先要主动占领网络阵地，牢牢把握网络思想政治教育认同的正确方向。在当前的网络环境下，我们可以将思想政治教育认同和网络紧密结合起来，通过先进的科学理论和技术设备，使思想政治教育认同的网络平台建设走在社会的前列。同时，我们要以网络为载体，通过网络传播我国社会发展所要求的思想政治教育信息，促使形成全方位网上思想政治教育认同态势，为思想政治教育认同提供新的路径。其次，建立完善的网络监控体系。要加强对网上信息的引导和监控，尤其要强化对网络信息源和信息渠道的监管和管制，降低不良信息对认同主体的影响，从而帮助认同主体全身心地投入到思想政治教育认同上来，提高思想政治教育认同度。最后，坚持依法治网，用法治来营造清朗健康的网络空间。净化网络环境，维护网络良好秩序，需要着力加强网络法治建设。

2019 年 12 月，国家互联网信息办公室发布了关于《网络信息内容生态治理规定》的 5 号令（以下简称《规定》），其目标就是"建立健全网络综合治理体系、营造清朗的网络空间、建设良好的网络生态"，这在推进网络空间治理法治化进程中具有里程碑意义。随着该《规定》于 2020 年 3 月 1 日的正式实行，必将为思想政治教育认同提供一个清朗、健康、安全的网络环境。最后，大力加强网络文化建设。另外，我们还要通过网络平台宣传党的路线、方针、政策，大力弘扬新时代背景下涌现的优秀人物和事迹，使网络成为弘扬社会主义主旋律的重要平台和工具，为增进思想政治教育认同发挥积极作用。

当然，营造一个风清气正的网络环境离不开全社会各方面的共同努力和协作。无论是政府、社会组织还是个人都应该积极参与到净化网络环境的行动中，坚持"从我做起"，自觉遵守国家制定和颁布的互联网的法律、法规和政策，依法文明上网，多发好声音、传播正能量，共同营造网络文明新风，为进一步提高思想政治教育认同营造风清气正的清朗网络空间和网络风气。

第六章

高校思政课中的红色文化教育

第一节 "红色文化"教育与高校大学生思想政治教育

一、"红色文化"的主要特征

"红色文化"是一种极具中国特色的先进文化，主要是指革命战争年代，中国共产党人、人民群众先进分子在中国共产党的领导下，创造的一种物质文化、精神文化和制度文化相统一的文化。高校人才的培养目标必须围绕思想政治教育方向来开展，而"红色文化"是高校开展思想政治教育的重要载体和内容，因此，加强高校大学生"红色文化"教育显得尤为重要。"红色文化"在高校教育教学改革中发挥了重要作用，有助于优化人才培养的目标，实现学生的全面发展。

"红色文化"作为中国共产党在革命、建设与改革中创造的实践产物，具有自身的主要特征和特性。

（一）民族性

"红色文化"是中国人民在长期革命、建设和改革过程中创造的宝贵的精神财富，饱含深厚的红色基因，展现了中国共产党带领中国人民坚持不懈、艰苦奋斗的精神追求，具有独特而鲜明的思想价值。"红色文化"记录着中国共产党成立以来中国社会的发展历程，诠释了中国共产党勇往直前、不畏艰险的精神品格，表达了中国共产党对困境的无畏、对信念的坚守、对事业的无私奉献的思想内涵，蕴含着鲜明的政治立场、坚定的理想信念，是中国共产党伟大理想和卓越实践的集中体现，有着巨大的思想价值和鲜明的意识形态，能够对高校大学生价值观的形成起到重要的引导作用，具有深刻的思想性。

"红色文化"蕴含着深厚的文化底蕴与历史精神价值，其呈现出的忠于党、忠于人民、坚持真理、一往无前等的精神，与高校大学生思想政治教育的培养目标在内涵上具有一致性，能够为高校大学生提供正确的思想引导，其深刻的思想性发挥着价值引领的根本作用。值得注意的是，在中国共产党的不断发展壮大中，形成的一系列党史文献、马克思主义中国化的最新理论成果等"红色文化"更是极具思想性，体现了中国共产党人对社会主义建设规律的认识。发挥"红色文化"的思想性，更加有助于引导高校大学生坚持真理、坚定信念、坚守初心，能够进一步从理性、情感、感官等多方面增强高校大学生的爱国主义信念，坚定高校大学生的思想信仰。

（二）科学先进性

"红色文化"具有科学性的主要特征，是广大人民群众在中国共产党领导下的革命斗争中艰苦奋斗出来的先进主流文化，同时在群众中得以延续与不断发展。因此，"红色文化"是反映一切客观真理、理论与实践相统一的历史实践，具有鲜明的寻求真理、实事求是的科学精神。

"红色文化"作为无产阶级的先进政治文化，集中体现了中国共产党的先进性。"红色文化"包含了中国共产党的理想、宗旨、路线、纲领、方针、政策，体现了中国共产党人的初心和使命。"红色文化"是在中国共产党领导中国人民不断发展的伟大实践中不断丰富和完善的，饱含着中国的发展方向。"红色文化"的先进性体现在它与时俱进的产生过程，它也是我党在不断奋斗发展过程中形成的优良传统和革命精神，"红色文化"是宝贵的、丰富的思想财富和政治资源。"红色文化"在中国共产党的领导下植根于不同历史时期的社会实践，充分体现了中国社会历史进程的普遍规律和发展方向，并不断地在实践中丰富、发展和创新。

"红色文化"作为一种特殊的文化资源，它并没有随着时代的发展而消失，而是不断地被欣赏、被传播，这也从一个侧面说明了"红色文化"的先进性。"红色文化"已经通过了历史和时代的考验，并没有随着时间的流逝而过时，也没有随着岁月的流逝而消失，它始终保持着与时俱新的先进性。"红色文化"所倡导的革命精神与爱国主义情怀，能够与民族精神和时代精神相吻合，能够在建设社会主义现代化强国和实现中华民族的伟大复兴中，产生鼓舞人心的巨大力量。"红色文化"的先进性既可以满足高校大学生日益增长的精神文化的需求，又能够利用其蕴含的共产主义的远大理想来指导高校大学生成长、成才，在高校大学生思想政治教育中融入"红色文化"这一思想政治教育资源，更能促使高

校大学生树立高尚的道德品质和坚定的政治意志。

（三）时代性

"红色文化"具有鲜活的时代性的主要特征，是时代的产物。"红色文化"的孕育、形成、丰富和发展始终与历史进程相一致，是在历史发展过程中逐步积累和形成的。因此，"红色文化"体现了特殊的时代特征和时代价值。

（四）艺术性

艺术性是指在形式、结构、表现技巧方面所达到的完美程度，可以透过艺术作品反映生活，表达思想感情，展现艺术作品的生命力。我们所接触度的"红色文化"最广泛的体裁是红色文学作品、红色戏剧电影、红色音乐作品等，因而"红色文化"具备文艺作品自身独有的艺术魅力与吸引力。举个例子，"红色文化"小说的代表《红岩》，其塑造的许云峰、江姐、齐晓轩等一大批革命知识分子的光辉形象，都是血肉丰满、感人至深的艺术典型，其视死如归、宁折不弯的崇高精神品质，弘扬了革命者高风亮节的牺牲精神，以及为革命奋不顾身的坚强意志和大无畏精神，都能够有助于升华高校大学生的精神品质。尤其小说中江姐的原型——著名革命女烈士江竹筠，更能让高校大学生产生思想和情感上的共鸣，切身领会中国共产党人革命的艰辛与不易。这种来源于真实生活的"红色文化"作品，能够让高校大学生更真切地了解历史，学习革命先烈的伟大精神。文学、影视、绘画等艺术作品含有深刻的时代印记，是"红色文化"文艺作品的代表形式，并以其特有的艺术感染力让高校大学生在阅读、感悟的过程中，走进经典作品反映的那个特定的时代，感受中国共产党人的崇高信仰和精神品质，增强高校大学生思想政治教育的艺术魅力。

"红色文化"内涵的其他形式，如党史文献、中国主要领导人的理论著作、红色场馆、红色遗址等，也都有自身独特的艺术性。举个例子，杨家岭革命旧址中毛泽东主席、朱德的窑洞的位置体现了二人在党内的核心地位，彰显出平面布局艺术所表达的纪念性和象征性。参观者通过观察红色革命遗址的建筑艺术风格，了解当时的组织结构与意识形态，进而从审美体验的角度体会其历史价值和文化内涵。"红色文化"以不同形式展现出的艺术性，与其蕴含的深刻的思想内涵完美融合，使高校大学生提升了艺术的审美感。

（五）超越性

"红色文化"既是民族文化的传承，也要顺应时代的发展；既是现实与历史的结合，也是时代精神和传统精神的融合体现。当今时代的飞速发展，既要不断深挖和传承红色资源、红色基因，又要彰显各个地方"红色文化"的特色，在文化内容、传播渠道和传播形式等方面不断与时俱进。

超越性体现在"红色文化"具有跨时代接受的品质，可以超越时间和空间，被反复传播、阅读、欣赏、感悟。"红色文化"再现了中国革命、建设和改革的波澜壮阔、艰苦奋斗的历史画卷，虽然随着时代的发展其精神和内涵在不断地丰富，但事实上其红色精神的内核从未改变，中国共产党的初心和使命始终贯穿其中。

"红色文化"是特定时代的精神丰碑，它表明在民族生死攸关的决定性时刻，我党领导着广大人民群众，为谋求民族的独立和人民的解放，而英勇奋斗的伟大精神品质。

尽管革命和战争似乎离我们很远，但革命和战争中的红色之火却在代代相传，永不熄灭。"红色文化"可以培养高校大学生的革命精神、理想信念。"红色文化"的精神品质可以超越时空，教育高校大学生巩固革命理想信念，弘扬爱国主义精神，践行社会主义核心价值观。"红色文化"的超越性是"红色文化"作为高校大学生思想政治教育创新发展的重要教育资源的佐证。

"红色文化"是红色资源的重要形式，蕴含着丰富的红色基因，承载着永恒的红色精神，是不以时间和空间为转移的，可以超越任何时间和空间，展现其独特的精神价值，对促进高校大学生思想政治教育实效性的提高具有重要作用。

二、高校进行"红色文化"教育的意义

（一）有助于抵制错误思潮

随着社会的发展变迁，各种文化和思想鱼龙混杂，高校大学生走在接触新事物和接收新信息的前沿，他们的精神世界不可避免地会受到裹挟，一些错误的社会思潮也夹杂其中，如历史虚无主义和文化保守主义。虽然这二者看似不同，但事实上其本质都是对马克思主义，以及中国共产党领导作用的消解与否认，不利于高校大学生坚定马克思主义理想信念。"红色文化"是我们在革命与探索道路中形成的优秀文化，学习"红色文化"能够以史为鉴，资政育人，增强高校大学生的政治认同感，提高明辨是非的判断力。

（二）有助于培育社会主义核心价值观

"红色文化"和社会主义核心价值观有相似的追求，那就是要实现中华民族的伟大复

兴。除此之外，二者还有一个共同点，都是以马克思主义和中华优秀传统文化为思想基础，这就使它们有了共同的思想基石。革命人物和故事作为教育资源被生动直观地展示讲解，让学生感受"红色文化"中蕴含的强大精神力量，能够促使高校大学生对个人、社会及国家不同层面的价值观追求，进行更深层次的思考，涵育高校大学生社会主义核心价值观。

（三）有助于树立文化自信

习近平总书记多次强调我们要增强文化自信，继承和弘扬中国优秀的传统文化，此外，实现更加坚实的"红色文化"自信也是必不可少的。"红色文化"中蕴含的坚定理想信念和丰富的民族精神，在革命道路上为我们指引了正确的方向，让我们在不断探索中形成了中国特色社会主义文化。将"红色文化"融入高校大学生思想政治教育，能够引导高校大学生感悟中国共产党和中国人民在革命征途中的艰苦奋斗历程，体会其中的价值意蕴，坚定文化自信。

三、高校"红色文化"教育存有问题与原因

"红色"在中国是有特殊意义的颜色，是无产阶级革命和高度政治意识的象征。红色不仅仅是一种颜色，更是一种在中国共产党带领下的中国革命、建设与改革中无可取代的政治象征意义。因此，红色在中国人民的印象中具有很高的象征意义，不仅代表着国家的信仰，而且代表着国家的历史沉淀。红色已成为一种政治意识。从这个意义上说，红色是历史的象征，象征着共产党人的一种意志、激情和力量，它已经成为中国人民实现中华民族伟大复兴的精神支撑。"红色文化"是培养时代新人、树立社会主义核心价值观、坚定文化自信的重要资源，弘扬"红色文化"对当代高校大学生开展思想政治教育、坚定理想信念、锤炼坚定的意志、提高综合素质等具有十分重要的意义。但随着社会的发展与变迁，也呈现出一些问题，作者将从高校、社会及学生三方面进行阐述。

（一）高校角度

思想政治课是高校大学生接受思想政治教育的主要渠道，近年来，在党和国家的大力支持与引导下，不少高校开始重视革命文化资源的重要作用，但在思想政治课教学中仍然存在着运用不足的问题。主要表现在以下三方面：第一，革命文化资源融入高校大学生思

想政治课教学的内容零散，不够系统，教师在课堂教学中主动融入革命文化资源的意识有待加强，在教学过程中虽然引用了革命文化资源，但在讲解的过程中只是十分有限地把一些革命文化资源作为教学素材，把革命文化资源当作教学工具，没有对革命文化的历史背景、形成原因和具体内容进行深入的剖析和讲解，革命文化资源的教育功能没有得到有效发挥；第二，革命文化的网络教学资源运用不充分。革命文化的网络教学资源如果能够用好用活，将会是思想政治课课堂教学的有益补充，对学生学习革命文化有重要的引导作用，但在思想政治课中革命文化网络教育平台和网络教学资源，如学习强国平台、党史教育的视频等并未被充分利用，浪费了优质的教育资源；第三，革命遗存的教育功能有待强化，革命遗存作为一种生动直观的教学资源，可以拓展思想政治课课堂教学的阵地，帮助学生巩固课堂上的学习成果，然而高校大学生很少能够走出课堂，去观看革命先烈、革命遗址和革命文物，对学习革命文化时遇到的重难点和疑难问题难以深入理解和掌握。

（二）社会角度

实施"走出去"的思想政治教育战略，广泛倡导社会性力量对学校思想政治教育的承接与反哺，是进行思想政治教育学科建设与增强思想政治教育实效性的迫切要求。社会中涉及"红色文化"方面的教育的缺失，究其原因，在社会这个大环境中，有关"红色文化"的宣传弘扬的途径是比较单一的，完整全面的传播路径还没有完全疏通。除此之外，人们普遍将"红色文化"教育等同于红色景点旅游，大部分的红色旅游基地多带有商业化色彩，收取门票，在一定程度上减少了高校大学生游客的数量。还有就是政府对红色资源的保护与开发投入的资金还需增加，避免革命历史旧址丧失原本的精神风貌。

（三）高校大学生角度

虽然当前一些高校已经开展了各类课程之间的协同教学，但实际上收效不大。仅靠在思想政治教育理论课教学中融入"红色文化"这一主要形式，还不能有效地在思想政治理论课课程之外的其他专业课程与校园文化环境等内容中都融入"红色文化"。"红色文化"要贯穿高校大学生思想政治教育的全过程，所以必须要重视挖掘其他专业课中蕴含的"红色文化"元素。将它们渗透在高校大学生日常生活学习的方方面面，才能使高校大学生在一种真实、自然的状态下，自然而然地，由内而外地接受"红色文化"熏陶下的思想政治教育，树立起正确的世界观、人生观、价值观，这样才能担当起民族复兴的大任。

第二节　红色文化教育价值实现的路径探索

一、明确红色文化教育价值实现的基本原则

基本原则在方法论体系中处于较高层级，在这里指红色文化育人价值实现所要遵循的基本方法，它指引着红色文化育人价值实现路径的设计和规划。实现红色文化教育价值要坚持科学理论指导与生活实践养成相结合、先进文化引领与区分不同层次相结合、社会效益与经济效益相结合的基本原则。

（一）坚持科学理论指导与生活实践养成相结合

利用红色文化教育人就是要把人们的思想引导到正确的方向，并且把低层次的心理状态提升到高层次的思想意识，这就要求既要坚持科学理论的指导，又要从人们的思想实际及社会发展实际出发，开展实践活动，把理论性与实践性结合起来，做到规律性与目的性的统一。

第一，实现红色文化教育价值首先要坚持科学理论的指导，坚持主流意识形态的指导，坚持正确的政治方向，与党的基本路线、方针相适应。这是因为，任何阶级、任何政党的教育活动都具有强烈的政治目标，服务于自身的政治利益。另外，弘扬红色文化，实现红色文化的育人价值，就必须大力加强红色文化的知识传授和理论教育。既动之以情，又晓之以理，通过摆事实、讲道理，从理论层面让人们明白红色文化的产生发展、来龙去脉、理论渊源等，深化人们对红色文化的认知。通过理论教育，使人们自觉用马克思主义科学理论审视和分析各种错误思潮和不良倾向，进而在多元多样文化生态环境中坚持正确方向。

第二，实现红色文化教育价值要坚持实践性原则。用红色文化的优势资源帮助人们树立正确的世界观、人生观和价值观。克服错误思想的影响，必须进行实践教育。实践教育主要是通过参加社会服务活动、参加学雷锋活动、参加社会志愿活动、组织社会调查和考察等具体方法，提高人们对理论的正确认识，培养全面发展的人才。同时，传播红色文化要立足中国特色社会主义实践和人民群众的生活。在坚持贴近人们生活的基础上深入挖掘红色文化中生活化、平民化、草根化的内容，拉近红色文化与人们之间的距离，注重让人们进行自我感受体验和理解运用，增强对红色文化精神的认知度与认同感。文化工作者要

深入到人民群众的日常生活之中，真正表现社会大众的喜怒哀乐、酸甜苦辣，积极热情地讴歌人民群众的精神面貌，创造出反映人民群众主体地位和现实生活、为广大群众喜闻乐见的红色精神文化产品。只有以新的视角阐释红色文化的宣传内容，以反映新时期红色文化精神的先进人物和先进事迹来传播红色文化，才能实现红色文化的创新发展和时代转型，增强红色文化的感染力、信服力、亲和力与影响力。

（二）坚持先进文化引领与区分不同层次相结合

红色文化要实现教育价值，必须以先进性为灵魂，以层次性为载体。一方面要坚持先进文化的前进方向，提倡核心价值追求，抵制低俗媚俗；另一方面，又要照顾到不同层次人群的特点，增强教育的针对性。只有把先进性和层次性有机结合起来，红色文化育人价值才能更好地实现。

第一，推动红色文化育人必须坚持先进文化的前进方向，用先进的文化理念教育广大群众。文化建设不是简单的快快乐乐、蹦蹦跳跳，而是为了提高全民思想素质和思维能力。无论是开展文化活动，还是提供文化产品，都要传播知识和传承文明，用美好的理想和坚定的信念支撑人生，用深厚的文化内涵滋养人生。当然，宣传红色文化可以以大众化、娱乐化的方式更好地让人们接受红色精神理念的洗礼，但不可低俗化。先进性与娱乐性并不冲突，比如，革命战争年代抗日军政大学的校风就是"团结、紧张、严肃、活泼"。对于前几年《百家讲坛》成功的原因，有学者认为："娱乐化是我们的传播技巧、传播手段，我们只是给严肃的文化裹了一层'糖衣'，它的内核没变，我们对学术底线的坚守也没变。《百家讲坛》前进的方向是坚定而明确的，就是要给老百姓在电视上留一个安静的课堂。"毫无疑问，这为我们如何有效地宣传红色文化、增强红色文化教育实效性提供了有益借鉴。红色文化的精神内涵是崇高的、伟大的，提及红色文化，人们不由自主地想起我们党为建立新中国抛头颅、洒热血，为建设新中国勇往向前、百折不挠，在改革开放的时代浪潮中勇于尝试、敢于创新，等等。这种历史的艰辛和厚度，让人们肃然起敬，对红色精神产生敬畏之情。而将红色文化精神以娱乐性的方式融入人们的日常生活、文艺作品之中，实现寓教于乐，有助于红色文化育人价值更好地实现。

第二，在坚持先进价值理念的基础上，要实现红色文化的教育价值必须坚持层次性原则。红色文化宣传教育要满足不同群体、不同阶层、不同层次人们的精神文化需求。传播红色文化要坚持宣传内容与宣传对象的一致性。宣传对象可分为青少年、大学生、群众、党员干部等，面对不同的对象有不同的宣传内容。比如，对青年学生，可以注重讲解我们党是如何开辟新中国并取得伟大的成就，从而增强他们的爱国情，树立报国志向；对于广大党员干部，可以加强讲解我们党的奋斗史，从而提高党性修养。同时，宣传红色文化要针对不同阶层、不同群体采用不同的方法。要把握人们的心理过程及其个性心理特征，包括人们的接受性、感知性、意志力、理想信念、情绪情感、需要、动机等，并且根据人们的知识层次、年龄层次，以及稳定群体、流动群体、正式群体、非正式群体等的差异性选用恰当的方式方法和手段，使红色文化的精神内容与人们的内心情感、心理需要相融合。只有针对不同的对象采取有针对性的宣传内容和方式方法，才能使红色文化的教育价值得到充分实现。

（三）坚持社会效益与经济效益相结合

发展文化产业是社会主义市场经济下满足人民多样化精神文化需求的重要途径。文化既表现为事业形态也表现为产业形态；既具有凝聚民族精神、教育人民、维护社会稳定、引领风尚的属性，又兼具通过市场交换获取利益的属性。红色文化也是发展文化事业和文化产业的优势资源。所以，要实现红色文化的育人价值，必须坚持社会效益优先，兼顾经济效益，切实满足人们的物质需要和精神需要。

第一，红色文化育人要坚持把社会效益放在首位。人的需要是多方面的，并且人的需要不断从低层次向高层次方向发展。物质贫乏和精神空虚都不是社会主义，社会主义社会要培养全面发展的人，丰富人们的精神世界和精神生活。红色文化要在这一过程中发挥重要作用。在市场经济条件下要实现红色文化的育人价值，发挥先进文化引导作用，不管是通过发展红色文化事业还是开发文化产业，都要把社会效益放在首位，保障人们的文化权益，丰富人们的文化生活，凝聚民心，鼓舞志气，塑造良好风尚。这就要求红色文化开发利用、红色文化产业发展遵循自身的基本规律，不能够将市场经济规律扩大到整个社会特别是文化领域，要警惕金钱货币成为衡量传承发展红色文化的唯一尺度，防止商品关系的"越位"而产生"劣红色文化""伪红色文化"，尽可能地削弱和避免市场经济世俗性、功利性对红色文化宣传所造成的负面影响。

第二，红色文化育人在坚持社会效益的同时也要兼顾经济效益。实现红色文化育人价值不仅在于如何通过红色文化的宣传让人民大众获得美好愿景，更在于通过文化民生来让老百姓的生活水平和政治权利获得切实改善和加强。利益与人们的思想行为密切相关，利益支配人们的行为，人们奋斗的一切都与他们的利益有关，思想一旦离开利益，就会使自己出丑。但"光是思想力求成为现实是不够的，现实本身应当力求趋向思想"。理论不仅要反映现实，"实践唯物主义者"还必须通过实践改造现实世界。红色文化作为满足人们多样性、多方面、不同层面的精神消费和精神需要的产品，具有商品的属性，能够产生经济效益。而红色文化经济效益的发挥，让人们享受文化发展成果，有助于红色文化育人价值的释放。人们根据自身需要主动购买不同的文化产品，出版红色报刊书籍连环画、观看红色影视剧、红色艺术品收藏，等等，便是对自身文化身份的认同。革命老区红色文化资源的开发利用要克服"旅游异化"现象，以人的全面发展作为根本目标，重视把旅游作为人们审美需求和文化需求这种更深层次的意义，并与促进当地居民就业、提高人们生活水平结合起来，使当地居民从红色资源开发中得到更多实惠，促使人们在多样多元文化生态环境中接受、认同红色文化，让红色文化成为人们自觉的精神追求。

二、创新红色文化内容及传播方式

文化创新是文化发展的实质，更是保持文化多样性的重要手段。在新形势下，弘扬红色文化，实现其育人价值，就要推动红色文化的创新，要在内容和形式等方面加大创新力度。既要规范红色经典改编，创作红色文化精品，又要因地、因时制宜，发挥大众媒体和新媒体的独特优势来传播红色文化，增强红色文化传播能力，更好地实现红色文化的教育价值。

（一）创作红色文化产品

精神产品和社会文化生活对人们的思想观念、道德情操有着潜移默化的影响，必须重视发挥精神产品的社会教育功能。要实现红色文化的育人价值，丰富其内容是根本。对于当今红色文化产品受到恶搞、解构的现象，我们要重视和规范红色文化经典的改编，把尊重原著的核心精神与引领大众的精神需求结合起来，努力创作出新的红色文化精品力作，满足人们不断增长的精神文化生活需要。

1. 规范红色经典改编

红色经典是曾在全国引起较大反响的革命历史题材文学作品，它是红色文化的核心元素和基本载体。红色经典改编是历史与现实的交响，对于红色文化育人价值的实现有着十分重要的意义。改编红色经典需要尊重原著核心精神和大众的认识定位，在适应中引领人民群众的精神需求，注重育人的隐性化和实效性。

第一，红色经典改编要尊重原著的核心精神。红色经典真实地记述了我党我军的光荣革命历史，生动描述了无数革命仁人志士的英勇奋斗和宝贵创造，凝聚着革命英雄主义精神、理想主义光辉、爱国主义情怀。因此，改编红色经典的根本前提就在于尊重红色经典。在红色经典改编过程中，必须把红色文化育人价值的实现放在首位，深刻把握红色经典原著的核心精神内涵和基本价值意蕴。坚持弘扬时代主旋律和对真、善、美的价值追求，坚持尊重原著的核心精神，不能为了经济利益而人为地扩大作品容量，稀释作品思想，用新、奇、怪等方式糟蹋红色经典。

第二，红色经典改编要注重引领人的需求。优秀的精神作品在帮助人们正确认识生活的同时，也影响着人们对生活的看法和态度，能引导人们树立科学的世界观、人生观和价值观。红色文化产品必须把广大人民群众的精神需求引导到正确、高雅的轨道上，抵制和消解当今社会的歪风邪气给人民精神和心理带来的负面影响。

具体而言，改编红色经典要尊重人民群众的认识定位和心理期待，比如，对待中老年人，红色经典改编要把握这种长期形成的稳定集体记忆和强烈怀旧心理，适当保持老照片似的"褪色"基调，能够让他们重温和回味历史；对待广大青少年，红色文化改编可适当加入一些富于现代性的"彩色"，使红色经典重新焕发出新时期璀璨的光芒。

2. 创造具有时代气息的红色经典产品

历史充分表明，凡是经得起时间考验，能够流传至今的经典文化作品，都做到了知识性、思想性、艺术性与观赏性的有机统一，而那些公式化、概念化、脸谱化，仅仅为了单一的应景配合而生产出来的产品，早已湮没在时间的尘埃里。21世纪，红色文化经典作品的创造必须融合多种文化元素，弘扬主旋律，深入了解受众的行为习惯和思维方式，摆脱过去的谨慎叙事和严肃说教，才能让人们铭记鲜活的历史，达到宣传教育的目的。美国好莱坞电影畅销全球，有媒体称好莱坞电影是"铁盒里的大使"。这种影片之所以受到大众的欢迎，就在于它善于抓住受众的共生心理，在"隐性"状态下传播其价值观念。

我们要深入挖掘红色文化的精神内涵并赋予其时代价值，从而塑造出当代人喜爱和认同的"红色人物"形象，使红色文化为社会主义先进文化注入不竭的前行动力，保证先进文化的"红色血脉"生生不息。红色文化产品要得到年轻人的认同和接受，可以通过对红色经典影视作品的包装、设计，注入一些时尚元素、偶像元素，使其富有时代感，才能让当代青年更好地感受到昔日先辈的所思所感所行，打破时代隔膜并产生心灵的共鸣。比如，《恰同学少年》《建党伟业》《觉醒年代》《长津湖》等以"全明星"阵容或"青春"为号召，为我们探索了一条承接传统的创新之路。那种平实、平易的叙事表达方式和青春靓丽的唯美风格，既坚持了"红色文化"的基本立场，烘托出红色文化精神的崇高内涵，又显示出"发乎情止乎礼"的审美特征，有效地满足了受众多方面的审美需求。这样，红色影视剧坚持观赏性与故事性的统一，在还原革命历史的同时增强剧情的吸引力，避免"政治说教"，打破以往"高、大、全"的脸谱化，深刻挖掘和充分展示革命领袖和英雄人物的内心世界，从而提高了红色文化在人们心中的地位，促使人们在多元多样文化中自觉选择红色文化，使其育人作用得到了很好地发挥。

总之，创新红色文化内容，规范红色经典改编，创作新时期红色精品力作，才能最大限度地实现"较大的思想深度和意识到的历史内容同莎士比亚剧作的情节的生动性和丰富性的完美融合"。这不仅不会冲淡神圣庄严的红色历史，不会冲淡人们心中那种敬仰，反而使历史在可亲、可感、可触中给人们带来更深刻的震撼和更真切的感受，对那段岁月的崇敬之情、敬畏之心油然而生，从而涤荡思想灵魂。

（二）运用大众媒体传播红色文化

文化传播是"以改变人的思想观念为目的，以建立一套社会主流文化系统和态势为目标的思想文化传播活动"。先进文化的主导地位是在竞争中获取的，但是文化发展的基本规律表明，先进文化并不是总能够在多元多样思想文化中占据优势。红色文化是中国特色社会主义先进文化的一部分，如果不宣传、传播，不增强自身传播能力，就会影响其育人价值的实现。电视、广播、杂志、报纸等大众传统媒体集思想性、经济性、普及性于一身，由于时间悠久拥有强烈的群众信赖感，在当今社会仍是思想文化传播的主阵地及党和国家弘扬时代主旋律并与人民群众密切联系的主阵地。因此，我们要充分认识媒体在传播红色文化、发挥红色文化育人价值过程中的重要作用，把红色文化的思想内涵融入各类媒体的宣传报道之中，让人们在享受娱乐和审美的同时，获得精神上的收益与道德上的感化。

第一，发挥电台、电视媒体作为红色文献纪录片传播的主渠道作用。如今电视已进入千家万户，人们可通过观看红色影视剧熟知党史党情，回忆激情岁月，增强爱党爱国之情。《开天辟地》《亮剑》《长征》等影视剧，"激情广场""爱国歌曲大家唱"等红歌传唱节目，都在全国各地引起很大反响，获得了非常好的宣传效果。可见，电视媒体仍然是人们接受文献纪录片的主要渠道。因此，电视传媒需要重视自己宣传红色文化的社会责任，创作和传播精品力作，发挥自身的影响力。

第二，编辑出版红色报刊书籍，传播红色知识，推动红色教育。中国出版集团联合多家出版社出版了红色经典连环画，如《毛泽东同志在陕北》《地球上的红飘带》《南京路上好八连》等新中国成立以来的优秀作品，用这种图文并茂的表现手法、通俗易懂的叙述特点生动地描摹了中国共产党领导全国人民建立新中国的光辉历程，展现了时代的主色调，增强了人们尤其是青少年学习党史的积极性、主动性，坚定了对党的信念。《社会主义在中国》《苦难辉煌》《毛泽东传》等红色书籍畅销，这些经典著作让我们铭记历史的同时，更加强调观照现实、反映后代，注重弘扬民族精神、培育民族自信。《忠诚与背叛——告诉你一个真实的红岩》被赋予新的时代背景，打破小说《红岩》"典型化"的局限性，还原一段真实的历史，激起读者的好奇心，让读者从作品中看到一部红岩斗争的真实历史，全面体现了中国共产党人的党性原则与人性精神世界，从而给读者留下深刻的印象，提高了红色文化的传播能力和育人效果。

第三，加强对大众媒体的监督管理。首先，要强化媒体工作人员的理论修养，在内容上侧重对党和国家方针政策的宣传，及时宣传实际生活中具有社会责任意识和奉献意识的典型人物和先进事迹。其次，媒体宣传必须立足于大众，坚持面向群众、服务群众和引领群众、鼓舞群众的基本原则，始终坚持思想性、艺术性与观赏性的统一，切实做到精品运作市场化、红色经典大众化，这样，媒体宣传才能赢得人心，满足大众积极健康向上的精神需求。再次，媒体宣传应该始终高扬时代主旋律，以强烈的艺术感染力充分展现红色文化丰富的色彩，并寻找其与时代精神的切合点。最后，加大传统媒体行业的改革力度，依法打击以权谋私、权钱交易等违法违规行为，发挥媒体作为"党的喉舌"的作用，倾听和反映民众心声，引导人们树立社会主义的共同理想信念，正确认识走中国社会主义道路的历史必然性和我国社会主义制度的优越性。

（三）运用新媒体传播红色文化

当今社会，新媒体已成为人们生活的一部分，影响人们的生活方式、行为方式和思想观念。交流的互动性、便捷性，信息的丰富性和共享性，多媒体化和个性化服务是新媒体的主要优势。结合这些优势，充分运用新媒体，创新红色文化传播方式，运用多种先进技术设计红色网站、建立网络红色旅游馆、开发红色游戏、加强对新媒体的监管等无疑有助于扩大红色文化的受教育面，促进红色文化的有效传播，增强先进文化的传播能力。

第一，运用多种技术设计美化红色平面网站。比如，中国红色文化网、重庆红岩联线等，通过开发红色文化网站，将真实的史实资料、有历史印迹的图片、拍摄的红色音像资料、红色故事等放在网页上，及时发布与当地红色文化相关的信息和新闻，使人们只要上网就能够阅读、浏览、下载红色文化信息资料，相互交流学习体会，开展红色文化论坛，随时随地接受红色文化的熏陶感染，尽享红色文化的"精神盛宴"。当然，建立红色网站还要考虑大众需求和接受习惯，要运用声音、视频、声像等符号媒介，可以在红色文化网站上设置一些以红色文化为主要内容和背景的游戏。

第二，创办红色虚拟旅游立体网站。虚拟旅游是建立在现实旅游景观基础上，通过利用全维模拟技术如 4D 技术，再现现实景观，构建虚拟旅游环境，使人们相隔千里就能实现对红色文化的"近距离接触"，如同身临其境进行实地旅游一样。比如，中国网络电视台建立的 300 多个网上展馆，为人们提供了足不出户就参与红色旅游的平台。中国共产党新闻网的党史频道推出了 4D 网上虚拟党史人物纪念馆，大量翔实生动的文字资料及珍贵的历史照片记录革命英雄人物的辉煌事迹。特别是"中国网络电视台红色旅游网络传播平台"正式上线，拉开了用新媒体手段传播红色历史文化，塑造中国红色旅游网络品牌的序幕，推动了爱国主义教育活动的开展。由中宣部宣教局、中央党史和文献研究院宣教局等共同组织的"寻访革命足迹，弘扬民族精神"网上红色旅游活动拉开帷幕，该活动把革命历史知识与互联网时尚元素相结合，使网民通过网上红色旅游形式，重温中国共产党的红色历程，加深了对党史、国情的了解。这些对于教育和引导人们尤其是当代青少年充分认识中国共产党领导、社会主义道路和改革开放的必然性，坚定理想信念，增强历史责任感具有现实意义。

第三，加强对新媒体的监督和管理。新媒体作为当今思想文化的集散地和社会舆论的放大器，也有一些虚假信息、消极腐朽文化、恶搞红色经典等，能否积极利用和有效管理新媒体，直接关系到红色文化的健康发展和红色文化的育人效果。因而，要高度重视新媒体的建设和管理，增强文化的传播力和竞争力，使其成为传播红色文化的新阵地、公共文化服务的新平台、人们健康精神文化生活的新空间。具体而言，要加强对互联网等新媒体的监督和管理，积极做好网建工作，着力把重点新闻网站如人民网、央视国际、新华网、新浪、网易等做大做强，使其成为传播红色文化的权威信息源和强势传播媒体，并通过主流网站和样板网站形成示范效应并不断扩大辐射范围，建构开放、便捷的红色文化网络宣传系统；加强网络道德建设，构建网络道德体系，加强网民道德自律的引导；建立健全相应的法律法规，建立网上监控、制约系统，使不良信息在网上无处遁身；要正确认识网络渠道的重大意义，防止红色文化网站建设的形式主义化，使红色文化的宣传教育成为"形象工程"的牺牲品。只有这样，才能使新媒体成为人们接受红色文化教育的新手段，促进红色文化育人价值更有效地实现。

总之，文化育人的方式之一是要依靠教育。要实现红色文化的教育价值同样离不开教育。只有加强对不同群体的红色文化教育，增强文化育人的针对性，才能更有效地实现红色文化育人的价值。

三、合理开发利用红色文化资源

红色文化资源是我们党领导人民群众在革命时期创造并在改革开放新时期不断发展，可为我们今天所利用，具有当代价值的红色精神及其物质载体的总和。红色文化基地既是整合优化文化资源的大熔炉，也是繁荣发展文化内容的孵化器，更是传承发扬红色文化精神的策源地。红色文化教育作用的发挥必须依托于红色文化基地，要加强对红色文化资源的保护，形成全社会保护红色文化的氛围，为红色文化育人提供良好的物质载体支撑；整合红色文化资源，实现"红绿""红古"结合；创新旅游景区展示手段和体验开发模式，打造红色旅游品牌，提高红色旅游吸引力。

（一）加强保护红色文化资源

文化遗产作为国家的一种文化积淀、文化基因、文化密码，是一个国家走向现代化的文化根基，更是一个国家自尊、自信、自立、自强的精神源泉。文物遗址的毁灭，好比是人类社会一段历史的残缺和一段文明的逝去。真正释放红色文化的育人价值，必须加强对其保护，引导全民树立保护红色文化的意识，形成政府主导与公众参与的保护格局。

1. 引导全民树立保护红色文化的意识

革命遗址遗迹、陈列馆、纪念馆、展览馆、烈士陵园、红色文学等红色文化，是不可再生的珍稀文化资源。红色文化是对中国历史的肯定，更是对中国特色社会主义发展道路的认同和坚持。只有保护红色文化，才能更好地守护中华民族赖以生存发展并且引领中华民族走向未来的文化根脉，才能发挥文化教育人民的作用。保护红色文化不仅要通过亲历采访、见证者、文物征集、实地考察等形式收集、挖掘、整理红色文化典籍和历史文献资料，也要重视对无形的红色精神文化的保护工作，特别是那些潜藏的、暂时未被发现或开发利用却带有红色文化性质的资源，比如，散落在民间的红色革命文物、红色标语、红色艺术品，长期尘封在档案馆的红色史料，没有引起重视的小型战斗红色遗迹，等等。这些都是红色文化气息浓厚的宝贵资源，需要用透明的眼光、珍惜的态度集中全力进行挖掘，进一步充实完善红色文化。要充分运用报纸杂志、广播电视、网络等媒体，经常举办展示、讲座、论坛等形式多样的主题活动，普及红色文化保护成果和法律法规知识，对宣传得力的单位，表现突出的个人、公民团体给予物质或者精神奖励，以便在社会上形成良好的保护氛围，增强全社会保护红色资源的意识，切实有效地发挥各个层面的红色文化在育人中的作用。

2. 构建政府主导和公众参与双管齐下的保护格局

只有形成政府与公众共同保护红色资源的局面，才能切实保护红色文化的完整性、真实性以及整体环境，做到红色文化资源的保护和开发利用同时同步进行。政府的主导作用主要表现为在保护红色文化过程中对人力、财力、物力等诸要素的投入，以及政策调控和引导等方面。在政府作用发挥不到位或不够的领域，比如，红色文物捐赠、红色文物认护、红色文化保护资金募捐等，可以动员和鼓励企业、公益团体、基金会等全社会的民间力量参与红色文化的保护工作。特别是由于红色文化资源分布广泛、数量多、保护难度大，更应该依靠全社会的共同力量，引导全民关注，鼓励社会捐助。群众的力量是无穷无尽的，保护红色文化同样离不开群众的参与。只有形成政府主导、大众参与为辅、政府与大众协同保护的格局，才能更好更有效地促进红色文化的传承发展和红色文化育人作用的发挥。

3. 制定保护红色文化资源的法律法规

只有依靠法律的强制性，才能从根本上有力地遏制和减少无规范或反规范行为，确保市场经济下的现代社会健康发展。法律法规不仅是维持社会正常秩序和调整社会关系的基本尺度，而且也是保护红色文化资源的重要着力点。通过出台保护红色文化资源的法律、法规、条例，采取严格的奖惩赏罚举措，能够使保护红色文化资源的工作走上法制化轨道，并尽量减少愈演愈烈的红色文化遗址遗迹流失破坏等现象的发生。现阶段，《中华人民共和国文物保护法》是革命文物立法的基本指导思想，但仍需要大量配套法律法规进一步补充完善。《中华人民共和国文物保护法实施条例》等法律法规中涉及的红色文化遗址遗迹受到全社会的高度关注。现有法律中对偏僻、交通不便地区的红色文化，尚未发现的红色文化资源和红色文学、红色歌谣标语口号等精神层面的红色文化缺乏相应保护。所以，主管部门应该根据红色文化物质形态、精神形态的特点，完善保护红色文化的法律法规，使红色文化资源的保护有法可依。同时，更要贯彻落实这些条例，加大执法力度，严格按照相关法规从事保护管理，做到执法必严、违法必究，防止徇私枉法。只有这样，才能使红色文化资源置于法律保护之下。

（二）整合红色文化资源

资源对人类社会发展的价值在于其效用性，资源的有用性、稀缺性等属性在红色文化资源中得以体现出来。红色文化为社会主义先进文化建设、社会主义核心价值观的培育和践行提供了精神高地和价值支撑。实现红色文化教育价值，需要整合红色文化资源，打破行政区划，将以往单一分散式的开发改为集约型、整合式开发，加强区域合作，避免红色文化成为"闹市中的孤岛"，最大限度地发挥红色文化资源的教育优势。

1. 实现红色文化资源与当地绿色生态有机整合

开发红色文化资源，实现文化育人的价值，既要靠"红色"吸引人，又要靠其他资源，形成优势互补。利用红色文化资源的辐射能力，带动相关景区及沿线的开发，特别是与生态环境保存较好的自然景区相结合，实现从"完全红色"向"以红为主，红绿结合"转变。我国革命老区分布在27个省、自治区、直辖市的1300多个县、市、区，多数是山区和丘陵地带，绿色景观、生态环境优美独特、清新自然，有的革命纪念地还是国家级或者省级风景名胜区。开发红色文化应以红色为基调，把爱国、敬业、诚信等社会主义核心价值观融入其中，体现红色人文精神，又要以绿色生态为补充，深入挖掘红色文化资源附近的自然资源，打造红色文化资源与绿色资源结合的知名品牌，在促进当地经济发展、居民生活水平提高的同时发挥先进红色文化温润人、滋养人的作用。享有"革命摇篮"和"绿色宝库"之称的井冈山利用独具特色的"红""绿"资源优势，提出了"红绿结合旅游兴市"的战略，推出了许多"红""绿"交相辉映的红色旅游精品线路，吸引了全国各地的游客，成为"红""绿"结合、整合开发红色文化资源的成功范例。

2. 实现红色文化资源与民俗文化相结合

在我国众多红色文化资源丰富的地区，并不是所有的景区都像绍兴、井冈山那样拥有良好的生态环境。对于经济发展水平相对落后的革命老区来说，那里的民族风情、民俗民风也是红色文化资源开发的极好结合点。民俗文化是以物质、口头、行为、风俗等非官方、非正式的形式进行传播的文化，是一种文化意识，更是社会生活的一部分，是上升为更高层次文化体系的基础。众多的民俗事项当中既有精华也有糟粕，那些对人类社会发展能够起到推动作用并将长期存在的部分才能够上升为更高层次的文化。

在推动文化大繁荣大发展的环境下，挖掘与红色文化资源相随相伴的民俗文化，把红色文化精神融入"和而不同"的地域文化中，实现"红""古"结合，形成古今相映、雅俗共赏的新格局，便于提升红色旅游的吸引力和市场竞争力，增强红色文化资源开发和育人的实效性。

3. 整合区域红色文化资源

区域联合就是进行跨行业、跨领域、跨地区的红色文化资源整合。加强区域红色文化合作是实现红色文化育人价值和红色旅游可持续发展的必由之路。实现区域联合，第一，要以政府为主导，进行宏观调控，突破行政区划限制，防止条块分割。红色文化资源所在地政府要发挥积极性和主导作用，协调好各种利益关系，形成公平竞争、机会均等、利益兼顾的协调机制，消除地区市场壁垒，共同解决合作中出现的不协调现象，以实现利益共享，避免盲目、过度竞争。第二，要整合规划，树立大旅游、大市场的理念。把全国作为一个系统，各地红色文化作为分支。统筹兼顾不同层级的红色文化，促进红色文化产品在市场上自由流动。

4. 形成红色文化资源整合开发的合力

整合红色文化资源，发挥红色文化教育作用，需要形成一股合力。对此，第一，要建立党委宣传部门领导下的行政负责制，成立专门的联合开发协调领导机构，积极建立以研究中心、研究所为实体的开发联合体，为红色文化整合开发提供组织保障。第二，组建以政府投入为主，高校、企业和社会共同投入的全员性保障体系，建立以文献研究室、科研院所、高校历史博物馆、革命博物馆和政策研究室研究人员等为骨干的研发队伍，充分发挥社会力量与专业研究人员在红色文化开发利用及研究中的作用，形成联合研发、齐抓共管的良好局面。第三，切实利用好研发力量和社会力量，开辟一条内外结合的渠道，形成集科研、新闻出版、宣教、影视、理论和网络于一体的整合开发的道路，促使红色文化开发取得整体社会教育作用。总之，通过对各地红色文化整合协调，加强纵向联系和横向联系，实现各地红色文化资源的共享互补，才能增强红色文化宣传教育的实效性。

（三）创新红色文化资源开发模式

开发利用红色文化资源，要创新红色文化场馆基地展示手段，运用声、光、电等现代技术，将过去的静态橱柜展示升级为动静结合的展示；进行情境模拟、亲身体验，打造红色旅游景区文艺品牌，从而使人们感受到自然之美和精神之美的双重变奏，在无形中接受红色文化知识的汲取、心灵的震撼、精神的激励和思想的启迪。

1. 红色文化场馆基地要创新展示形式

博物馆、纪念馆、烈士陵园等文化场馆的红色革命文物展示的是历史，要让现实中的人们从历史中找到情感共鸣和结合点，必须缩短历史和现实的时空距离。因而，要重视采用现代传媒技术手段和新颖的陈列展示手法，把传统的"静态"展示拓展为现代的"动态"展示，把红色文化的精神价值外化出来，将红色革命文物深刻的思想内涵以图文声像并茂的形式活灵活现地展示在人们面前，以主题鲜明、具有思想性与现实针对性的陈列展览震撼和教育人们，增强红色文化的感染力和吸引力，使人们在娱乐中接受教育、磨砺斗志，使红色文化更好地发挥育人的功能。

井冈山革命博物馆首个提出"红色经典、现代表述"的理念，采用三维造型艺术、舞美技术和声光电、多媒体等技术，以现代的展陈语言来表述红色历史。《井冈山革命斗争全景画》用艺术形式真实地反映了三湾改编、井冈山会师、黄洋界保卫战等重大历史场景，直观形象生动地展示了五百里井冈绿色风光和井冈山革命斗争的伟大实践，使红色陈列物从"平面化"变得富有"立体感"。通江县红四方面军总指挥部旧址纪念馆，是全国爱国主义教育示范基地，其旧址是全国重点文物保护单位。该纪念馆启动陈列改进项目，聘请重庆红岩联线专家编制了改进陈列方案。该馆在原"巴山烽火"陈列主题不变的基础上，不断充实、补充和完善陈列内容，充分利用现代科技手段和科技产品强化展示方式，强化视觉冲击力和精神震撼力，加强了展示手段和保护设施，提高了宣传教育的实际效果。

2. 通过情境模拟、亲身体验等形式提高景区吸引力

只有体验的东西，才能内化于人的生命之中，融化为生命的一部分。从这个意义上说，体验是进入生命的重要通道。只有亲身体验的事物，印象才深刻，学到的知识才更加扎实明白的道理才能终生受用。因此，要让红色文化入脑、入心，体验先行。对于当代青年人来说，他们多数没有经历过那个浴血奋战的革命战争年代，对革命历史既缺乏感性认识又有较少的理性思考。红色旅游体验是红色旅游者对红色旅游目的地的事物、事件的直接观察或者参与并形成感受。通过运用体验式教育，重新设置历史情境，能够充分发挥人们的主体作用，让人们身临其境，将情感和灵性融入红色旅游产品之中，深刻感受、体验和领悟红色文化，理解红色文化的精神内涵，树立理想信念。

当下，许多红色旅游景区通过再现情境、亲身体验或情境模拟，使旅游景区"活"了起来，提升了红色旅游的吸引力，更好地发挥了红色文化育人的作用。在瑞金叶坪景区，一些游客穿上粗布军装和老区人民手编的草鞋，参与"送郎当红军"的生动表演。通过现场感受、亲身体验，人们似乎回到那个军民情深、战火纷飞的岁月，感悟当年革命根据地广大工农红军在党的领导下众志成城、艰苦奋斗、共同御敌的精神，给人以心灵的震撼和精神的鼓励。在井冈山走一小段红军小路、向革命先烈献一束花、听一堂传统教育课、吃一顿红军套餐、学唱一首红军歌谣、看一场红色歌舞；在赣南赏客家舞、品农家乐；在赣东北看《可爱的中国》；在延安通过重新再现老一辈无产阶级革命家指挥全国战争的情景以及他们的文化生活，或策划革命战争场景等一些参与性节目，如游客穿红军服、学唱信天游、摇木纺车等，尽情体会陕北的独特风情，切身感受伟大的延安精神……这些都使革

命传统教育浸染无数游客，真正入脑、入耳、入心，必然对人们产生巨大的吸引力和感染力。

3. 打造红色旅游景区优质文化品牌

在多样多元文化背景下，要使红色文化"化人"的功能有效发挥，就要打造文化品牌，实现红色文化产品占领市场，能够成功到达消费者手中并被他们接受。像美国好莱坞的电影大片、意大利的足球联赛、德国贝塔斯曼的图书出版、日本的动漫、英国的流行音乐、韩国的电视剧等产业品牌，无疑增强了其本国文化的影响力。发展红色旅游也要如此。各级革命博物馆、陈列馆、纪念馆、革命烈士陵园、展览馆等单位要围绕文化育人的中心任务，挖掘自身潜力，创作出富有自身特点的图书、影视剧等精品。比如，西柏坡推出大型实景剧《新中国从这里走来》，重庆红岩联线推出了越剧《红色浪漫》、儿童剧《小萝卜头》、话剧《天下为公》、京剧《江姐》《张露萍》等以革命历史为主题内容、反映革命精神的红色经典作品，这些都使人们在直观生动的观赏中接受文化的熏陶、心灵的净化以及人生的启迪。

4. 努力拓展红色旅游区资金渠道

红色旅游景区建设要投入一定的经费，用于进行基础设施建设、优化展示手段、加强对资源的保护开发、开展对导游和讲解员的培训工作、聘请专家进行宣讲活动等。只有这样，才能更好地使红色旅游发挥教育人、感染人的作用。所以，必须拓宽景区投资融资渠道，使各项工作有效开展。对此，一方面要把红色旅游景区开发利用所需经费纳入国家财政计划，景区所在地政府要加大对景区建设的投资力度。特别是对于一些经济基础比较薄弱的革命边穷地区的重点革命旧址、革命纪念建筑、革命烈士纪念场地的开发，政府应该拨出专款。另一方面，要拓宽民间、企业等投资渠道。在市场经济条件下，要把市场机制引入红色旅游发展之中，把发展文化产业与红色文化开发利用、发展红色旅游结合起来，以资本运作形式，将红色旅游开发项目通过合作、招标、控股等方式出让经营权，吸引资金参与红色旅游景区建设，争取形成多元化、多层次的投入格局。此外，景区所在地政府和管理部门应该发挥积极主动性，将红色旅游优势转为红色产品优势，扩大市场占有比例，实现经济效益与社会效益的统一。

总之，红色文化资源作为一种教育资源和文化资源，只有在合理开发利用之后才能发挥其教育作用。通过保护红色文化资源，整合开发红色文化资源，发展红色旅游，创新红色文化基地和爱国主义教育基地的展示手段，提高相关人员的素质等方式，使文化育人的价值得以实现。

红色文化是物化形态、精神形态和制度形态的有机统一。红色文化最重要的是红色精神，是中国共产党领导广大群众改造社会实践活动创造的先进文化。文化是人类智慧的结晶，文化的价值在于创造、铸造精神和灵魂，思政育人是红色文化最根本的价值。

红色文化的教育价值具体表现为理想信念的导向价值、精神动力的激发价值、道德品质的示范价值、健康心理的保障价值。在现实中，红色文化教育价值的实现存在宣传教化形式化、宣传渠道单一、开发利用低俗低层次、宣传上出现恶搞倾向等问题。产生这些问题的原因有市场经济的影响、多元文化的文化生态格局的冲击、历史虚无主义思潮的误导，以及教育对象主体性、差异性增强给红色文化育人带来严峻挑战。要保证红色文化教育价值的实现，我们应坚持理论指导与实践养成相结合、先进文化引导和区分不同层次相结合、社会效益和经济效益相结合的原则。加强对青少年、人民群众和党员领导干部的红色文化教育，引导人们自觉参与到红色文化主题创建活动中来，发挥党员领导干部的模范作用。要创作红色文化精品，利用新媒体创新红色文化传播方式，并加强整合，开发红色文化。

Reference
参考文献

[1] 董康成，顾丹华. 新时期大学生思想政治教育实践路径研究 [M]. 长春：吉林大学出版社，2022.

[2] 高瑛，丁虎生. 新时代高校思想政治教育工作体系研究 [M]. 北京：光明日报出版社，2022.

[3] 郭鹏. 思想政治教育网络传播研究 [M]. 武汉：武汉大学出版社，2022.

[4] 韩冰，李轩航. 高校网络思想政治教育研究 [M]. 哈尔滨：哈尔滨工程大学出版社，2021.

[5] 韩艳阳，胡晓菲，肖丽霞. 新时代大学生思想政治教育理论与实践研究 [M]. 北京：北京燕山出版社，2022.

[6] 李丹丹. 网络文化环境下大学生思想政治教育研究 [M]. 沈阳：辽宁大学出版社，2021.

[7] 李晗. 网络时代大学生思想政治教育发展与创新研究 [M]. 沈阳：辽宁人民出版社，2021.

[8] 李鸿雁，张雪. 高校思政课教学改革与创新研究 [M]. 延吉：延边大学出版社，2022.

[9] 李智慧. 高校思想政治教育有效资源开发利用研究 [M]. 北京：旅游教育出版社，2022.

[10] 马光焱，王晓光. 新时代高校思想政治理论课改革与创新研究 [M]. 长春：吉林大学出版社，2022.

[11] 马迎. 新时代大学生中国特色社会主义文化认同研究 [M]. 银川：宁夏人民出版社，2021.

[12] 倪瑞华. 思想政治教育认同基本理论研究 [M]. 北京：中国民主法制出版社，2021.

[13] 任金晶. 新时期高校思政课程理论与实践探索 [M]. 长春：吉林大学出版社，2022.

[14] 田自立. "互联网 +" 视域下高校思想政治教育实践研究 [M]. 延吉：延边大学出版社，2022.

[15] 徐俊. 高校大学生思想政治教育认同研究 [M]. 武汉：华中科技大学出版社，2022.

[16] 姚雪兰. 新时期普通高校思政理论课教学方法与实践研究 [M]. 延吉：延边大学出版社，2022.

[17] 张坤. 高校红色基因传承与思想政治教育 [M]. 北京：燕山大学出版社，2022.